JN155199

実践 セルフ・コンパッション

自分を追いつめず自信を築き上げる方法

Using compassion-focused therapy to end self-criticism and build self-confidence

メアリー・ウェルフォード 著
石村郁夫・野村俊明 訳

誠信書房

The compassionate mind approach to building your self-confidence using compassion focused therapy

by Mary Welford

First published in the English language in the United Kingdom in 2012 by Robinson,
an imprint of Constable & Robinson.

This Japanese edition is published by arrangement with
Little, Brown Book Group, London through Japan UNI Agency, Inc., Tokyo

訳者まえがき——認知行動療法とＣＦＴ

本書はイギリスを中心に広がりをみせつつあるコンパッション・フォーカスト・セラピー（Compassion Focused Therapy：ＣＦＴ）の実践書の翻訳である。ＣＦＴは英国の行動・認知療法学会の元学会長であるポール・ギルバート氏らによって体系化されていることからもうかがわれるように，認知行動療法の流れに属するものである。詳しい内容は本書をご覧いただくとして，ここではＣＦＴの簡単な紹介を兼ねて，近年の心理療法の展開の中でＣＦＴがどのような位置にあるのかを概観しておきたい。

＊　＊　＊

この数十年，少なくとも欧米文化圏では，認知行動療法が心理療法の主たる潮流であるといってよい。認知療法の基礎を築いたアーロン・ベックは精神分析の訓練から始めて，主にうつ病の治療理論として認知療法を構想した。認知療法が基本的な前提とするのは「出来事（事実）に対する認知（思考）は情緒的な反応に先立つ」とする，《出来事（事実）→認知（思考）→情緒（感情）》という基本的な枠組みである。情緒（感情）的問題が発生するうえでの，そしてまた問題を改善するうえでの認知（思考）の役割を重視したわけだが，ここでいう認知（思考）とは何か特別なものではなく，誰もがもっている一般的な能力である。

ベックは精神分析や行動療法などの心理療法の学派や生物学的精神医学の治療法を，自分では対処できない力により情緒的な問題が生み出されているという前提に立って患者を無力化することで自身の専門性を主張していると批判し，そこから認知療法の理論を展開している。患者を科学者にみたてて，自力では解決できないようにみえた問題に，患者がすでにもっている知識や能力を使って立ち向かえるよう治療者が共同作業するのが認知療法であって、ここに患者の「常識の再評価」と「治療的協働主義」という思想が明確に打ち出されている。認知療法が医療の分野で受け入れられたのは、こうしたスタンスが共感を得たからであると思われる。

その後、認知療法は行動療法と合流して認知行動療法として展開していく。この合流を理論的整合性に欠けると批判する立場もある。確かに、ベックも当初は認知療法を精神分析と同様に洞察療法として考えていた時期があり、そもそもベック自身が行動療法に批判的であったわけだから、こうした批判も可能かもしれない。しかし、肝心なのは認知療法によって獲得した知見を現実生活に応用するに際して、「真に洞察できれば実行できるはずだ」と考えるのか、それとも「分かったからといってすぐにできるとは限らず繰り返し練習が必要だ」と考えるのか、という立場の違いである。現実への応用ができなければ「実行できないのは洞察が不十分だからだ」としてさらに洞察を深めようとするのではなく、面接で得られた洞察は一つの仮説にすぎないので行動によって検証され確かなものにされなければならないとするのが認知行動療法である。認知療法は行動療法と合流する過程でこうした立場に近づいていったということであろう。本書でも数々のエクササイズが紹介されている。

また、行動療法との合流の過程で、行動が情緒（感情）や認知（思考）に与える影響が再評価されたと理解できる。状況（出来事）―認知（思考）―情緒（感情・気分）―行動を切り分けてモニターするという認知行動モデルは、情緒に焦点を当てつつ、個人が直接扱いうるのは認知と行動であるので、そこから変化させていこうという極めて現実的な戦略に基づいている。認知行動療法は患者の常識を信頼し、患者と治療者が問題を共有して治療同盟を結び、具体的なテーマに取り組んでいこうとする点に大きな特徴がある。治療者は認知行動モデルを説明し、いわば「手の内」を明かしたうえで患者と同盟を作って治療に向かおうとするのである。これはインフォームド・コンセントが必須になった時代に相応しい心理療法であるといえよう。

その後、認知行動療法の裾野はかなり広がってきた。弁証法的行動療法(dialectical behavior therapy：DBT)を皮切りとして、新しい立場を名乗る流派が次々に登場している。適応対象もうつ病だけでなく、不安障害・統合失調症・摂食障害などに広がってきた。マインドフルネスやアクセプタンスに代表される新しい用語も導入され，さまざまな新しいアイデアや技法が現れ，認知行動療法の流れはまさに百花繚乱の観を呈している。一方で，何をして認知行動療法とするのかが判然としなくなっている面がなきにしもあらずという印象もある。また，そもそも認知行動療法の基本すらきちんと根付いていないわが国の医療現場で，「新世代の認知行動療法」を云々することは混乱に拍車をかけるだけかもしれない。この点は留意が必要であって，私たちは徒に新しい技法の導入に傾くのではなく，認知行動療法の基本を習得できるよう心がけなければならない。

それでは，こうした状況の中でCFTを紹介することはどのような意義を有しているのだろうか。

CFTが広い意味で認知行動療法の流れに属していることはすでに触れたが，その特徴はいうまでもなく「セルフ・コンパッション」という言葉をキーワードとしてその理論を展開していることである。マインドフルネスやアクセプタンスといった態度や技法ではなく，「セルフ・コンパッション」という「価値を含む言葉」を明確に提示し，患者・クライエントと治療者がこのキーワードを共有してセッションを重ねていくところに大きな特徴があると思われる。

「コンパッション」という言葉は「ともに」という com と「苦しむ」という pati から構成され，「ともに苦しむ」という意味のラテン語 compati に由来しているといわれている。CFTで使われているコンパッションという言葉には「思いやり」「憐れみ」「同情」といった辞書的な意味にとどまらず，「苦しみや悲しみに目を背けるのではなく向き合うこと」と「苦しみを取り除こうとする姿勢が大切である」という二つの要素が含まれている。すなわちCFTで使われているコンパッションという言葉には，苦悩に立ち向かおうとする前向きな姿勢を育もうというニュアンスが含まれている。この点は，第5章「コンパッションとは何か」をお読みいただければ，さらに理解が深まると思われる。コンパッションは単なる「思いやり」や「やさしさ」という意味にとどまらず，自らが抱えた苦悩や課題に対してより積極的に対処するということが含意されているといえる。本書ではコンパッションがいわゆる「思いやり」や「やさしさ」と少なからず意味を異にしていることを示すために、訳語としてあえて「慈悲」という語を当てたが、文脈によっては「思いやり」や「やさしさ」という訳語を使用した。

抑うつや不安に悩む患者・クライエントの多くが、自己否定・罪悪感・恥の感情に悩んでいることは臨床家がつとに感じているところであろう。そうした人たちの支援にセルフ・コンパッションをキーワードとして構成されたＣＦＴが役立つことが、訳者らの希望である。

訳者の一人である石村郁夫氏は早くからＣＦＴに強い関心をもち、ヨーロッパでの研修会への参加をはじめとした研鑽を積むとともに、わが国への導入を目指して研究してきた。わが国でもイギリスからの講師を招いた研修会が開催され活況を呈するなど、ＣＦＴに関心を寄せる臨床心理士や精神科医は少しずつ増えつつある。今後さらなる展開が期待される理論の一つであると思われる。

本書が心理療法の新たな選択肢を提供するきっかけになれば幸いである。

二〇一六年　七月

野村　俊明

序文

慈悲の心が非常に大事だということは、古くから理解されてきました。自分自身に対する考え方や、他人が自分をどう思っているのかに対する考え方は、ウェル・ビーイングに対して大きな影響力をもっています。自分自身の価値を認め、支援することができれば、私たちは人生で起こるあらゆる出来事に対して、うまく折り合いをつけていくことができます。しかし、自分が間違っていると感じ、自分を追いつめていると、結果はまったく異なるものになるのです。しかし、常識だけが慈悲の心の価値を認めているわけではありません。最新の科学研究は、自分や他人に慈悲の心を向けることが、自らへの敬意を高め、ウェル・ビーイングの感覚を高めることに対する理解を深めてくれました。

私たちは自分自身を批評し、格付けし、採点するよう言われ続けるような世界に住んでいます。私たちは「まだ十分ではない」というメッセージに囲まれているのです。親がそのようなことを言う場合もあれば、学校では運動神経が鈍いという理由で友だちの輪に入れてもらえない場合もあるでしょう。今時の学校はあらゆる種類の試験や評価をすることに力を注いでいます。テレビ番組を観ていても、過去一〇～二〇年の間に、参加者同士が競い合い、敗者が脱落するという趣旨のものが増えました。『ビッグブラザー』〔テレビ番組〕から料理コンテストに至るまで、参加者は落選者の発表を不安そうに待ち、泣きながら脱落していきます。このような内容はテレビ番組としては評価されるかもしれませんが、心理的なウェル・ビーイングに対して良い効果をもたらすことはありません。成功や達成のみが私たちを幸せにし、実力が不十分だったり失敗したときなどに不安や不幸を感じ、悲しまなければならないという古い考え方を育むからです。このようなテレビ番組がはやることを考えたとき、所属やコミュニティに対する意識がかつてよりも脆弱になっていることが容易に理解できます。実際、特に若い世代が、コミュニティの援助や共有、育成を犠牲にして自尊心や達成に注力することが、現代社会におけるうつや不安の一因であることが示唆されています。

しかし、自分を評価して尊重し、失敗したときに自分や他人に対して優しさを向けることを学べば、挫折に対しての対処力が向上してより幸福になることが、研究によって実証されています。成功を追い求めることも重要ではあるものの、自分や他人に対して慈悲の心を向ける努力がウェル・ビーイングの感覚と関連していることが、繰り返し証明されているのです。何かがうまくいかなくなったときに批判的で辛辣、拒絶的になるのは容易なことですが、人生の困難に直面しているときに自分を支援して励ますことができるか否かという点において、人間の真価が問われるのです。

本書は、多様な心理的困難を抱えた人々と向き合ってきた、メアリー・ウェルフォード博士の豊かな経験と知識をもとに書かれています。私たちの脳がなぜ人生の挫折や困難に対して敏感に反応するのかという問題、特に、私たちが自分自身を裁いたり自己批判的になったりする傾向について彼女は検証しています。他の動物とは違い、人間には継続的に思考して判断する脳が備わっています。ライオンから逃げているシマウマを想像してください。ライオンから逃げ切ると、シマウマは再び草を食べはじめるでしょう。ところが、人間であれば何日間も捕まった場合のことを反芻(はんすう)したり、最悪の事態について想像したりします。シマウマやチンパンジーは自分が考えていることや、自分の容姿、他のシマウマやチンパンジーが自分をどう思っているのかについて悩むことはありません。その一方で、人間は常にそのようなことに悩まされています。私たちは鏡を覗(のぞ)き込んでこう思います。「これが本当の私？　どうしてこんなに太ってしまったのだろう？」。

空想や思考、感情など、私たちは心の中についても考え、それらに対して批判的になることもあります。そのため人生は、しなければならないことや、してはならないことであふれています。繰り返しますが、人間のように自分の空想や感情、思考を批評し、嫌い、恐れ、そして回避しようとする動物は他にいません。このような自分を追いつめる傾向は「自己批判」と呼ばれ、自信のない人ほど自分自身に対して厳しく自己批判的になる傾向があります。心を落ち着かせることで、私たちは自己批判を検証し、それがいかにありふれており、また不愉快なものであるかに気づくことができるでしょう。

もちろん、自分自身の間違いに気づいて、それを改善したいと思うときもあるでしょう。重要なことは、出来事や結果に対して失望しないことではなく、失望自体に対してどう対処するかです。失望に対して寛容で、誠実に、優しく、支援的に向き合うのと、厳しく攻撃的に向き合うのとでは、気分を悪化させるのはどちらでしょうか。本書を読み進めていくなかでわかるように、慈悲の心は投げやりで軽率になることではなく、最高の自分が出せるように自分自身を支援して励ますことです。

ウェルフォード博士は、敏感さによって自分自身に対する感情や思考にネガティブな形で囚われてしまい、それが役に立たないものであると、理解できるようにしてくれます。また、彼女は人間の脳の構造のせいで、私たちが自らを卑下する習慣に陥りやすいことを説明しています。実際、これは人間の普遍的な特性であり、個人の責任ではありません。結局のところ、私たちは感情や思考、空想などのための多様な能力を設計したわけではないのです。同様に、複雑な思考や反芻（はんすう）する能力を設計してもいません。また、私たちを優しく支援的にしたり、あるいは批判的にする影響をもつ生育環境や遺伝情報を設計してもいません。

私たちはさまざまな遺伝子や才能、能力を備えており、まったく異なる生育歴をもっています。これらのすべてが互いに関連して、人間の違いを生み出しています。ある人が高度な知性をもってノーベル賞を受賞する一方で、ある人は基本的な読み書きに苦労するほど低い知性しかもっていません。ある人が話し上手である一方で、ある人は恥ずかしがり屋で言葉に窮することがあります。本書の重要なメッセージは、自分が「ここ」に存在していて、「人生の理不尽な逆境」がどのようなものであろうと、自分自身との向き合い方が人生への対処の方法として重要である、ということです。自分に対して慈悲の心を向ける頻度が多いほど、より幸せになり、人生の困難に直面したときに立ち直りが早いことを、研究が実証しています。加えて、他人に救いの手を差し伸べ、他人に対して慈悲の心を向けた結果、私たちは他人にとって良い友人になることができるのです。

時として慈悲の心は、態度を「ソフト」にしたり「弱く」したりすることや、単純に「親切にする」ことや「警戒を緩める」ことと解釈されることがあります。これは大きな思い違いです。実際はその反対で、慈悲の心は、私たちに勇気をもって痛ましい感情を受け入れてそれに耐えること、さらには、自分の中の問題を抱えた感情や困難、失意に対して立ち向かうようにと要求することがあります。慈悲の心は感情的な困難や不快感に背を向けたり、それらを追い払うことではありません。慈悲の心は、自分に対して批判的だったり、役に立たない方法で行動をとったことに気づき、内的な支援と励ましを生み出すことによって思いやりをもつことを意味しています。このように、慈悲の心は「優しくする」ことではなく、自らの苦悩に（他人の苦悩にも）敏感で自覚的であり、それに対して誠実に関わることです。これらの二つの取り組みのなかには、ソフトな部分や弱い部分はありません。それどころか、慈悲の心は私たちが直面する困難に対処するうえでの勇気や誠実さ、コミットメントを育むのを助けるのです。それは自分を豊かにし、自分を思いやるうえで役に立つ行動を可能にします。それは強制や要求ではなく、自分自身の人生を充実して満足するものとして送ることを可能にするのです。

本書においてウェルフォード博士は、何らかの理由で自己嫌悪に陥っている人々に、臨床心理学者そして心理療法家として関わってきた豊富な経験を援用しています。そのなかで、過去の恥を引きずっている人や、理想の自分になれないことや感情をコントロールできないことを不快に思っている人々が紹介されています。ウェルフォード博士は、私たちが困難だと考える目標に取り組むうえで、自信を刺激して築く慈悲のモデルについて説明しています。また彼女は、困難なときに自分に対して支援的な友情を発達させる方法を学ぶ手ほどきも示しています。

ウェルフォード博士のアプローチは、「コンパッショネイト・マインド・アプローチ」（Compassionate Mind Approach：ＣＭＡ）と呼ばれています。これは、私たちが慈悲の心を発達させる際に、私たちの注意や思考、感情、行動、言い換えれば、私たちの心が全体的な機能に影響を与えるからです。ＣＭＡは、仏教などの東洋思想を含む成熟したアプローチをも援用しています。さらに、本書で紹介されるコンパッション・フォーカスト・セラピー（Compassion Focused Therapy：ＣＦＴ）の一形態としてのＣＭＡは、私たちの心がどのように機能するかという科学的な理解に根ざしています。

今後、慈悲に対する理解とその促進方法は、間違いなく変化して改善されていくでしょう。しかしながら、一つだけ確かなことは、優しさや温かさ、そして受容こそが、私たちが困難に対処するうえで常に有用であるということです。本書では豊富な例を通して、親切であること、理解力があること、支援的であること、優しくあることを学ぶと同時に、困難に直面したときに魅力的で勇敢にもなることを学ぶこともできるでしょう。

多くの人は自信の欠如や自己批判的な傾向と結びついた多様な問題を、人知れず静かに抱えています。ある人は自分に対して恥や怒りを感じ、ある人は特定の方法で問題に対処できないことを恐れています。悲しいことに、恥は助けを求めることから私たちの多くを遠ざけてしまいます。しかし、慈悲に対して心を開き、共通の人間性と苦しみに対する脆弱性に気づくことで、私たちはこれらの困難に対して、新しくより効果的な方法で対処する最初の一歩を踏み出せるのです。あなたの旅が充実したものとなることを願っています。

二〇一二年　三月

ポール・ギルバート（PhD, FBPsS, OBE）

はじめに

屋根は太陽が出ている間に修復しなければならない。
——ジョン・F・ケネディ

これまで私は、自著の最終稿を提出するたびに、強いためらいを感じてきました。しかし、今ではためらうことなく、その時点で自分にできる最善のものを提出することが重要であり、それが完璧なものでなくてもよいのだと思えています。人生のなかで、コンパッショネイト・マインド・アプローチ（CMA）の実践を通してこのことを学び、それに心から感謝しています。私がCMAを皆さんに薦める理由のひとつは、私の実体験からきているのです。

コンパッション・フォーカスト・セラピー（CFT）は、イギリスのダービー大学のポール・ギルバート教授によって開発されました。このセラピーは個人の注意や思考、感情、行動、つまり心のあらゆる側面に影響を与えるために、慈悲、特にセルフ・コンパッションを発達させ促進させることに焦点を当てるもので、しばしばCMAとして紹介されます。以下、本書では「CMA」という言葉を使います。

ポール・ギルバート教授は困難を感じている多くの人々を支援し、ともに問題に取り組んできました。彼はまた、セラピーの発展に貢献する多くのセラピストや研究者を指導し、監督し、助言を与えてきました。私は彼とともに仕事をしていることを光栄に思っています。

進化論や神経科学、心理学など、CMAは幅広い理論や研究領域の知見を取り入れています。また、効果的とされる多くのエクササイズも採用しています。いくつかのエクササイズは仏教などの東洋の伝統を起源としていますが、それらのエクササイズは宗教的・精神的起源から切り離され、純粋に非宗教的なものとして使用されています。

CMAの目標は、自己批判の問題に取り組み、セルフ・コンパッションを通して自信をつけることです。人びとはさまざまな信条をもつため、読者が私と同じことを信じていないことは理解しています。私の目標は、さまざまな価値観にも敬意を表しつつ、自分の価値観に正直でいることです。私は進化論を信じています。私は個人的に、人間が単一の細胞をもつ生命体から爬虫類、類人猿を経て進化してきたと信じています。私は「自然淘汰」と呼ばれるものが進化の過程で重要な役割を果たし、生命の特徴や性質、身体的な物理特性や能力を形成してきたのだと信じています。しかし私は、自然淘汰以外にも、進化に影響を及ぼしてきた要因があると考えています。進化は、今日の私たちの存在を説明する唯一の要因ではないでしょう。私は個人的に、その他の要因もまた科学によって明らかにされると信じていますが、その一方で、人間がそれを正確に知ることができないのではないかとも考えています。

ある人は、何らかの物質や存在が進化を押し進めてきたと信じており、また、ある人は人類が創造されたものであり、他の動物とは切り離された存在であると信じています。本書に登場するこういった信条があなたの考えにそぐわないものであったとしても、すぐに本書を閉じないでください。

人間には複雑な構造をした脳が備わっており、少なくとも人間が地球上に現れたときから脳が進化してきた(それだけでもかなりの年月です)という事実は、進化論を信じない人でも同意できるのではないでしょうか。さらに、この点についてはのちほど詳細に説明しますが、私たちの脳は生まれてからの経験にも影響されています。このように、人間の脳には多くの驚くべき能力が備わっている反面、多くの複雑で矛盾する性質もあるため、私たちはそれらの問題に対して取り組んで解決しなければなりません。この点に同意してくれるのであれば、進化論を信じていなくても本書から学ぶことはあるでしょう。

本書ではまず、ＣＭＡがどのように自信というものを解釈しているのかを説明します。人間の感情システムがどのように機能し、どのように相互規制しているかを知ることで、読者はどのように自分を批判しているかに気づけるでしょう。この問題に対処するために、続いて、自信をつけることを目標としたエクササイズをたくさん紹介します。

本書の使用方法

泳げない人が深い場所に飛び込むのは賢いことではないでしょう。まずは近所のプールに行って、静かな時間を選び、浅い場所で泳げるという自信をつけてから、深い場所へと進むのが賢明ではないでしょうか。

本書で紹介されているエクササイズに関しても、そのように考えるとよいでしょう。つまり、そのエクササイズが簡単だと思うようになったら、次のエクササイズへ進むのです。ここで使った簡単という言葉には、解釈の幅をもたせてあります。なぜなら、人生が簡単であることはあまりなく、同じことを行うにしても、時期や状況によってその難易度は変化するからです。気持ちが落ち着いたときに始めることができれば、エクササイズに取り組むための時間と心のゆとりをもつことができるでしょう。

ゆっくり進もう

ＣＭＡを貫く基本原則の一つは、知識を理解することが必ずしも感情的な変化をもたらすわけではない、ということです。言い換えれば、他人から愛されていることや受け入れられていることを頭では理解しているつもりでも、心でそれを感じることができない場合がある、ということです。本書で紹介するエクササイズの多くが、頭と心のギャップの問題に取り組むことを目的としていますが、その過程の中で最も効果的なことは、時間をかけて熟考し、学んだことをゆっくりと理解することです。つまり、エクササイズによって獲得した情報が自分とどう関連しているのかについて、立ち止まって考えることです。

自分の思考のプロセスについての記録をつけるのもよいでしょう。簡単なメモを取ることで、頭で知ることと心で感じることのギャップについて、後日理解を深めることができるようになるでしょう。

準備すべきもの

本書には、コンパッショネイト・マインド（慈悲の心）のウェブサイト（www.compassionatemind.co.uk〔訳注：このウェブサイトは英語のみ〕）でダウンロードできる複数のワークシートやコピーが含まれています。ワークシートを補うため、メモや反省を記録するための日記やノートを用意するとよいでしょう。さらに、エクササイズのための日記を、慈悲の手紙を書くために使ってもよいでしょう。

これらの活動を始めるにあたって、特定のペンや鉛筆を使う人も多くいます。私は仕事ではボールペンを使っているため、ボールペンを使うと仕事と関連した考えや感情が浮かび上がってきます。そのため、私は日記をつけるときには、いつもマジックペンを使っています。文房具を、自信を築くことを手助けしてくれる小道具として考えるとよいでしょう。やがて、それらを見るだけで自信をどの程度高めたかを思い出すようになり、エクササイズを続ける刺激となるでしょう。

本書の構成

本書の構成は大きく二つに分かれています。前半は、進化論や生物学、人生経験の観点から自信というものについて考察します。これは第1章から第3章までの主要な論点となります。後半は、セルフ・コンパッションの実践を通して自信を築くためのエクササイズを紹介しています。

最終章では、最も効果的だったエクササイズについて考えること、そして今後も自信を築くうえで、そのエクササイズを行うことを奨励します。自信を築くのに役立つエクササイズの一覧を掲載した、練習のまとめ用シートが次頁にあります。空欄にはエクササイズが効果的であったかどうかを記録し、そして今後の参考のために気づいたことをメモしてください。ここで紹介されるエクササイズは、毎日行うものや週一回行うもの、さらにはより少ない頻度で行うものが含まれています。[1]

最後になりますが、セルフヘルプは役に立つものの、特定の状況においてはそれだけでは不十分なこともあります。このことに関して恥ずかしく思う必要はありません。それは、友人や家族がお互いに秘密を打ち明ける理由であり、私のような心理療法家の多くが仕事に就ける理由でもあるのです。他人に秘密を打ち明ければ、友人や家族、専門家などの他人からの援助を受け入れたり、頼んだりできるのです。専門家の援助が必要だと思う場合は、どのような選択肢があるのか、身近な相談窓口にいる医師や心理士にアドバイスを受けるとよいでしょう。

1　本書に登場するエクササイズは、まとめ用シートには記載されていません。これらのエクササイズは個人練習用として使われるものではなく、特定の要点を強調して説明するため、自信を築くうえの反省を促すための補助、そして、最初の手がかりをつかむために用意されています。

実践のまとめ用シート▼

エクササイズ	効果	備考
音のマインドフルネス		
身体感覚のマインドフルネス		
呼吸のマインドフルネス		
視覚的な基準点を用いたマインドフルネス		
触覚的な基準点を用いたマインドフルネス		
マインドフルな散歩		
心地良いリズムの呼吸		
充実を感じられる場所を探して		
慈悲深くなる		
自分の慈悲を再体験する		
理想の慈悲の自己		

他人から受けた慈悲の記憶を呼び起こす		
慈悲を外に向ける		
自信がない人への慈悲		
慈悲を自分の内側に向ける		
自分の人生と現在の状況に対する慈悲		
慈悲深い指導者を成長させる		
心の中を支配する思考やイメージに気づく		
心の中に生起する思考やイメージに気づく		
新しい慈悲の脳に声を与える		
二つのイス		
自信をつけることを目的とした慈悲の手紙		

エクササイズ	効果	備考
あなたの中の慈悲の役割から自分に宛てて慈悲の手紙を書く		
慈悲の代替思考やイメージに基づいた慈悲の手紙を書く		
自信をつけるための個人的な目標を設定する		
目標を達成するために必要なステップを特定する		
慈悲のイメージを用いて社交的な状況に備える		
慈悲のイメージを用いてどのような状況にも備える		
慈悲の代替思考やイメージを用いて行動する準備を整える		
慈悲の手紙を用いて内的な支援へアクセスする		
慈悲の行動実験のために準備をする		
慈悲の行動実験を実践する		
慈悲の行動実験を振り返る		

感じていること、必要としていることを他人に伝える		
建設的なフィードバックを提供する		
一見ささやかな行動の変化を起こす		
ポジティブな経験を味わう		
自分自身と、変えることのできないことを受容する		
ありのままの自分を抱きしめる		
今、ここで、自分の置かれている状況を受容する		
主体的に一日を過ごす		
困難な状況でセルフ・コンパッションを用いる		
フォーミュレーションを更新する		
未来のための個人的な計画		

目次

目　次

エクササイズ

目次

1

自信は生まれながらに備わっているものではなく、築き上げて維持するものである

人生を通り過ぎるのではなく、人生を通して成長しなさい。
——エリック・バターワース

自信の強さは、物事のなりゆきに大きな影響を及ぼすことがあります。ジムの例を見てみましょう。彼はベッキーをデートに誘いたかったのですが、彼女に出くわしたとたん、自信がなくなってしまいました。デートに誘う代わりに、彼はまったく違うことを話してしまったのです。「俺はなんてバカな男なんだ!」。彼は自分をそう責めました。試験を受けるときや仕事の面接を受けるとき、争いを解決するときや新しい趣味を始めるとき、友人を作るときなど、新たな取り組みを始めるときは、自信の強さが物事のなりゆきに大きな影響を及ぼすことになります。人生のある時点で、ほとんどの人がもっと自信が欲しいと感じるのです。

では、そもそも自信とは何なのでしょう。辞書を引けば、「自分の能力を信頼すること」「自分に対して信頼をもっていること」「自分を保証すること」といった説明が書かれているでしょう。しかし、人によって解釈が異なるため、自信を定義することは難しいのです。強いて言えば、「自分のやりたい物事との関係や、自分の人格について自分がどう考えているのか」と要約できるでしょう。

あなたは、自信というものが時期や状況によって異なることに、気づいているかもしれません。ある事柄はかなり自信があり、ある事柄はまったく自信がないということもあるでしょう。また、似たような状況であっても、そのときどきで感じる自信に大きな違いがあることに気づくでしょう。こういった事実は人を困らせる、苛立たしいものです。

しかし、自信は、ある特定の状況であなたが見せる反応の仕方や、他人のあなたに対する認識にのみ関わるものではありません。自分のパーソナリティや思考、感情、自分の好きなところや嫌いなところなどに反映されることで、自信はあなたの将来に大きな影響を及ぼしていきます。

自信はどこから生まれてくるのか

一部の赤ちゃんが他の赤ちゃんより愛想が良くて丈夫そうに見えるのは事実ですが、自信というものがどこから生まれてくるのかを特定することは難しいのです。自信の強さは、遺伝的特徴や子宮の中にいる期間、幼少期の経験や生まれてから数週間の出来事に影響されると考えられています。しかしながら、興味深いのは、すべての人が自信を一から築き上げているということです。生まれて初めて歩くのを学習するときのことを、思い浮かべてください。初めは苦戦しながら、転び、泣き、そしてまた歩き出したのではないでしょうか。この過程は走り回って木登りを始めるまで、何度も繰り返されます。

幼少期にあなたはするべきことを知っていて、それが自信をつけることへとつながったのです。では、大人になってからはどうでしょうか。たとえば、あなたは車の運転にどのように自信をつけましたか。初めて車を運転する人は誰もが自信がなく、かなり不安を覚えるはずです。

しかし、不安に負けずに、順を追って練習し続けていけば、しっかりと運転ができるようになるまで自信がつきます。つまり、自信をつけるということは、不安に負けずに努力を続けることだと分かるのです。

自信をつけることは、本書の重要な原則の一つです。特定の、あるいは多くの分野に関してまったく自信がなくても、時間をかけて努力することで自分を変えることができます。その結果、自信をつけることができるのです。

さらに、人生のあらゆることと同様に、自信もまた維持すべきものです。そのため、本書も、自信を築き上げて維持するための方法について論じています。

自信をつける最初のコツ——自分自身を蔑ろにしていることを自覚する

自信をつける方法について詳しく見ていく前に、非常に重要な事実に気づく必要があります。自信がない理由の一つは、実は自分で自分を蔑ろにしていることなのです。自分の自信を育てて発達させる余裕が心に残っていないのです。本書で述べる内容の一つは、私たちがなぜ自分の自信を蔑ろにするのか、そして、どうしたらそれを防ぐことができるのか、ということです。

再度、ジムの例について考えてみましょう。ベッキーと向かい合ったジムは、その状況に不安になってパニックに陥りました。自分についてのイメージや考えが頭を駆けめぐるなかで、彼は自分が臆病で、赤面していて、気持ちが悪く、バカげて見えると考えました。彼はこう思ったのです。「デートに誘っても成功するはずがない。ただ失敗するだけだ。第一、誰が俺みたいな男とデートなんかに行くだろうか。彼女は絶対に断るはずだ」。そう考えた結果、彼はリスクを冒すよりはデートに誘うことを避けたのです。

対照的に、ジムがベッキーに出くわす前、彼女をデートに誘う場面を想像して、こう考えていたらどうだったでしょう。「デートに誘うのは難しそうだから、まず何を話すか練習をしよう。友だちに話して、アドバイスをもらったほうがいいだろうか」。ジムがそうしていたのなら、結果はまったく違うものになっていたはずです。

ジムの自分を蔑ろにする考え方に、あなたもいくらかは共感できるはずです。内面的な支援を生み出せたので、彼は自分の不安と自信のなさに気づいたのです。ジムがいきなり自信に満ちあふれ、不安を吹き飛ばすようなことは起こりません。そのかわり、ベッキーをデートに誘うのは難しく、自己支援的な方法でどのような準備とアプローチができるかについて、気づいたのです。これは、自分に不愉快なことを言い聞かせることで自信を損ねるのとは、まったく異なるものです。

自分を蔑ろにする別の例を紹介しましょう。自分に次のように言い聞かせながら、自動車の運転の練習をしていると想像してみてください。「自分は一生免許なんか取れない……絶対に事故を起こしてしまうだろう……教官は給料が欲しいから、私に運転が下手だということを伝えないんだ」。このような考え方は、助けになるどころかあなたを傷つけ、不安を高めるだけです。当然のことながら、このような状況で私たちを傷つけるのは、考え方だけではありません。しばしば、悪い結果の原因となっているのは、自分をどう感じているかということです。自分は愚かで、無能で、無力だと考えると、それが自分を蔑ろにする考え方やイメージ、消耗させる不安へとつながるのです。

反対に、次のように考えたとしましょう。「不安を覚えたり、ギアを傷めてしまったり、曲がり角で車体をぶつけたり、他の車にクラクションを鳴らされるのは当たり前だ。何だかんだ言っても、私は練習中なんだ」。このような考え方を、勇気や受容、共感の気持ちをもって眺めているところを想像してみましょう。このような態度を取れば、あなたは自動車教習所の訓練過程をより順調にこなすことができるでしょう。

自信をつけるもうひとつのコツ――セルフ・コンパッション

本書はセルフ・コンパッションについて多くのページを割いているので、この段階で、慈悲（コンパッション）

にはどのような要素が含まれているのか考えてみましょう。

慈悲に関してはいくつもの解釈があります。最も単純な定義は、慈悲とは自分や他人が経験する（心理的・精神的）痛みに対する感受性であり、加えて、それを癒すための動機と誠実な関与である、というものです。見落とされているのは、この定義の後半部分です。多くの場合、優しさや気持ちの温かさ、親切さなどの他の要素を強調しながら、慈悲のより活動的な要素を除外しています。ある状況では、セルフ・コンパッションはこれらの要素の大部分を含んでいるはずですが、コンパッショネイト・マインド・アプローチ（ＣＭＡ）は、努力や支援、適切な時間を選択する能力など、慈悲の他の主要な側面の重要性を強調しています。

セルフ・コンパッションは、それらが最大の関心事でない限り、キャンドルで囲まれた浴槽に浸かることや自分に花を贈ること、好きな食べ物を食べることを意味してはいません。セルフ・コンパッションは、自分が苦しんでいるときにそれを自覚し、自分を少しずつ改善できることに取り組むことを意味します。セルフ・コンパッションは、趣味をもったり、身体を鍛えたり、よりヘルシーなものを食べるなどの取り組みを伴うかもしれません。また、必要がある場合は、強い不安を感じるような特定の状況に向き合うことや、特定の出来事を思い浮かべて泣いたり、怒ることを伴うかもしれません。さらに、飲酒や薬物、過食など、尻込みしている問題に取り組む場合もあるでしょう。[1]

セルフ・コンパッションをより詳しく説明するために、ヘレンの話をしましょう。ヘレンは広場恐怖症に苦しんでおり、その問題と向き合う自信がなく、一〇年以上ひきこもりの生活を送っていました。彼女の発達中のセルフ・コンパッションは、「いいから、いいから、悩まないようにしよう」と自分に言い聞かせたり、その代償

1　コンパッショネイト・マインド・シリーズの一冊として、過食の問題に焦点を当てた *The Compassionate Mind Guide to Ending Overeating.* というケネス・グロスの著書があります。

としてインターネットで好きな商品を買うようなことはさせませんでした。ヘレンの場合、セルフ・コンパッションの発達とは、彼女の最大の利益のために自分を変える必要があることを、心から認めることでした。そして、彼女はセルフ・コンパッションを発達させるにあたって、恐怖を感じながらも自信をつけていき、ついに家の玄関から外の世界へと足を踏み出すことができたのです。彼女にとってセルフ・コンパッションとは、うまくいかなくても自分を安心させ、苦しい状況に置かれていることを自覚しながらも、目標に向かって勇気をもって進むことでした。

まとめ

第1章では、自信というものが生まれつき備わっているものではなく、一から築き上げていくものだということを見てきました。私たちは不安と不確かさを抱えながら人生を歩まなければならないため、自信をつける方法が重要となります。CMAにおいて最も重要なことは、困難な出来事に直面したときに、どのように前進するかというプロセスそのものです。自分自身に慈悲の心を向ける方法を学ぶことで、困難に直面したときにも屈しない自信をつける機会を、増やすことができるでしょう。

最後に

本章や以降の章を読んだあと、自分が何を学んだのかを復習するために、ノートや日記にメモを取るとよいでしょう。それらのメモには、あなたが特に覚えておきたいことや、本書で論じられたことが個人的にどう活用されるべきかについて書くとよいでしょう。

2

進化が人間に与えた影響を理解する

私たちは複雑な脳を備えて生まれてきたが、
自分で設計したのではないのだから、それは私たちの責任ではない。
——ポール・ギルバート

コンパッショネイト・マインド・アプローチ（CMA）は、地球上のすべての生き物を、ポール・ギルバートが「生命の流れ」と呼ぶものの中に位置づけています。言い換えると、他のすべての生き物と同じように、人間も進化のおかげで現在の姿で存在していると見なしているのです。自然界を眺めれば、動物たちが地位や縄張り、食べ物、異性（ある種は一個体と生涯続く夫婦関係を形成し、ある種は複数の個体と夫婦関係を作る）をめぐって、張り合ったり喧嘩したりする姿を見ることができるでしょう。さらに、多くの動物、とりわけ哺乳類が自らの子どもにくっつき、エサをやり、危険から身を守ってあげているのを見ることもできるでしょう。彼らは仲間集団を形成し、ある個体の繁栄が他の繁栄に影響を及ぼす社会集団の中で、生活を送っています。これらの生命の基本パターンは人間にも見られますが、ここで重要となるのが自信です。

友情を育んで維持するため、性的にパートナーを惹きつけるため、愛情あふれる親になるため、仕事で成功するために、人間は自信を欲するのです。

人間の感情制御システム

さまざまな活動を順調に行うために、人間の脳の中には、重要な目標の達成に対して興味をもたせ、興奮させるシステムが備わっています。さらに、非常事態が起きたときや怪我の可能性があるときに、慎重に行動することで自らを守るシステムも備わっています。CMAは脳科学の知識を用いて、これらのシステムがどのように機能するのかについての理解を深めてくれます。自分のことをより正しく理解できれば、恥らいや自分を蔑ろにする傾向が減るのです。

近年の神経科学研究の結果、感情制御システム（感情のコントロールと維持のために活動する脳の部位）が、少なくとも三つあることが明らかになっています。これらのシステムは、私たちの人生の重要な目標を達成するための手助けをしてくれます。[1]本章ではこれらの三つのシステムを詳しく見ていきますが、それぞれのシステムは次のように要約することができます。一つめは、生活の中の脅威を感知して反応するように設計された脅威システム。二つめは、重要な資源を感知し、興味をかき立て、生存と繁栄を可能にするよう設計された動因と資源獲得のシステム。そして三つめが、他の二つのシステムを制御して均衡を保ち、平穏なウェル・ビーイングや充足感などのポジティブな感情をもたらすよう設計された充足とスージングのシステムです。これらの三つのシステムは、図①で紹介しています。脅威システムは下の円、動因と資源獲得のシステムは左の円、充足とスージングのシステムは右の円として示しています。

1　自信がもてずに苦しんでいる場合、友情を育むことや親密な関係を築くこと、リーダーの役割を担うこと、親になること、他人に評価されることなど、社会的な目標を設定するときに問題を抱える傾向があります。

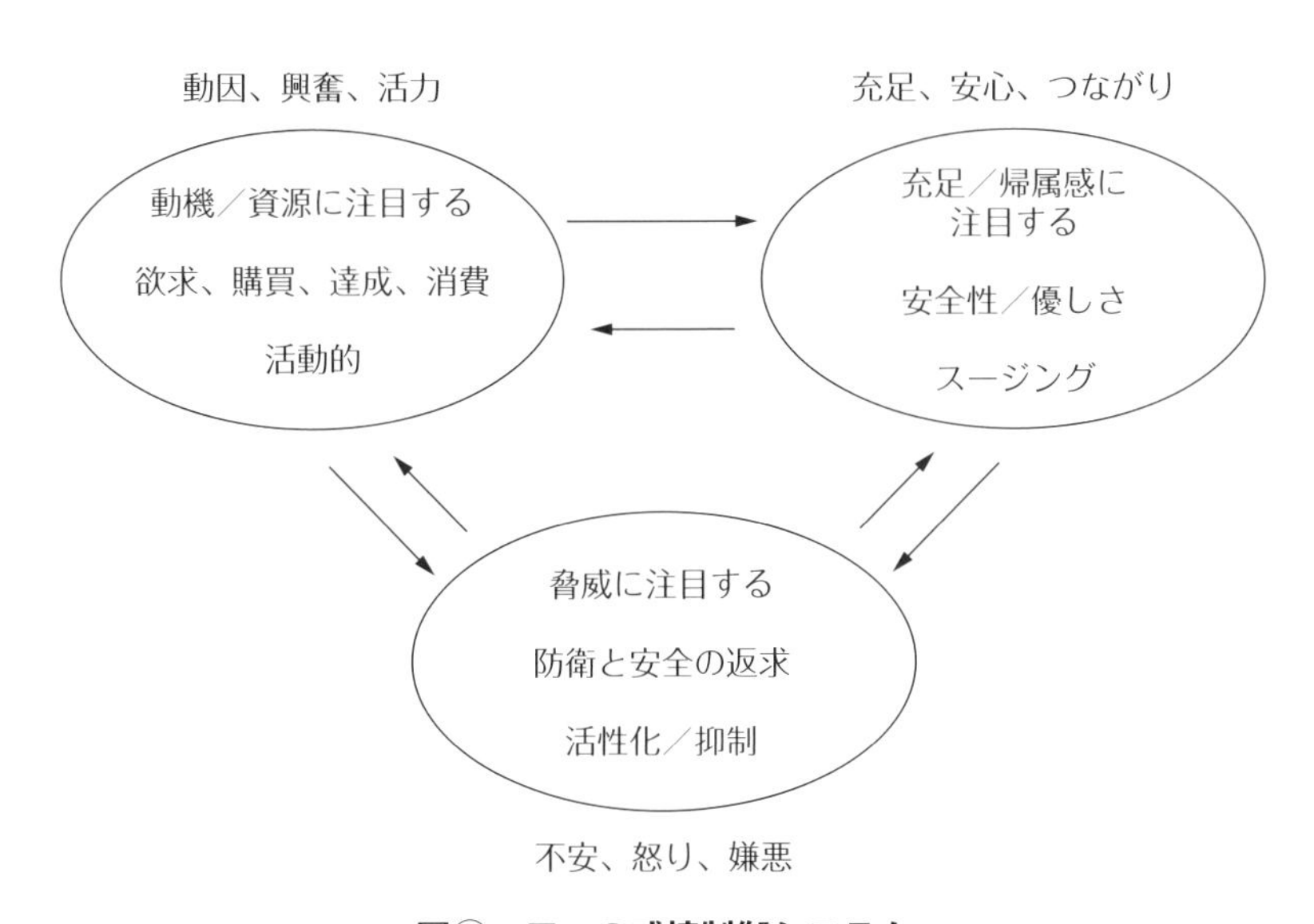

図①　三つの感情制御システム
P. Gilbert, *The Compassionate Mind* (London: Constable and Robinson, 2009).

感情制御システムは、図①で三つの円としてはっきりと示していますが、これらのシステムが、脳の中で継続的な相互作用を生み出すパターンであると理解することが重要です。このプロセスは図①では矢印として示しています。これらのシステムをより詳しく見ることで、感情がどのように働き、どのように互いに関連するのか、また、自信をつけるためにはどうするのかについて、理解を深めてくれるでしょう。

脅威システム

すべての生き物は自らの脅威となるものを感知できる必要があり、子どもがいたり集団で生活していたりする場合は、他の個体への潜在的な危険をも感知する必要があります。そのため、私たちの脅威システムは、迅速な反応の中枢であり、外部から入ってきたすべての情報を集めて評価する場所です。それはお客様センターや入国管理局のような働きをしますが、その百万倍速い処理能力をもっています。

他の動物の脳と同様に、人間の脳にも、発動されるのを待つ一連の反応が備わっています。私たちに備わっているのは、脅威に基づいた三つの主要な感情、つまり不安、怒り、嫌悪です。これらの感情は、次のようなさまざまな行動と結びついています。不安を感じた場合は身を固めたり逃げたりし、怒りを感じた場合は闘ったりもっと頑張ったりし、嫌悪を感じた場合は頭の中から追い出したり回避したりします。脅威システムがどれほど素早く起動するかを説明するのは簡単です。車を運転していて、自転車に乗った人が目の前に突然現れた場面を想像してみてください。このとき、考える時間はありません。しかし、お腹のあたりに衝撃が走り、体中を不安が駆け巡るでしょう。同じように、試験結果が返ってきて、予想外の最低評価を受け取ったときのことを考えてみてください。あなたはすぐに不安と苦悩の高まりを感じるでしょう。職場へと急いでいるときに、カギをどこかに置き忘れたか、道が封鎖されている場合を想像してみてください。あなたはパニックや苛立ち、怒りで、身を焦がすことになるでしょう。

感情が高まることに加えて、脅威システムは体の機能にも影響を与えます。たとえば、あなたの注意を危機的な状況にのみ集中させ、その反応に対する行動（古典的条件づけによる闘争―逃走反応、あるいはフリージングなど）へと、あなたを駆り立てるでしょう。当然のことながら、これらの反応は完全に自動的であり、あなたの責任ではなく、脳の基本的な設計に基づいたものなのです。

次の四つは、あなたが意識する必要がある、脅威システムの重要な側面です。

脅威の過大評価

ジャングルの中をトレッキングしているとき、何かが視界に入った場面を想像してみてください。すぐに脅威システムが反応し、あなたの注意を隠れている危険に対して向け、不安の高まりを感じさせるでしょう。あなたの脳は、それが捕食者であるかもしれないと告げるでしょう。十中八九、それは捕食者ではないでしょうが、問題はその可能性を否定できないことです。脳が特定の状況での脅威や危険を過大評価するため、この傾向は転ばい、い、ぬ先の杖（better safe than sorry）処理と呼ばれています。私たちは生まれながらにして非合理的な存在で、脳の設計のせいで過剰に反応する傾向をもっているのです。

そのうえ、多くの人々にとって脅威システムは、過剰に供給されるか、過剰に保護する傾向があります。それは卵をゆでるたびに火災報知器が鳴り、家の中でクモが動くたびに防犯ベルが鳴るようなものです。多くの場合、過剰に供給されたシステムは、子ども時代やそれ以降に苦しんだ経験と結びついています。

ポジティブの却下

脅威システムの二つめの側面は、ポジティブな感情や出来事よりも、危険やネガティブな出来事に対して注意を向かわせるというものです。もう一度、ジャングルの中をトレッキングしている自分を想像して、視界に入ったのがライオンだった場合について考えてみてください。あなたの中にあらかじめプログラムされている反応は、逃げることが最良の選択肢であることを即座に判断するでしょう。走っている最中、あなたは魚がいる川のそばに果物がたわわに実った木を発見します。魚や果物は、あなたの家族の空腹を何カ月も満たすことができるでしょうが、そこで立ち止まってしまえば、あなたはライオンの餌食になるでしょう。あるいは、助かるために全速力で走っているため、木や川が目に入らないかもしれません。

当然のことながら、実生活でライオンに追いかけられることはないでしょう。都市生活者にそのような危険は皆無です。しかし、人であふれ返った部屋の中に足を踏み入れる場面を想像してみてください。二〇人中一九人はあなたに微笑みかけるかもしれませんが、批判的な鋭い視線を投げかける人が、一人はいるかもしれません。その瞬間、あなたの注意はその一人に向けられ、不安や怒りを経験し、あなたを歓迎してくれている周りの人たちと関わることを困難にします。これは、転ばぬ先の杖の処理プロセスが起動した例ですが、このとき、あなたを歓迎してくれている人々の存在はどうなってしまうのでしょうか。その中の一人は未来の親友になる可能性があり、結婚相手になる可能性もあります。残念なことに、あなたは彼らを見ていないのです。あなたの注意はあなたを批判している人にのみ向けられ、ポジティブなものを無視しているのです。

同様に、多くのポジティブなコメントの中で、一つだけネガティブなコメントを受け取った経験があるかもしれません。ここでも、あなたの注意は他のポジティブなコメントに集中することなく、ネガティブなコメントの方へと向かい、悩むことになるのです。

考え込みと心配

脅威システムの三つめの側面は、ネガティブな事柄について考え込んで心配するという傾向性です。[2] たとえば、クリスマスの買い物に出かけたとしましょう。入った一〇軒中九軒の店員はとても親切で、買おうとしていた商品よりも良いものを見つけられたとします。あなたは満足してその店を出るでしょう。そして、最後の一〇軒目の店に入ります。そこにいる店員は自分の友だちと話しており、その間あなたを待たせ、汚いものを見るかのような視線を送り、あなたに協力する気がなく、あなたの欲しくないものを売りつけ、釣り銭をごまかしたとします。家に帰ったとき、あなたはどの店員のことを話すでしょうか。礼儀を一から学び直さなければならない無礼な店員について、大げさに話すのではないでしょうか。

あるいは、あなたはパーティーを主催する計画をしていて、何年も会っていない親しい人々を招くことになったとします。しかしここでも、あなたはそのパーティーを楽しみにするのではなく、招待客が来るかどうかや、

2　人間には特定の出来事について、頭の中で何度も考える傾向が備わっています。出来事によっては、この傾向は問題のある感情と結びつくことがあります。考え込むとき、注意はすでに起こった出来事に向けられます。心配するとき、注意はこれから起こるかもしれない出来事に向けられます。

どのような食事や飲み物を出すべきか、時間通りにできるかどうか、当日の天気について心配するでしょう。

同時に起こる反応に対するさまざまな考え

同時に起こる反応が異なる考えを生み出すことについての検討は、脅威システムの機能を学ぶうえで役立ちます。上司に仕事の成果を批判されたと想像してみてください。あなたはどのような感情を覚えるでしょうか。「どうして私の仕事を批判するの？　そもそもあなたに何が分かるの？」などの考えと結びついた怒りが生まれるかもしれません。また、あなたは上司に向かって叫んだり、殴ったり、後日復讐を果たすという考えやイメージを、頭の中で思い浮かべるかもしれません。一方で、パニックになって、「私の仕事は十分ではなかった」と考える側面もあるでしょう。どこかへ逃げたい、辞表を提出したい、泣きたい、と思うかもしれません。どのような状況においても、互いに矛盾した感情や行動が、さまざまな考えを生み出すことがあります。

かなり複雑な状況に巻き込まれていると意識したとき、あなたの中の二つの部分は、しばしば対立することになります。不安な部分はクビになることを心配し、怒りの部分はどこかへ逃げたい、辞表を提出したい、泣きたいのを、感傷的だと思うかもしれません。時々、この内的な対立の感覚が先延ばしにされることもあります。たとえば、ストレスを感じている状況では従順なのに、真夜中に起きたときには「どうして○○と言わなかったのだろう。どうして彼女を許してしまったのだろう」と思うかもしれません。あるいは、ある状況で怒ってしまい、後日「しまった。怒ってはいけなかった。本当に失敗してしまった」と考えることもあるでしょう。一つの出来事が結果として二つのまったく異なる感情や行動を引き起こしたり、それらが互いに対立したりするのは、珍しいことではありません。

当然ですが、この事実は私たちが取り組まなければならない問題が多いことを意味しています。私たちの生存を援助するシステムそのものが、私たちの人生を困難にもするというのは皮肉なことです。

後ほど分かるように、脅威システムをより円滑に機能させるのは口で言うほど簡単ではありませんが、重要なのはそれが可能だということです。脅威システムはしばしば私たちを傷つけ、私たちの自信に影響を与えます。目標は、脅威システムが発動されているときに気づき、適切なときにそれを鎮静化させることです。あなたの責任は脅威システムを正常に機能させ、主導権を握らせないことです。

動因と資源獲得のシステム

生き延びて子どもを産むために、動物は危険を回避する以外にもするべきことがあります。食料や住居、そして当然異性を探さなければならないのです。あちらこちらを探して、行動すること、目的を達成すること、獲物を獲得することに、喜びを見出す必要があるのです。

動因と資源獲得のシステムは、ドーパミンと呼ばれる脳のホルモンと関連しています。これは、目標を達成したときに心地良い興奮を与えてくれるホルモンです。時として、ドーパミンは実に強い刺激をもたらします。宝くじで当選した瞬間のことを想像してみてください。億万長者でなければ、驚くべきニュースに反応してあなたのシステムの中にドーパミンが放出され、一晩中眠れなくなるでしょう。あなたは過度な興奮状態に陥り、頭の中はあらゆる種類の考えやアイデアであふれ、笑顔を抑えきれず、完全に映画に集中して観ることができるまでには、かなりの時間がかかるでしょう。これが、動因と資源獲得のシステムが機能したときの例です。

他のことに損害を与えてまで成果を得ようとしない限り、目標の達成に喜びを感じるのを支援するシステムは良いものです。たとえば、自信のなさに苦しむ人々の多くは、目標の達成を追求することを、無力感や脅威、傷つきやすさを感じることへの対抗手段として考えています。目標の達成は他人からポジティブな反応を引き出すと同時に、一時的な興奮と自尊心の感覚を与えてくれます。しかし、年齢や激しい競争、病、怪我などの理由で目標を達成し続けることができなくなった場合、問題が発生することがあります。満足するための方法が失われた結果、空虚感が残るのです。

ジーン・トウェンジをはじめとする研究者は、現代社会が動因と資源獲得のシステムに対して意図的に過剰な刺激を与え、それを過剰に供給することで、私たちがより多くのもの、すなわち多くの興奮、多くの行為、多くの獲得物を求め、なかなか満足することがない状況を作り出していると考えています。影響力の強い広告は、より楽しいコンピューターゲームやより速い車、電波状況の良い携帯電話が必要だというメッセージを発信しています。さらに広告は、「くすんだ、つやのない髪」「見事なプロポーションとシワのない顔」などの言葉を使って、より良い肉体や肌、髪を手に入れるように、私たちの脅威システムを刺激します。これらの広告は、目の前のあらゆる問題を解決してくれるかのように、商品やサービスを獲得するよう私たちを駆り立てます。つややかな髪やシワのない顔が手に入らなかった場合でも、その商品の獲得自体が私たちに快感の興奮を与えるのです。

今日の広告の多くは、私たちの動因と資源獲得のシステムを刺激するために、ドーパミンをほとばしらせないことを目的としています。ここでの問題は、動因と資源獲得のシステムは、ウェル・ビーイングに欠かせない安心と安全の感覚へと私たちを導かないことです。さらに、このシステムは自信をつけるシステムではありません。なぜなら、私たちは絶えず獲得し、行動し、目標を達成するよう動機づけられているので、何かを達成するつもりでもがいたり考えたりしているのではないと気づいたとき、自信が崩壊するのです。

ありがたいことに、たとえ物事がうまく進まなくても、自分に満足する方法が他にもあります。それは自信をつける二つめのコツ、すなわちセルフ・コンパッションです。これは、まったく異なるタイプの感情制御システムに基づいたものです。

充足とスージングのシステム

達成すべきことを達成したとき、動物は充足と平穏の状態に入ります。たいていそれは安全な状況にいるときであり、敵の攻撃の危険性がないときです。この充足の状態は、私たちの脳の中のエンドルフィンと呼ばれる化学物質と関連しているようです。エンドルフィンは平穏な充足感を促進させ、分泌されている間は、脅威と動因のシステムのスイッチを切れた状態にします。

充足とスージングのシステムの主要な機能について考えると、このシステムが主に何千年にもわたる親子の強い結びつきの結果として生まれたものだということを、心に留めておかなくてはいけません。進化論の観点から見ると、この結びつきは種の生存の機会を増やす役割を果たしています。充足とスージングのシステムは、私たちがアタッチメントと親しみと呼ぶものの中核に位置しているのです。基本的に、主要な保護者の存在（たいてい母親ですが）は、子どもを落ち着かせる効果をもちますが、これは母親と子どもの両方にとって有益です。たとえば、子鳥にエサを与えるために親鳥が巣に戻った場面を想像してください。小鳥は落ち着いて静かになるでしょう。また、ペンギンの赤ちゃんが父親の足もとに寄り添って、静かに満足している場面を思い出してください。彼らが苦しむのは、親を見失ったときだけです。これは人間の赤ちゃんでも当てはまることです。比較的おとなしい赤ちゃんでも、母親や養育者がいなくなると心を痛めることになります。

子どもの脅威システムが活性化され、苦しみと不安が現れたとき、彼らを落ち着かせて脅威システムを止めるものは何でしょうか。当然のことながら、それは養育者の存在です。進化は、他人の優しさや思いやりが脅威システムの制御に大きな影響を与える状況を作り出し、それは私たちが大人になっても変わることはありません。実際、他人と思いやりのある関係を築けていると感じたとき、ストレスにうまく対処できるということを、多くの科学研究が実証しています。つまり、一生を通して、優しさや好意、他人に対する思いやりが、人生の質に大きな影響力をもつのです。

今では、生まれたばかりの赤ちゃんの脳には、約千億ものニューロンと脳細胞があることが分かっています。成長とともに脳は非常に速いスピードで発達します。生まれたばかりの赤ちゃんのニューロンには、結合部が約二千五百あると推測されています。二、三歳になる頃には、一つのニューロンの結合部は約一万五千まで増加します。幼少期には、使用頻度の少ないニューロンやまったく使わないニューロンが消失する一方で、常に使っているニューロンは倍増します。つまり、発達して強化されるニューロンの結合部は、赤ちゃんの経験によって左右されるのです。優しさや温かさ、有用性（それは脅威システムを落ち着かせるか、静めるのに役立ちます）と結びついた場合、赤ちゃんの脳にはそれらのことが刻印されます。

時が経つと、青年はそれらのニューロンの結合によって、親戚や友人、同僚、配偶者などの他人からのポジティブな感情を受け取ることを学ぶようになります。さらに青年は、自らを癒す方法や、自分を落ち着かせて安心させる方法、困難な状況に置かれたときに自己への共感を表現する方法を学ぶのです。

残念なことに、幼少期に癒された経験が少なく、脅威を感じた経験が多い場合は、シナプスのポジティブな結合は赤ちゃんの脳の中で未発達になることがあります。一方で、脅威システムが強化される可能性もあります。その結果、大人になったときに、他人との関わりの中でポジティブな感情を受け入れることが困難になり、周囲から受ける脅威に対してより繊細で敏感になる可能性があります。自分を落ち着かせる機会が少なくなり、そのため挫折から立ち直ることが困難になることも考えられます。

ここで、重要な二つのことを強調します。まず、自分の充足とスージングのシステムが未発達だと思っても、親や養育者に責任があるとは限らないということです。たとえば、抱きしめられるのが好きで簡単に落ち着く子どもがいる一方で、そのような性質を備えていない子どももいます。成長する過程の中で、私たちはきょうだいや親友、健康問題、容姿や性格の違い、そしてあらゆる物事への関わり方と感じ方に影響を受けています。人間の脳の発達は、他人との人間関係や、その関係の良し悪しに強く影響されるのです。これらのすべてが、私たちの現在の脳に影響を及ぼしているのです。

二つ目は、何かを変えるのに遅すぎることはないということです。人生のどの時点においても、私たちは脅威と動因のシステムを制御するために、充足とスージングのシステムを発達させて強化することができるのです。重要なのは、それぞれのシステムのバランスを取ることです。

バランスの創造と維持――脳のための理学療法

ピアノが弾けるようになりたいと思って、鍵盤の練習に力を注いだとします。すると、その結果、脳も発達することになります。言い換えれば、新しいニューロンと新しい結合が、あなたの夢を実現することを可能にするのです（大人も毎日のように、新しい結合と新しいニューロンが生まれるのです）。ある人にとってはその過程が困難なものとなるかもしれませんが、最終的には価値ある結果をもたらすでしょう。また、別の人はその過程に喜びを感じることになるでしょう。同様に、ウェル・ビーイングや自信を高めたり、維持したいのなら、特定の活動に専念する必要があります。この努力が脳を変え、頭の働き方を変えるのです。

以上のことから、CMAはしばしばこの作業を、脳のための理学療法と呼びます。これらの作業は、筋肉をつけるかわりに、新たなニューロンのネットワークと脳の中の経路を構築します。このような努力を通して、私たちは能力を高めることができ、気分を良くし、充実や安心を感じ、自信をもてるようになるのです。一度この能力を高められれば、私たちはそれを維持したりさらに高めることができるようになるのです。

まとめ

本章では感情の性質をよりよく理解するために、感情制御システムの概念について説明しました。脅威システムがいともたやすく人間の主導権を握るということを理解できたのではないでしょうか。また、自らの動因と資源獲得のシステムにエネルギーを注ぐことにとらわれると、時として自分へ害を与えるということも理解できたのではないでしょうか。充足とスージングのシステムが他の二つのシステムのバランスを保ち、暴走しないことを確認することが、精神的なウェル・ビーイングの秘訣です。

ありがたいことに、ニューロンの新生と可塑性によって、私たちは脳を変化させ、自信をつけることができるのです。第3章では、自信を傷つける可能性のある典型的なパターンについて検証し、慈悲について学ぶ役割について再び検討します。

最後に、本章をまとめて眺めるために、日記やノートに自分の見解を書き込むとよいでしょう。覚えておきたいことや、頭の中に思い浮かんだ質問を、書き留めておくのもよいでしょう。ここで浮かんだ疑問や質問は、以降の章を読み、エクササイズを行うことで明らかになるでしょう。

3

自らを傷つける方法と理由 そして慈悲の効果

私たちは自らの最悪の敵になるという罠に陥りやすいため、
自らの最高の友となるための方法を学ばなければならない。
――ロデリック・ソープ

人間は、いくつものやり方で自らの自信を傷つけてしまいます。多かれ少なかれ、あなたにも思い当たる節があるのではないでしょうか。自信を傷つける程度は人によってさまざまで、その代償の大きさもさまざまです。自信を傷つける最大の要素は、恥、過剰な努力と完璧主義、そして自己批判です。

多すぎる情報 vs 少なすぎる情報

本章で詳しく説明する内容は、自分をより深く理解するために必要なものです。ですが一部の人々、特に何らかの「エクササイズ」を始めたいと願っている人々にとっては、この豊富な内容が逆効果だと感じるかもしれません。しかし、習慣的に自らを傷つけているいくつかの方法を弱めるのに役立つという点において、何らかのエクササイズに取り組むことは、自分を理解するうえでの鍵を握る部分です。

本章で紹介される恥や自己批判についてより詳しく知りたい方は、巻末の参考文献を参照してください。

本章では、私たちが自らを習慣的に傷つける三つの方法について見ていきます。自分を傷つける習慣をもっていることに気づくことは、それらの問題に対して取り組み、改善していくための大きな一歩となります。最終的に、自信をつけるには、自己批判よりもセルフ・コンパッションに焦点を当てたほうが役立つことを確認します。

恥はどのように自信を傷つけるのか

恥は、私たちが他人とありのままで関わることを許さないため、私たちが自信をつけるのを阻められるのです。他人に見せたい自分という仮面やイメージの後ろに本当の自分を隠すので、私たちは必要とする他人からの承認を得る見込みを減らすのです。そのため、あらゆる角度から自分の恥を検討することが役立ちます。

恥の力

多くの人は恥の感覚をもっています。恥は自分への嫌悪感や、他人が自分のことを無力で、劣っていて、無能だと見ているという感覚と結びついています。恥がもたらす影響についての理解を深めるため、以下のエクササイズを行ってみてください。

エクササイズ①：恥が心と体に影響を及ぼす方法

しばらくの間、恥を感じたときのことを思い出してみてください。あまり深刻なものではなく、その感覚に少し触れるのがポイントです。

恥をかいた経験を思い出せたら、以下の質問を自分に投げかけてください。答えるのが難しい場合は、その記憶を簡単に見直して、もう一度質問に答えてみてください。

1　恥の感覚は、体の中でどのように感じられましたか。心臓が沈むように感じましたか、あるいは、お腹にいつもとは違う感覚を感じましたか。体が熱くなったり、心拍数が上がるように感じましたか。

2　自分について、どのような考えがよぎりましたか。また、そのようなあなたのことを、他人はどう考えると思いますか。

3　どのような感情を覚えましたか。それは不安や怒りでしょうか。あるいは、何かを考えたり感じたりするのが難しく、困惑や無力感を感じましたか。

4　何をしたいと思いましたか。逃げ出したいと思いましたか、体をボールのように丸めたいと思いましたか、それとも自分を激しく罵(ののし)りたいと思いましたか。

以上の質問にすべて答えたら、恥をかいた経験が心と体から消えるまで、しばらく時間を取りましょう。[1]

このエクササイズは、恥をかいた経験がさまざまな反応を引き起こすことを、自覚させてくれるでしょう。それらの反応の中には、身体的な感覚、特定の種類の感情と思考、そしてさまざまな方法で反応したいという衝動が含まれるでしょう。一般的に、恥をかいたときには、欠点がある、失敗した、無能だという感情を伴うとともに

1　このエクササイズや、本書で紹介する他のエクササイズを終えた後に不安や感情の高まりが残る場合は、充足や心地良さを感じたときのことを思い起こすとよいでしょう。それは一人のときのことでも、誰かと一緒にいたときのことでもよいのです。そのイメージで心と体を満たすようにしましょう。

に、何らかの形でさらし者になったという感覚を含みます。

恥はしばしば私たちを沈黙させます。うつむいてこっそり立ち去り、目立たない場所に隠れたいと思うこともあるでしょう。もっとも、常にそう感じるとは限りません。恥を感じたとき、劣等感や服従感ではなく、攻撃的な反応によって抵抗したいという衝動を覚えることもあるでしょう。ここでは怒りの問題について具体的に検討はしませんが、怒りの問題を抱えている人は、本シリーズの *The Compassionate Mind Guide to Managing Your Anger.* を参照してください。

恥が私たちに及ぼす影響を理解することは、自信をつけるうえで非常に重要なステップの一つです。恥について長い間研究をしてきた、コンパッション・フォーカスト・セラピストのポール・ギルバートは、恥には三つの種類があると指摘しています。彼はそれらを反映された恥、外的な恥、そして内的な恥と名づけました。後で紹介するように、内的な恥と外的な恥が、最も自信を傷つけます。そのため、本書ではこの二つの恥を重点的に取り上げます。

コンパッション・フォーカスト・セラピー（CFT）の起源

もともとCFTは、強い恥の感覚を経験している人のために開発されたものです。強い恥の感覚で苦しんでいる人々と同様に、セラピストや研究者は、伝統的なセラピーでは効果が足りないと感じていました。一般的に、恥を感じている人は家族関係や学校などにおいて、人生の早い時期にいくつもの困難を経験しています。そのような経験をしてきた人が、生活やセラピーで安全を感じたり、自分自身を好きになるのが難しいのは、容易に理解できます。これらの問題は、自信をつけようとする個人の努力に、影響を及ぼすのです。

反映された恥

反映された恥は、他人の行動に応じて感じるものです。それは自分自身についての恥ではありません。また、反映された恥は、他人が私たちの行動に対して感じる恥でもあります。たとえば、家族の誰かが、一般に恥ずべきと見なされている行動を取ったことに対して、恥を感じるかもしれません。ジャスビンダル・サンゲーラーは、複数の地域社会で反映された恥に関する調査を行いました。ジャスビンダルは『恥と名誉』という本の中で、自身の人生を引き合いに出しながら、見合い結婚を強制された一部のアジア人女性の経験について調査しました。ある文化では、反映された恥の経験は、一族に恥をかかせたとして名誉殺人へと結びつくことがあるほど、深刻なものとなっています。

時間が経つと、反映された恥の経験はそんなに深刻ではなくなり、きまり悪さと結びつくことがあります。多くの親は自分の子どもが、（たいていは声の届く場所にいる）他人の体型や髪の色、顔のシワなどの特徴について指摘したときは、落ち着かなくなります。親は謝るか、天を見上げたり、ぎこちなく笑ったりしますが、子どもの発言が無邪気なものであると知っていたとしても、私たちはそれらの行動を自分自身が取ってしまったかのように感じるのです。友人や配偶者とその状況について笑い合えるのは、恥がきまり悪さに変わってからです。

また、犬と散歩をしているとき、犬が不適切な場所でトイレをしたり、（そうしないで欲しいと願っているのに）他の犬のお尻を嗅いだりすると、反映された恥を感じることになります。不思議なもので、その瞬間、犬の行動が自分の恥のように感じるのです。

反映された恥は、複数の機能を果たします。それらの機能について学びたい方は、ジャスビンダル・サンゲーラーの本や、ポール・ギルバートの本を読むとよいでしょう。巻末の文献を参照してください。

外的な恥

外的な恥は、他人が自分のことをネガティブに評価をしているという考えと結びついています。上司に仕事を批判されたとき、あなたは過小評価されたと感じるでしょう。あるいは体重が増えてしまった場合、もしくは外見に関する別のことで、あなたは他人が自分をマイナスに評価していると思うのではないでしょうか。

他人にネガティブな評価をされていると感じると、私たちは自分の行動を変えたりします。たとえば、職場で受け身になったり、一切外出しなくなったりするかもしれません。また、欠陥だと見なされる部分を隠すために過剰に謝るようになり、自分を激しく非難するようになるかもしれません。外的な恥とは、私たちが他人の頭の中でどのように存在するのかという感覚であり、そのことを大問題だと考えて心配する人もいます。他人が自分を批判する方法に対して心配すれば心配するほど、私たちは自分の自信を傷つけることになります。

しかし、そもそも私たちはなぜ、自分に対する他人の感じ方や考え方について心配するのでしょうか。そうなのです。そこにはもっともな理由がいくつかあるのです。

まず、充足やスージングのシステム（第2章参照）を発達させるために、私たちは他人の優しさや思いやりを必要とします。さらに、私たちは誰が安全で誰が危険なのかを、最初は必要最小限の、後にはより複雑な判断を下す必要があります。人間には他人を見て「彼らは私のことをどう考えて、どう感じているのだろう」「誰を信じることができるのだろう」と思いを巡らせる、生得的なメカニズムが備わっています。幼少期から成人期にかけて、私たちは人生の挫折に直面した際に、自分自身を安心させるための自己制御能力を発達させます。この能力は、世界の中の自分の居場所を確保するうえで役に立ちますが、他人の心の中で何が起こっているのかについて考えることが、私たちにとって極めて重要なのです。

外的な恥に対処するための能力や、自分が望むほど他人からの評価が高くないという可能性は、自信や自己制御の能力と結びついています。つまり、私たちは他人が自分について何を考えているのかを知ることに、時間をかけるよう運命づけられているのです。幼少期かそれ以降に困難な経験をした場合、私たちは他人の脅威に対してより敏感になります。充足やスージングのシステムを発達させることは、私たちの脅威の感覚を制御したり低減させたりするとともに、困難な状況に対処できるという能力に対する自信を与えます。自分自身に対して自信をもつほど、望ましくない状況に対してより容易に対処できるようになるのです。

次にポール・ギルバートは、外的な恥の経験が、何らかの形で排除されるかもしれないと人を警戒させていることを指摘しています。さらに、外的な恥は、周りの人々に受け入れられ守られるように行動するよう、私たちを導きます。他人が私たちをネガティブに評価した場合、友人になったり、関わったり、困難な状況に陥ったときに支えてくれる可能性は低いでしょう。その一方で、気に入ってくれた場合は、彼らは友人として支援してくれるでしょう。つまり、ある意味において、外的な恥は、幼いころは生存の、大人になってからはウェル・ビーイングに対して重要な示唆を与えるものであり、私たちが他人の頭の中にどのような形で存在しているのかについての注意を促してくれるのです。

人間は他人からの称賛や承認を得ることに高いモチベーションをもち、所属と共有について生得的な欲求をもっています。その結果、私たちは他人からの評価が下がったり、人生の目標の水準が下がったりすると、間違いなく傷つくのです。

私たちの誰もが、周囲の人々に評価され、求められるのを好むことを理解するのは重要です。それは恥ずかしいことではありません。進化論の観点から考えた場合、それが人間の心の奥深く根ざした傾向であることは明らかです。他人からの称賛は、この世界で生きること、そして集団の一人として生きるうえでの安心感を与えてくれます。しかしながら、自分に対して嫌悪感を抱いていると、他人から必要以上に監視されていたり、社会的な脅威を受けていると感じるでしょう。そして、本書を読み進めていくと分かりますが、過剰な努力が問題を引き起こすのです。

内的な恥

三つ目の型である内的な恥では、注意が自分自身や、自分について考えたり感じたりすることへと向かいます。時として、他人が自分に対して感じていることや考えていることが、自分のイメージと一致している場合もありますが、自分の評価がかなり批判的であっても、他人から称賛されることもあります。

たとえば、社会集団の中で交わされる冗談として悪口のようなことを言われた場合、その集団の言ったことが正しいと考え、そこで共有されている自分のイメージを信じるようになります。その結果、私たちは外的な恥と内的な恥の両方を感じるようになるのです。しかしながら、別の状況では、自分の仕事に対して好ましい評価をした人から、良い友人やパートナーであると言われているにもかかわらず、自分自身はそう思っていない場合もあります。私たちは自分が間違っていると考えて、内的な恥を感じるのです。周囲の人々の自分に対するイメージが自分のものとは異なるため、私たちは「彼らは嘘をついているのだ」「もし彼らが本当の自分を知れば嫌いになるはずだ。彼らは私に誤った安心感を与えようとしている」と考えるようになるのでしょう。

内的な恥ほど自信を傷つけるものはありません。内的な恥の最も重要な側面の一つは自己批判であり、これについては本章の後半で取り上げます。

反映された恥、外的な恥、内的な恥、あるいはこの三つの混合であれ、恥を感じて苦しんでいるときは本当の自分を見せることがないため、恥は自信を傷つけるのです。私たちは作り上げたイメージを他人に見せているため、本当の自分を評価される機会を失うのです。それは基礎を作らずに家を建てるようなものです。大きなことを達成するかもしれませんが、それは自分の力ではないと考えてしまい、継続的に自分の成功を低く見積もるのです。その結果として感じる不安定さは、いつ崩壊するか分からない家に永久に住まなければならないような脅威をもたらすことになります。

過剰な努力と完璧主義がどのように自信を傷つけるのか

本節では、過剰な努力と完璧主義について見ていきます。この二つは、これまで見てきた要素と重複するところがあることに気づくでしょう。しかしながら、自分を理解し、自分に優しさを向ける努力の中で、新しい発見があることを期待しながら多様なものの見方について考えるのも、有意義なことではないでしょうか。

過剰な努力

外的な恥への対処法として、私たちはしばしば他人に自分の価値を示そうとします。心理学者はこの欲望が逆に自信を傷つけることを、研究によって明らかにしてきました。

五〇年以上前、人間の動機を研究していた研究者たちは、物事を達成するための動機が二つあることを指摘しました。そして、どの動機をもっているかによって人々を価値達成者と要求達成者に分けていました。

価値達成者

このグループに属する人は、物事を達成することに価値を見出すため、活動することに喜びを感じます。たとえば、一マイル泳ぐことや山登りをすること、試験に合格すること、ある仕事を始めることなどです。彼らは小さな達成に対しても喜びを感じます。

要求達成者

このグループに属する人々も、一マイル泳ぐことや山登りをすること、試験に合格することなどに対して意欲をもちますが、何かを達成できたことそれ自体にはあまり大きな喜びを見出しません。その一方で、彼らは達成に伴う称賛や承認、栄誉に対して喜びを感じます。実際、その活動が栄誉や称賛をもたらさないとわかると、彼らはすぐにやめてしまいます。価値達成者と要求達成者は似ていますが、その動機が異なることに注意してください。

自分の目標や価値について考え、自分が特定の活動に取り組んでいる理由を注意深く考えることは重要です。要求達成者になって他人の承認を得たいと思うことに問題はありませんが、人生に対してこのアプローチを取ることは挫折を招きやすく、将来の見通しを悪くし、自信を傷つけることになりかねない点に、注意してください。当然のことながら、私たちは価値達成者と要求達成者のどちらの要素ももってはいますが、自信のなさで苦しむ人は、要求達成者の要素を多くもつ傾向があります。

現在では、研究者たちは、意欲に対してほとんど同じ観点を取るようになりました。たとえば、ベンジャミン・ダイクマンは、達成には成長の追求と承認の追求の二つの主要な意欲があることを提唱しました。

成長の追求

成長を追求する人は、挑戦することと自分の学習能力に対して喜びを見出しています。そのため、彼らは失敗を通して成長します。人生に対してこのような態度をもっていると、失敗への対処方法を学んで物事が良くなっていくので、自信をもち続けるのは明らかです。

承認の追求

ダイクマンは、他人から感じが良くて好ましいと認めてほしいという重圧を感じ続けている人を承認追求者と呼び、この傾向をもつ人々は子ども時代に自分が愛され評価されているという確信をもてずにいたと示唆しています。また、承認追求者は、家族が完璧主義者で、完璧であることを期待されて育った可能性が高いです。ここで、ケリーがいかにして承認を追求するようになったのかを見てみましょう。

【ケリーの場合】

ケリーの両親は彼女に対して要求が多く、批判的であった。彼女は両親の期待に応えなければならず、自分の価値を認めてほしいと考えていた。両親は娘に対して思いやりがないわけでも、愛情がなかったわけでもないが、その感情を表に出すことはなかった。

ケリーは常に自分が力不足であるという感覚をもち、自分の価値を認めてもらうために一生懸命に努力しながら成長した。実際、彼女は他人が自分の価値を認めてくれたときにのみ、自分に対して満足したと言った(しかし、その満足感は長く続かなかった)。周囲の人々からは彼女に自信があるように見えたが、実はその自信はもろいもので、彼女は少しでも気を緩めればすべてが崩れ落ちてしまうように感じていた。

完璧主義

人生のある時期や状況では完璧主義が役立つこともありますが、それは私たちの自信を傷つけるものでもあるのです。

一連の研究において、デイビッド・ダンクレーとその同僚たちは、表面的には似ていながらも実際はまったく異なる、二つの完璧主義の型があることを指摘しました。一つは完璧さそれ自体を追求する完璧主義と、もう一つは「評価に対する心配」による完璧主義です。

高い基準を達成することを目的とした完璧主義

このタイプの完璧主義者は、脳外科医に向いているでしょう。このタイプの完璧主義者は非常に注意深く、厳しい基準をもっています。彼らのモチベーションは高く、完璧であることに喜びを見出しています。

評価に対する心配による完璧主義

他人からの評価を心配する結果、完璧主義になる人は、失敗を犯すことや拒絶されること、恥をかくことに対して恐怖感をもっています。ダンクレーらは、他人の評価を気にするために完璧主義者になっている人々は、あらゆる精神疾患に対して脆弱であることを明らかにしました。[2]

恥に対する恐怖や心配の原因は、家庭環境にのみあるわけではありません。たとえば、運動神経の悪さや容姿を理由に学校でいじめられたり、仲間外れにされる子どもたちは、自分の価値を証明するために、完璧を目指さなければならないと思うことがあります。

しかしながら、自信をつけたいのなら、自分の価値を証明しようとすることをやめ、自分に有用な変化を生み出すための積極的な選択をするほうが役に立つでしょう。他人に自分の価値を証明したい、つまり承認されたい

2　ポール・ギルバードらは、このような完璧主義と精神疾患に関連を見出しています。優越感を求めようとする完璧主義ではありませんが、私たちは排斥されたり、拒絶されたりするのを怖がるために、劣等感を避けようとよくもがき苦しんでしまいます。このことは、次に生じうる不安や抑うつといった問題に対する心の準備をさせているのです。

と思うことは人間にとって不可欠ですが（他人の評価を一切気にしない人間などいないでしょう）、最も重要なことはバランスを保つことです。達成を喜ぶことや失敗から学ぶことよりも、自分の価値を証明することにバランスが傾いた場合、そこには困難が待ち受けているでしょう。他人が自分をどう考えているのかについて過度に恐れたり悩んだりすることは、恥や社会不安、抑うつなどと結びつくことがあります。

リン・ヘンダーソンは、コンパッション・マインド・シリーズで、恥じらいと社会不安についての本を書いています。この問題に関心のある方は、本書末尾の文献を参照してください。ヘンダーソンは彼女の著書の中で、主に社会的な自信について論じていますが、本書では個人の自信について検討します。

自己批判はどのように自信を傷つけるのか

自己批判を正しく理解するのは難しいことです。あるときは役に立ち、またあるときは自信を傷つけるからです。自己批判が役に立つものであるかどうかを理解するうえで重要なことは、それに伴う感情と動機に気づくことです。自分自身の自己批判にどのような感情や動機が関わっているのかを知る手助けとして、鉛筆やペン、ノートや日記を用意して、エクササイズ②を行うとよいでしょう。このエクササイズはつらい感情を呼び起こすかもしれませんので、手短に行うとよいでしょう。

エクササイズ②：自分の中の自己批評家を特定する

自分や自分の努力に対して批判的だったことについて、考えてみましょう。ここでは自分の批判的な側面を垣間見ることが目的ですので、あまり深刻なことは思い出さないようにしてください。それは職場での苦い経験や、鍵や財布をなくしたときのことかもしれませんし、間違いを犯したときのことかもしれません。

そのときの状況を思い起こせたら、自分の中の批判的な部分が、「人」であると想像してみてください。ノートの余白に、以下の質問の答えを書いてみてください。

パート1

1　あなたの中の批判的な考え方を人間にたとえた場合、それはどのような姿をしていますか。
2　その人はどのような表情をしていますか。
3　あなたに比べてその人は小さいですか、大きいですか。
4　その人の声のトーンは、どのようなものですか。
5　その人の体をイメージできた場合、姿勢や体の形はどのようなものですか。
6　その人はあなたの感情を、どのような方向へ導こうとしていますか。
7　その人はあなたに、誰を思い起こさせますか。

パート2

自分の中の批評家を想像するパートを終えたあと、エクササイズを振り返ってみましょう。新しい発見はありましたか。


それぞれのパートを振り返ったあと、それらが頭と体から消えるまで数分間待ってみましょう。

自分の批判的な部分を詳しくみたとき、それが不満や軽蔑、怒りの感情とつながっていることに気づかされます。自己批判的な部分がもたらすイメージは、目の前に立ちはだかる巨大な人影か、あるいは小言を続けながら首を横に振る小鬼のような存在だと分かるかもしれません。多くの場合、その声のトーンには敵意があります。

このエクササイズは、あなたやあなたの努力を批判した人々の記憶やイメージを呼び起こすかもしれません。

多くの人は、このエクササイズによって呼び起こされた自己批評家のイメージがいじめっ子だったと説明しています。彼らが生み出すイメージは、過去に出会った人物たちの混ぜ合わせです。また、批評家が現れることで思いどおりに振る舞えなく感じるために、そのような批評家の存在が役に立たないと気づく人もいます。

自己批判をする理由

自己批判をする理由を理解するため、次のエクササイズを試してみてください。

エクササイズ③：自己批判をやめることに対する恐怖を自覚する

しばらくの間、自己批判をやめたときのことについて考えてみてください。

1　自己批判をやめることで最も恐れることは何ですか。
2　自己批判をやめることで何が起きると思いますか。
3　自分の中にいる批評家に目を向けたときに呼び起こされる感情では、その批評家があなたのことを大切に考えていると思いますか。
4　あなたの中の批評家は、あなたが成功したり幸せになることを喜んでくれると思いますか。
5　あなたの中の批評家があなたのことを本気で考えているとしたら、それはあなたを正しい方向へと導くと思いますか。
6　何か気づいたことはありますか。

それぞれの質問に答えたら、それらが心と体から消えるまで少し時間を取りましょう。

あなたは自己批判をやめるのを恐れるかもしれませんが、それはおそらく葛藤や苛立ち、怒り、軽蔑の感情が入り混じっているからではないでしょうか。もしそうであるのならば、自己批判は自信をつけるのに役立たないでしょう。それどころか、自己批判はあなたの足を引っ張り、あなた自身とあなたの努力の両方を傷つけることになるでしょう。

失敗から学ぶのは重要なことですが、自己批判や不満、軽蔑で自分を傷つけるのではなく、自信を育む方法を用いたほうが、より有意義に失敗から学ぶことができるでしょう。

次に紹介するエクササイズが、このことをいっそう詳しく説明してくれます。

エクササイズ④：自信をつけるうえでの指針を選ぶ

以下のシナリオは、自分のことであると想像して読んでください。

あなたには愛する娘がいる。彼女を入学させると、学年には二つのクラスがあり、あなたは二人の先生のうち一人を選ばなければならない。教室を訪ねると、一人目の先生は、子どもの過ちを素早く訂正するという教育方針をもっていると言う。この教育方針のもとでは、たとえば子どもから何らかの道具を取り上げることや、同じ過ちを二度と繰り返さないように教室の前に座らせる、などの罰が含まれる。先生が自分の教育方針について説明している最中、テーブルの向こうに座っていた子どもが飲み物をこぼして床を汚してしまった。先生はすぐにこのことに気づき、床を拭いて、子どもに対して厳しい声で二度と間抜けなことをしてはいけないと言う。このメッセージを強調するために、先生は子どもに反省文を二〇行書くよう指示する。そして、先生はあなたにこう囁くのである。「過ちを犯したあとに悪いことが起こることを知ると、子どもたちはすぐに過ちを犯してはならないことを学ぶのです」。

教室を立ち去ったあと、あなたは別の教室に向かう。二番目の先生は、失敗から学ぶためには失敗が起きた原因について心を開いて好奇心をもち、失敗をどう防ぐことができるのかを考えるのが重要であると話す。あなたが先生と話している最中、子どもがナイフとフォークを床に落としてしまう（訪問の際はランチタイムだった）。先生はすぐに子どものもとへと向かうと、その子の横で膝を曲げ、「どうしたの？」と優しい声で聞いた。「おかわりをしようとして手を挙げたら、肘がナイフに当たって、そのナイフがフォークに当たってしまって……」。「ジョン、今度おかわりをしたいと思って手を挙げるとき、何に注意したらいいと思う？」。そして先生と生徒の会話は、穏やかなトーンでしばらく続く。

自分の娘の先生を選ぶなら、あなたはどちらを選びますか？
二番目の先生を選んだ場合、あなたはなぜいつも一番目の先生を自分の先生に選んでいるのでしょうか？

これらの質問に答えたら、今の経験が心から消えるまでしばらく時間を取るとよいでしょう。

物事が順調に進んでいるときにこのような選択をするのは簡単だと思うかもしれませんが、問題を抱えているときや勇気が必要なときはどうでしょうか。この質問に答えるとき、自分が炎に包まれている家の中に飛び込んで行くと想像してみてください。あなたはどのような人に応援に来てもらい、助けてほしいと思いますか。自信を与えて励ましてくれる人でしょうか、あるいは困難に陥ったことを批判して怒鳴る人（あなたをより不安にさせる人）でしょうか。これについては考えるまでもないことでしょう。

厳しい状況に置かれたとき、そばに友人がいてほしいと思うでしょう。この考え方が、コンパッション・フォーカスト・セラピー（CFT）の核心です。私たちは自分の良き友になるために、自信をつけようとしているのです。そのためには、「まぁ、まぁ、かわいそうに」と言いながら過度に受動的になったり、過度に批判的（ひどいときは、自分自身を散々にこき下ろしたり）になってはいけません。

良き友はあなたの最善の利益を願ってくれるでしょう。彼や彼女は人生で起きるすべての出来事に共感し、問題に直面したときは応援団のように励ましてくれるでしょう。実際、あなたが本書を通じて行うことは、強さや共感性、寛容さなどの資質とともに、支援と励ましをもたらすセルフ・コンパッションを発達させることです。

The Compassionate Mind〔未邦訳〕の中で、ポール・ギルバートは、恥に基づいた自己批判（おそらく私たちが現在行っていること）と慈悲の自己修正とを区別し、その二つを比較するために次の表を用いています。

慈悲の自己修正（個人的には、慈悲の自己調節と呼んでいます）は、恥に基づいた自己批判よりも、常に良い結果をもたらします。

恥に基づいた自己批判と、慈悲の自己修正を区別する

恥に基づいた自己批判	慈悲の自己修正
● 非難と罰に対する欲望に意識を集中する	● 改善に対する欲望へ意識を集中する
● 過去の失敗に罰を与え、多くの場合が後ろ向き	● 成長と促進を重視する
● 怒りや不満、軽蔑、不機嫌さを伴う	● 前向きである
● 晒されることに対する恐怖や、短所に注意を向けている	● 励ましや支援、優しさを伴う

• 自己の全体的な感覚に集中する	• ポジティブな出来事のうえに作られる(うまく成し遂げたことを確認して、学んだ点について考える)
• 失敗に対する強い恐れを伴う	• 性格や自己の特定の性質に、意識を集中する
• 回避や退避する機会の増加	• 成功に対する希望を重視する
	• 他人と関わる機会の増加
問題を抱えている子どもを前にしたときの批判的な先生の例について、考えてみるとよい	**問題を抱えている子どもを前にしたときの支援的な先生の例について、考えてみるとよい**
違反に対する感覚	違反に対する感覚
• 恥、回避、恐怖	• 罪悪感、他人とのつながり
• 心の沈み、気分の落ち込み	• 悲しみ、自責の念
• 攻撃性	• 償い

P. Gilbert, *The Compassionate Mind* (London: Constable and Robinson, 2009).

脳の驚くべき能力である希望

自分を傷つける習慣についての問題に取り組み、セルフ・コンパッションを発達させる必要性をまだ確信できていなくても、おそらく次節を読むことであなたの考えは固まるでしょう。コンパッショネイト・マインド・アプローチ(CMA)では、思考やイメージが脳や体の働きにどう影響するのかを検討します。これを知っておけば、情報に基づいた決断を下したり、考えやイメージをコントロールするのに役立ちます。

脳は刺激に対してどのように反応するのか

お腹が空いているときに、おいしそうな料理の載った皿を見る、あるいはキッチンからおいしそうな香りが漂ってくる場面を想像してみてください。あなたの唾液と胃液にはどのような変化が起きるでしょうか。それらは間違いなく分泌されることでしょう。これは、食べ物の形や香りが視床下部と呼ばれる脳の一部を刺激し、体に食事の準備を始めるよう指示するからです。

時間が遅くて街の飲食店が開いていないか、お金がない場合、あなたは空腹を満たすために、イスに座っておいしい食事を空想するかもしれません。このとき、唾液や胃液の変化に注目してください。それらは、目の前に本物の食べ物があるときと同じように、分泌されるのではないでしょうか。これは興味深いことではありませんか。食べ物のイメージと考えによって、脳は体に食事の準備をするよう指示を出し、胃液を分泌させるのです。

別の例を紹介しましょう。ある午後、とても魅力的な相手に出会ったとき、あなたはどうするでしょうか。その相手と親密になり、夜までにはその相手は、あなたにキスをしようともたれかかってくるかもしれません。このような状況に置かれたとき、あなたは興奮するでしょう。脳へ信号が伝達され、興奮を引き起こすホルモンを分泌する、下垂体と呼ばれる部位が刺激されます。これらの出来事が実際に起こったとすると、体はどのような反応を示すでしょうか。興味深いことは、人は精神的なイメージによって興奮することができる、ということです。ここで重要なのは、頭の中でいろいろ思い描くと体のさまざまな部位を刺激する、ということです。食事を想像すれば視床下部が刺激され、性的な興奮をもたらすものを想像すれば下垂体が刺激されるのです。

日々の経験によって、私たちの思考や精神的なイメージが、体に影響を与えることは明らかです。当然のことながら、私たちはこの事実に気づいてはいるものの、その影響力の大きさや意味に気づくことはありません。

学校や職場でいじめを経験すれば、あなたの脅威システムは活性化されるでしょう。不安や怒り、あるいは悲しみを経験するかもしれません。闘ったり、逃げたり、何も反応することができずに固まってしまったりするかもしれません。また、これらを一度に経験する可能性もあります。

では、他人にいじめられるのではなく、自分をいじめたり、批判したり、あざけって恥をかかせた場合、何が起こるのでしょう。自分に対して意地悪で批判的で厳しい態度を取る、自己批判的な部分に主導権を握られた場合、どうなるでしょうか。そのとき、私たちは脳のどの部位を刺激することになるのでしょうか。これらの考えやイメージ、記憶は、あたかも実際に起こっているかのように、脅威システムを繰り返し刺激することになるのです。第2章で紹介した三つのモデルを思い出すと、特定の内的な思考や記憶、イメージによって継続的に刺激された脅威システムが、バランスを崩すことになると理解できるでしょう。

自分を批判することに最善の利益があるように見えても、それは私たちの脅威システムを反復的に刺激するのです。この傾向が続くと感情のより深い部分が刺激され、私たちの注意が、闘争や逃走、じっと動かないで身を守るなどの生得的な反応へと狭められ、向けられるようになります。このような状況で自信はつけられるのでしょうか。自信を傷つけるだけではないでしょうか。

自分に向ける言葉は変えられる

これまで見てきたように、豊かな生育環境で育ち、思いやりのある人間関係を築くことによって、人間は充足感を得やすくなります。しかし、自分に対してさらに親切で支援的になることを学べたらどうでしょうか。考え方を変えることで、困難を感じた理由を理解できたとしたらどうでしょうか。

自信をつけるために、常に自分を支える声をかけたとしたら、どのようなことが起こるのか想像してみてください。その声は、人生の困難に立ち向かうときに頼りになる、力強い勇気をもたらします。また、その声は、あなたの充足感と鎮静のシステムを構築して維持するので、感情的なバランスを保つことができるようになるでし

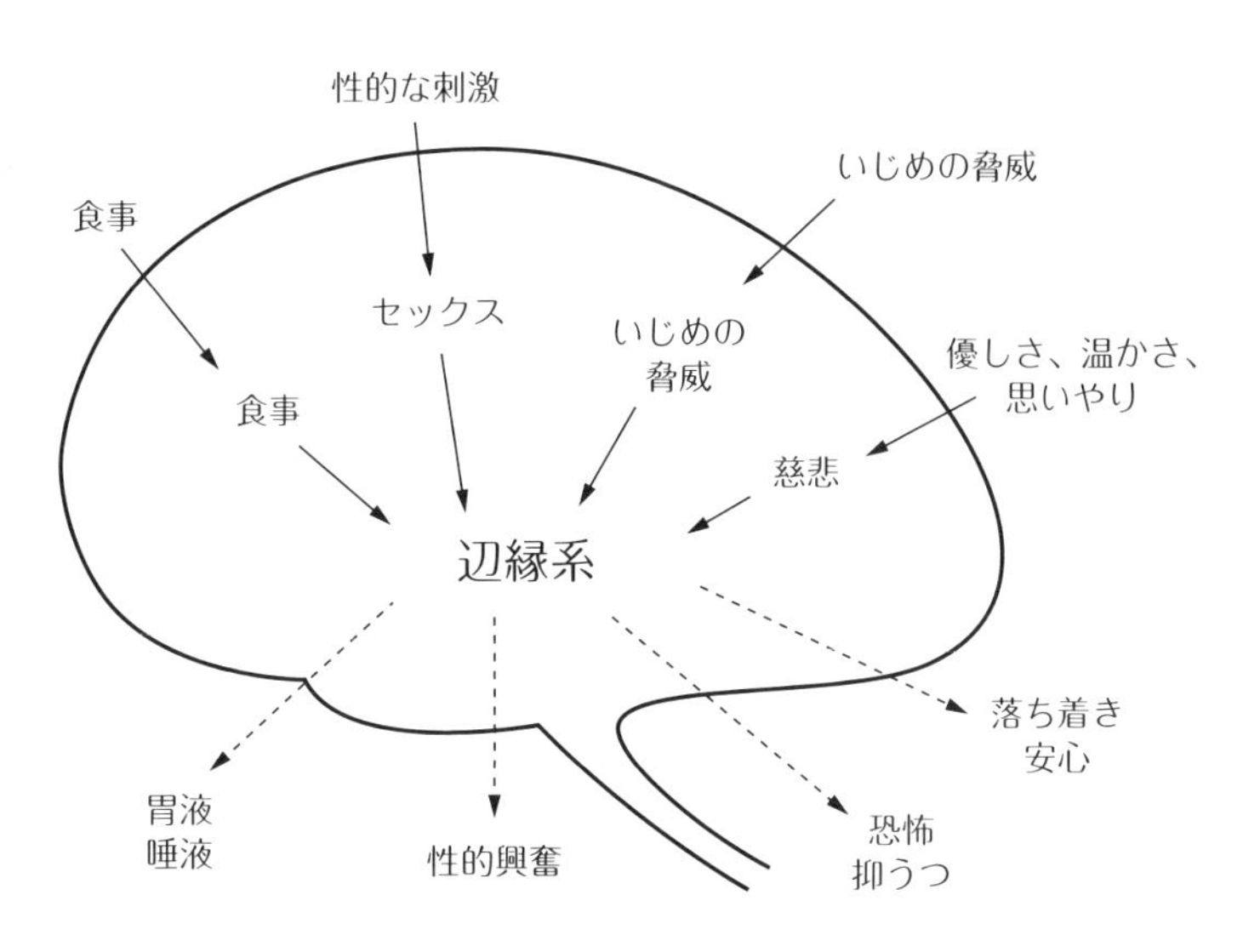

図②　思考とイメージが脳と体に及ぼす影響
P. Gilbert, *The Compassionate Mind* (London: Constable and Robinson, 2009).

ょう。このような声はあなたを勇気づけ、意欲を感じ、自発性と資源獲得システムが有用な方法で刺激されるかもしれません。図②は、以上のことをまとめるのに役立つでしょう。

自分自身にどのような口調で話しかけるかは非常に大事である

科学的な視点から、ポール・ギルバートらは、自分自己批判的ではなく、自分に対して優しく、自分を安心させているときに、脳内で何が起こっているのかについて検討しています。彼らは、自分を安心させることと自己批判が脳内でまったく異なったシステムを刺激している証拠を見つけました。このことによって、自分自身に話しかけるときの口調がとても大事であることが示されました。

まとめ

心がどのように働くのかについて深く理解するほど、陥りやすい罠に気づくようになり、自信を高めるのに役立つ方法を実行できるようになります。自信を築き上げることは、今、自分が自分に何をしているのかに気づくことから始めます。そして、それらの自信に関する問題は自分のせいではなく、脳がそのように設計されているために生じたものであると認めながら、物事をより良くするために変えようと努力することが自信を築くことにつながるのです。

本書の後半は、まさに自分自身とうまく関係を結ぶことによって自信をつけていくのに役立つ内容になっていきます。この道を歩んでいくことによって、人生において生じる問題を避けるのではなく、その困難に向き合い、立ち止まり、取り組むために必要となる力強さや勇気を手に入れることを助けてくれるでしょう。

4

自分の経験を理解する

経験は厳しい教師である。
最初に試験を行い、その後に教訓を与えるのだから。
――バーノン・サンダース・ロー

第1章から第3章にかけて、自信というものが生まれながらに備わっているのではなく、築き上げ、維持するものだということを見てきました。そして、自信を進化という観点からとらえることで、自信を傷つけることでその発達を妨げる例を検証しました。最後に、コンパッションを発達させることの重要性を確かめました。

本章では、あなたが抱える問題に対して、思いやりのある理解を促すことを目的として作成されたエクササイズを紹介します。これらのエクササイズは、自信を傷つける行動を軽減するもので、自信をつける基盤を提供します。エクササイズには以下の事柄が含まれています。

- 自分に影響を与えた出来事を理解する
- 自分の主な心配事や恐怖を認識する
- 物事に対する自分の対処方略とそれを行う理由、そしてそれらの予期せぬ結果を記録する
- 独自のフォーミュレーション（定式化）を作成する
- 自分の経験を理解する

本章で紹介するエクササイズに取り組むことで、感情体験を伴う可能性があることを申し添えておきます。エクササイズは過去のつらい記憶を呼び戻し、「〜しなければならない」「〜してはならない」「あのとき〜していればよかった」などといった感情を引き起こすかもしれません。自己批判に陥って、悲しみや怒り、不安、恥などの感情を感じるかもしれません。本書の後半ではこれらの感情の対処法を示しますが、最初のステップは、経験している問題の原因を理解し、それがあなたとあなたの自信にどのような影響を及ぼすかを理解することです。

本章の最後では、アンディの話を通して彼の個人的なフォーミュレーション（定式化）を見ていきます。ここでは、自らに影響を与えたものを理解する方法、採用した対処方略、そして対処方略の予期せぬ結果を知ることができるでしょう。

私たちが受ける影響――遺伝と環境

人間が遺伝と環境の産物であることは、多くの人が納得しています。言い換えれば、肉体（遺伝）と経験（環境）が、私たちの存在に影響を与えているのです。

この事実は、より詳しく検討することができます。まず、私たちの遺伝子は特定の気質を生じやすくし、特定のレベルの学問的・感情的知性を授けてくれます。遺伝子は私たちの容姿や身体的な障害も生じさせます。次に、私たちの遺伝子は、私たちの住む環境からの影響を受けています。これは私たちが受精した瞬間から始まり、特定の人生経験（転校や近しい人との死別、友人関係の問題）、家庭環境を原因とする問題（兄弟姉妹からの影響、親のしつけ方、住環境）、一般社会の問題（自らの属する文化観、性的な趣向、宗教的な信条など）の影響を受けています。

エクササイズ⑤　自分に影響を与えたものを書き記す

私たちの人生は無数の要素によって形作られていますが、ワークシート①では、一般的な自信に関わる問題について取り上げます。リストの中にはあなたが利用できるものもあれば、できないものもあるでしょう。リストを一通り読んで、自分に当てはまるものがあればその横にチェックを入れるか、あるいはノートに書き込むとよいでしょう。

最初はこの作業を難しく感じるかもしれません。そのようなときは、人生を時期や環境で分けて考えるとよいでしょう。たとえば、小学校へ入学する前のあなたに影響を及ぼしたのは何でしょうか。また、小学校や中学校で影響を受けたのは何でしょうか。家や学校、それ以外の場所であなたに影響を与えていたのは何でしょうか。このように、時期と環境を区別して考えると、作業を進めやすいでしょう。

このリストに掲載されているものが、あなたの自信に影響を与えたものすべてを網羅しているわけではありません。あなたに当てはまるものをすべてチェックしたあと、あなたの自信に影響を与えた他のことを書き足すとよいでしょう。

ワークシート▼①：自分に影響を与えたもの

- □ 自信がない人々に囲まれて育った
- □ 何事にも優秀な人々に囲まれて育った
- □ 愛や好意が成功に左右される
- □ あなたに対して批判的な人々および／または自分に対して批判的な人々に囲まれて育った

□ 生まれつき内向的で、恥ずかしがり屋である
□ 近しい人と死別したことがある
□ 引っ越しや転校により、親友を失ったことがある
□ 身体的な障害を抱えている
□ 他の人が見えないものを見え、聞こえないものを聞くなど、非日常的な経験がある
□ 失読症や統合運動障害、計算力障害などのため、学習が困難である
□ 仲間やきょうだいなどからいじめられたり、無視された経験がある
□ 友人関係や性的な関係を含む人間関係において困難を抱えている
□ 身体的、性的、心理的虐待、犯罪の被害者、何らかの事故に遭ったなどのトラウマ体験がある
□ 厳しい教育を受けてきた
□ 他の人とは「違う」外見をしている
□ セクシュアリティやアイデンティティと関連した問題を抱えている
□ その他の影響：

あなたに影響を与えるその他のもの

あなたは今、つらい経験を思い出すよう促されていますが、あなたに与えた影響や経験がポジティブなものだったこともあるでしょう。それらのポジティブな経験は、容易に思い出せることもありますが、気分の落ち込み

や高い不安を経験したために、記憶がぼんやりして思い出すことが難しいかもしれません。残念ながら、ポジティブな影響を受けなかったり、ポジティブな経験のない人もいるでしょう。

事態をさらに複雑にするのは、自信の問題に関わるいくつかの影響や経験が、明らかな問題を含まない状況から生まれるということです。以下に、例をいくつか挙げてみましょう。

- すべての親は子どもに対して、ポジティブな影響とネガティブな影響の両方をもっています。
- 自信のあるきょうだいは一緒にいて楽しく、いろいろな面で助けてくれますが、すべてをやってくれるので、私たちが自信をつけるのを阻むことがあります。その結果、私たちは自分の力で何かを成し遂げることを学べなくなります。
- 何をするにも一緒の仲の良い家族は、その中で成長する人にとって素晴らしい環境となるかもしれませんが、それは学校以外の場所で家族から離れて物事を経験する機会を少なくし、自信の発達を妨げます。
- 身体的な問題は痛みや不快感などの問題を引き起こし、生活を制約のあるものにする可能性があります。しかしながら、それは似たような問題を抱える人への共感を高めるとともに、時として自分が特別な存在であると感じさせてくれます。
- 双子であることは特別な経験かもしれませんが、それは絶えず兄弟姉妹と比較されることを意味します。たとえば、「性格が悪いのはどっち？」「自分に対してより自信をもっているのはどっち？」などと聞かれ、特定のラベルを貼られるかもしれません。同時に、兄弟姉妹と似ていることを常に指摘されるかもしれません。さらに、双子であることは、他人との友情を育むことを阻害することもあります。
- 長男や長女は、他のきょうだいよりも、幼少期に親と長い時間を過ごせるなどの利点があります。しかしながら、それは弟や妹よりもしっかりしていなければならないことを意味しています。弟や妹の誕生によって、あなたは彼らと親を共有しなければならないと感じたかもしれません。同様に、次男・次女であることや、末っ子であることの長所と短所もあるでしょう。

主な心配事や恐怖

特定の経験によって心配事や恐怖を抱くようになるのは当然です。これらの感情は私たちの生理をはじめ、行動や感情、思考、注意の集中を促進させたり、影響を与えたりします。これらの心配事や恐怖は、以下の二つに分けることができます。

1　他人が自分をどう思うか、自分にどのような態度を取るかなど、外的な世界に関する心配事や恐怖。
2　自分自身に対する考えなど、内的な世界に関する心配事や恐怖。

エクササイズ⑥：自分の主な心配事や恐怖を認識する

ワークシート②には、自信の問題と関わりのある、一般的な心配事や恐怖が掲載されています。それらのいくつかはあなたに当てはまるかもしれないし、そうでないものもあるでしょう。リストを眺め、経験したことのあるものや思い当たるものに、チェックを入れてください。また、それらをノートに書き込むのもよいでしょう。

ここに記されていない心配事や恐怖を抱えている場合は、それを書き加えてもよいでしょう。あるいは、ここに記されている言葉とは別の言葉で、自分の心配事や恐怖について表現したいと思うかもしれません。そのような場合は、自分がしっくりくる言葉を用いてもかまいません。

今はさまざまな考え方をもっているため、物事がすぐに思い出せなかったり、経験した恐怖や心配事を思い起こせないかもしれません。記憶について考える時間を設け、以下の方法を用いるのもよいでしょう。

- エクササイズ⑤を使って、人生のさまざまな時期のことについて思い起こしてみましょう。
- 不安や怒り、悲しみを感じた最近の出来事について、思い出してください。そのとき、最も心配に思ったことや、恐怖を感じたことは何だったでしょうか。

ワークシート▼ ❷：あなたの主な心配事や恐怖

外的な世界と関連した恐怖や心配	内的な世界と関連した恐怖や心配
□ 周囲の人々があなたについて悪く思ったり批判したりすること □ 周囲の人々があなたに対して否定的な行動（言語的、身体的、その他）を取ること □ 周囲から孤立すること □ 周囲の人々に拒絶されること □ その他の恐怖や心配：	□ 感情に負けてしまうなどのリスクがあること □ 行動をコントロールできなくなる、またはコントロールできていないこと □ 思考や精神的なイメージにリスクがあること □ 身体的あるいは精神的な問題を抱えていること □ その他の恐怖や心配：

私たちが恐れやすいこと

種の生存を確保するため、私たちは進化の結果として、特定の有害なものに対して警戒心や恐怖を感じるようにプログラムされています。生じやすい恐怖としては、高所に対する恐怖、クモなどの不規則に動くものに対する恐怖、閉所や暗所に対する恐怖などがあります。さらに、私たちは社会的な存在でもあるため、社会的な脅威に対しても警戒心をもちます。社会的な脅威とは、たとえば他人に否定的な評価をされたり、他人が怒っているように見えたりした場合のことです。その結果、私たちは他人の潜在的な脅威に対して、継続的に反応したり監視をしたりするようになります。進化がもたらしたこの特徴は、私たちが力と保護を提供する集団に留まるうえで役に立ちます。社会的な孤立につながる可能性があるため、これらの感情や心配事の多くが、他人からの否定的な評価に対する恐怖に由来しているのは当然です。

対処方略とそれらの結果

外部からの影響と過去の経験の組み合わせが、特定の心配事や恐怖を大きくすることがあります。役に立つと信じられた防衛的な方略や対処方略へと向かわせるのは、これらの組み合わせです。意図的に選んだと思われる方略もあれば、自然と身についたものもあるでしょう。どのみち、私たちの役に立つよう作られたにもかかわらず、私たちの行動の多くは、不運な結果をもたらしたり欠点があったりします。

エクササイズ⑦：対処方略とそれを使う理由、そしてその予期せぬ結果を書き記す

以下のワークシート③に記されている対処方略を読んで、あなたが使っているものをチェックしてみましょう。さらに、あなたが使っているものがあれば、それらの目的（あなたがそれを使っている理由）と、予期せぬ結果や欠点を確認しましょう。ここに記されていない対処方略を採用していたり、別の欠点がある場合、それらの情報を空欄に記すとよいでしょう。

ワークシート▼❸：あなたの対処方略の目的と、予期せぬ結果

対処方略	目的	予期せぬ結果や欠点
□ 他人が望んでいることをする	□ 拒絶の回避 □ 争いの回避 □ 他人を幸せな気持ちにする その他：	□ 他人に対する怒りの感情 □ 否定 □ 自らの欲求が満たされない □ 疲労 その他：
□ 周囲の人々と距離を置く	□ 拒絶や落胆の回避 □ 対立の回避 その他：	□ 孤立 □ 気分の落ち込み □ 不安 その他：

対処方略	目的	予期せぬ結果や欠点
□常に笑顔か落ち着いた表情をしている、あるいは、偽りの仮面をつけている	□拒絶や落胆の回避 その他：	□疲労 □誰も本当の自分を知らない □他人に心から受け入れられることを妨げている その他：
□他人の意見に従ったり頼ったりする	□失敗の回避 □不安の回避 その他：	□怒りの感情 □自分の能力の発達を阻害する その他：
□物事を理想的な方向へと変える	□落胆を防ぐ その他：	□怒り □対立 □物事が凡庸になる その他：
□面接やデート、公共の場所でのスピーチなど、特定の状況を回避している	□落胆や拒絶を受ける機会の減少 □物事が順調に進まないときに感じる不安や潜在的な落ち込みを回避する その他：	□個人的な目標が達成されない □達成の感覚を経験する機会の欠如 その他：
□特定の場所にしか行かない、特定の人と特定のことしかしない	□不安の低下 □予知能力の向上 その他：	□怒り □特定の人に対する過剰な信頼 □制限されたライフスタイル その他：

□ アルコール、あるいは薬物（過剰摂取、違法）の摂取	□ 自信の感覚の向上 □ 不安の低下 □ 気分の向上 □ 心地良い酔い □ ウェル・ビーイングの感覚 その他：	□ 逸脱した行動と後悔 □ 二日酔い、あるいは酔いつぶれる □ 人生の他の側面に対するネガティブな影響 □ 嗜癖 その他：
□ 完璧主義／自己や他人をコントロールする	□ 批判の回避 □ 不安をコントロールする手段 その他：	□ 達成すること、維持することが困難 その他：
□ 過剰な準備	□ 成功する可能性が高くなる □ 落胆の回避 □ 不安の低下 その他：	□ 時間の浪費 □ 努力 □ 特定の状況で、物事が堅苦しく困難になる可能性が高くなる □ 疲労 その他：
□ 物事が起きる様子を内的・外的に観察する[*1]	□ 状況に対して素早く反応することに役立つ □ ネガティブなことが起こることを防ぐ その他：	□ 神経を鋭敏にするような過覚醒 □ ネガティブなことに気づく可能性が高くなる □ 目の前のことに没入して楽しむことを妨げる □ 継続的な確認作業や不安が外見に現れることで、他人の注意を引く その他：

対処方略	目的	予期せぬ結果や欠点
□何かが起こる前か後や、その両方で、その状況について過剰に考える	□特定の状況に備えている □特定の状況から考えられる結果に備えている その他：	□物事を達成して維持することが困難である □問題を予測したり見つけたりする可能性の増加 その他：
□自己批判	□他人がそうする前に自分を批判する □自己の抑制 □問題の発生に備える その他：	□気分の落ち込み □不安の増加 その他：
□フードファディズム*2や、食べ物の摂取に対する継続的な監視	□自分の容姿に対する拒絶を回避する □集中、その他のものに対する回避 □誇りを感じる その他：	□過食や拒食などの食行動の異常 その他：
□過食	□食事中に満足と癒しを感じる その他：	□罪悪感 □恥 □体重増加とネガティブな身体イメージの肥大化 その他：
□刃物や火を用いての自傷行為	□解放感 □罰 □感情のコントロール その他：	□怪我 □傷 □恥 その他：

□過剰な化粧を施している	□社会的に認識されている欠点の隠蔽 その他：	□維持が困難 □他人に自分に近寄らないよう注意する可能性 その他：
□常に何かについて謝る	□他人をなだめる □他人による攻撃や拒絶の可能性の低下 その他：	□他人に対する怒り □他人が優位な立場に立つ その他：
□他人からの安心を求める	□不安の低下 その他：	□他人を信頼するようになるにつれて不安を増加させる可能性 □他人があなたに対して不満を覚える、人間関係に影響を及ぼす その他：
□トイレや出口の場所を確認するなど、今ある状況を過剰に把握しようとする	□問題が発生したときに素早く逃げ道を確保することができる □不安の低下 その他：	□過覚醒の増加と長期的な不安 その他：

＊1　内的な観察とは、あなたが絶えず心拍数や呼吸、心の中で考えていることやイメージを確認することを指します。外的な観察とは、他人が自分を見ているのかを絶えず観察していることを指します。

＊2　さまざまな媒体（マスメディア）や食品・健康食品産業などから、毎日大量に垂れ流しされている食べ物・サプリメントに関する健康・栄養情報を、過大に評価したり、信用すること。

当然のことながら、私たちはこれらの対処方略を、状況に応じて使い分けています。問題が起きるのは、これらを過度に使うときです。

また、ワークシート③にリストアップされている予期せぬ結果や欠点に加えて、これらの多くの方略は、近しい人にとって負担になるなどの一般的な問題を引き起こすことがあります。さらに重要なことは、すべての成功を方略のおかげと考え、失敗を自分の責任にすることで、自信をつける邪魔になることです。それらはしばしば悪循環を引き起こし、主だった心配事や恐怖を助長するのです。それは悲しく苛立たしいことではないでしょうか。

すべての要素をまとめる——フォーミュレーション（定式）の作成

以下のアンディの事例は、すべての情報をフォーミュレーションとしてまとめる方法の説明を、目的としています。本書で紹介する他の事例と同様に、アンディは実在の人物ではなく、複数の人物の体験を融合させた架空の人物です。はじめに、彼の人生についての重要な要素を示し、その後にフォーミュレーションを紹介します。アンディの話を読んだあと、エクササイズ⑧で、あなた自身の経験に基づいてフォーミュレーションを作成するとよいでしょう。

【アンディの場合】

アンディは三人兄弟の末っ子だった。先天的な心臓疾患をもって生まれた彼は、幼少期に手術を受け、二〇代の前半まで定期検診を受け続けなければならなかった。両親は彼の健康を心配して、過保護になる傾向があった。

彼はスポーツがしたかったが、危険な目に遭ってほしくないという両親の要望で、人事をとって小学校ではスポーツに参加することはなかった。その結果、彼は自分が集団から孤立していて、みんなとは「違う」存在であると感じるようになった。中学校では一部のスポーツに参加することができるようになったが、クロスカントリーやフットボール、短距離走などの激しいスポーツには参加することができなかった。アンディは自分の健康について密かに悩むことがあったが、両親に心配をかけたくなく、さらに過保護になってほしくなかったため、それを伝えることはなかった。

彼には、兄と姉が自信をもっているように見えた。幼い頃、貯金箱のお金を銀行にお金を持っていくとき、姉が彼の代わりにそれをやってくれた。強いフットボール選手であった兄とは対照的に、アンディはいつもフットボール場の端のほうにいた。

男子校でのアンディの成績は良かった。宿題が出たとき、兄や姉、両親が手伝ってくれた。彼が問題を抱えはじめたのは、家を出て大学に入学し、さまざまな出自をもつ人々と関わりはじめてからだった。大学で同じ講義を受けている知人や、同じ寮に入っている知人は、スポーツに対して積極的だった。五年前に医師から問題ないという診断を受けてはいたが、彼は何らかのスポーツに秀でる機会に恵まれなかった。同じ年の友人たちは彼よりもスポーツがうまく、彼は自分の面子が潰れることを恐れて、年下の少年たちと遊ばないことにしていた。遊びの誘いを断るとき、彼は体調が優れないと説明し続けた。

アンディはホームシックになったが、それを家族や友人、兄や姉に伝えるのはバカげていると感じた。友人たちと一緒に出かけた際、彼らがスポーツや知らない人について話すのを見て、アンディは自分が除外されていると感じた。この状況に対処するため、アンディは会話を滑らかに運ぶために、お酒を二、三杯飲んでから出かけるという習慣を身につけた。欠点（予期せぬ結果）は、彼が数時間後に誰よりも酔っ払ってしまうということだった。彼の新しい友人たちは、このことで彼をからかった。アンディは彼らと一緒に笑い、軽蔑的な意見に対して賛同したり自己卑下したりすることもあったが、彼は密かに社会的な孤立を深めていった。

大学に入学する前に女性と接する機会が少なかったため、アンディは異性と関わることに対して大きな不安をもっていた。女性を前にすると、彼は口を閉ざした。恥をかくことを恐れたため、彼は女性と会話することを避け、地元の友人には大学に彼女がいると伝え、大学の友人には地元に彼女がいると伝えた。

アンディは常に実家に帰る理由を探し、実家で過ごす時間も増えていった。姉と兄は家から出ていたが、彼は実家で宿題をしたり、地元の友人たちと近況を語り合ったりした。問題は、地元の友人に対して、以前より親近感が湧かなくなったことだった。彼は静かに座って友人たちの話を聞くこともあれば、作り話である出来事や友人関係、口説き落とした女の話などをして、感心させることもあった。

大学を卒業した後、アンディは家業を手伝うために叔父のもとへ行った。給料は良く、無駄な就職活動に身を投じる必要もなかったため、これは彼にとって幸運だった。しかしながら、時間が経過するにしたがって、彼が「家族というコネ」を使って就職したことに対して、同僚の何人かが不快に思っていることに気がついた。彼らはアンディが叔父のために自分たちを監視していると考え、話をしないようになった。アンディは本や教科書を読むふりをしながらカフェに一人で座り、同僚たちが自分の噂をしているのではないかと心配するようになった。すぐに、彼はまた孤独を感じるようになった。彼の気分は常に低調で、不安を呼び起こすような状況を避けるようになった。彼は、物事が手に負えなくなってしまったことや、現在の自分の物事への対処方法を恥じており、自分を次のようにたしなめることが多くなった。落ち着くんだ。お前は何に悩んでいるんだ。仕事や健康、支援的な家族に対して感謝するべきだ。情けないぞ。

図③は、アンディの物語のフォーミュレーション（定式化）です。人生や状況を完全に説明するのは不可能なことを覚えておくのは重要ですが、このフォーミュレーションは、アンディの問題がどのように大きくなり、その後の出来事によってどのように強化されていったかを知るうえで、ヒントを与えてくれるでしょう。

図③　アンディのフォーミュレーション

影響と経験
- 健康についての問題
- 過保護な親
- 末っ子
- 自信のある兄姉の存在
- 家族以外の女性との交流が少ない
- 大学でスポーツのできるグループに属する
- 大学時代に地元の友人たちと交流がなかった
- 親戚の会社で働きはじめる

↓

主な悩みや恐怖

【内的な要因】
- 自分の健康が心配
- 人とどこか違う
- 毎日の単純な作業がこなせない

【外的な要因】
- 周囲に馴染めない
- 煙たがられている
- よそ者である

↓

対処方略
- 健康問題に注意する
- 周囲に合わせようとする
- 他人に単純な作業を任せる
- 酒を飲む
- 状況を回避する
- 他人が自分について話したり見たりしていないか注意する
- 他人に心を開かない
- 自分を責める

↓

予期せぬ結果・欠点
- 些細な体調の変化に注目することが悩みにつながることを知る
- 怒りを感じる
- 自信を築く機会が少ない
- 飲酒で時間を浪費する
- 不安・偏執症に見える
- 孤立
- 自分に対する怒り
- 落ち込み
- 恥
- 自己批判

（→ 主な悩みや恐怖 へ戻る）

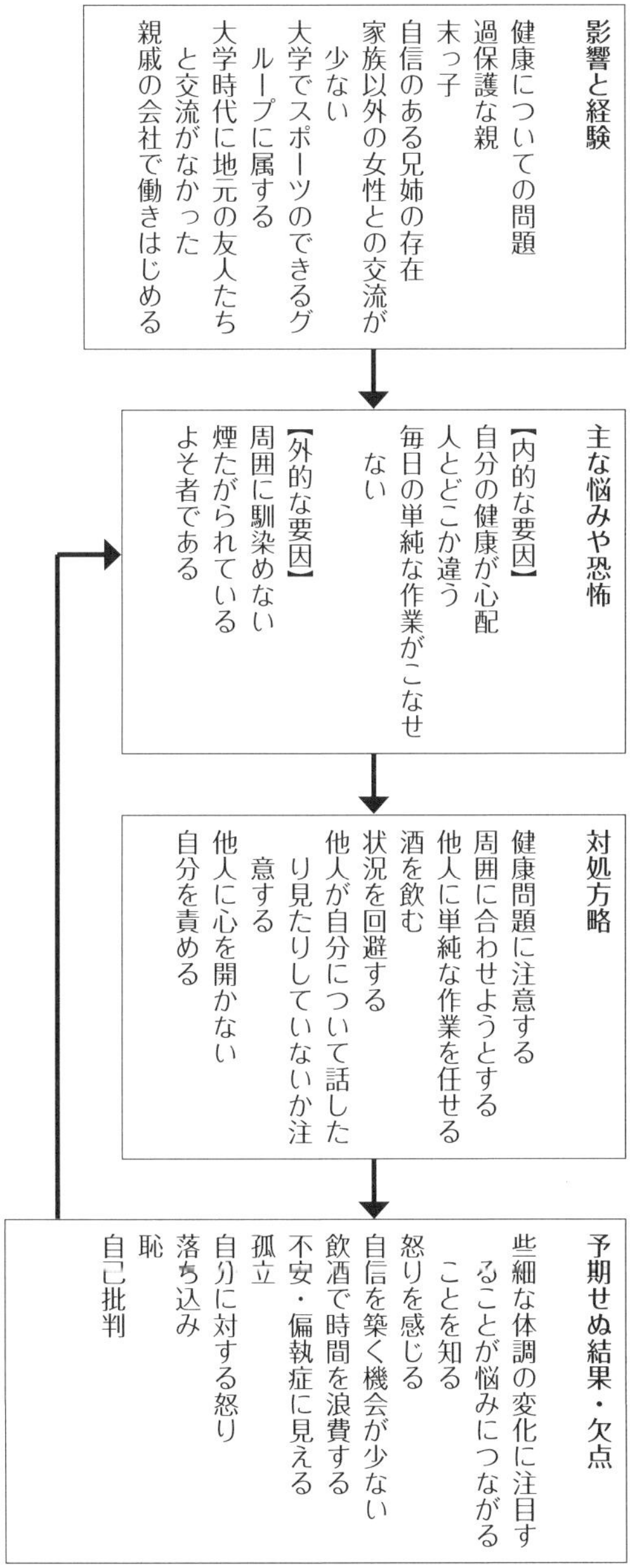

図③を見て分かるように、一番最初のボックスの中には、これまでアンディの人生に影響を与えたことや経験したことが記されています。いくつかの心配事や方略、予期せぬ結果が、彼の人生経験の直接的な結果である一方で、それ以外のものは、特定の問題に対して取り組もうとした結果です。さらに、予期せぬ結果それ自体を、経験として分類することもできるでしょう（その結果、最初のボックスの中に置くこともできます）。

どのようなフォーミュレーションであっても、自分に理解できるように要素をまとめ上げ、どのように問題が生まれて維持されているのかについて、分かりやすく説明することが重要です。以下のエクササイズはあなたが一人で行うためのものであり、他人に詮索されるものではないことを、覚えておいてください。

エクササイズ⑧：あなたのフォーミュレーション（定式化）

エクササイズ⑤～⑦、そして図④の空欄を埋めることで得た情報を使って、あなたのフォーミュレーションを作成しましょう。それぞれのボックスを埋めていくにつれて、さらに検討する必要のある問題が明らかになってくるでしょう。たとえば、これらのエクササイズで、自分の対処方法についてじっくりと考えたかもしれませんが、その潜在的な欠点については記さなかったかもしれません。また、あなたは過去の人生経験を覚えていたかもしれませんが、それに結びついた主な心配事や恐怖については、じっくりとは考えなかったかもしれません。

ノートや日記をもとに作った別のフォーミュレーションを試しに使ってみたり、集めた情報を別の方法でまとめるのもよいでしょう。空欄を使って、情報を組み合わせてみるのもよいでしょう。

このエクササイズを終えて、あなたの抱えている問題がどのように大きくなっていったのか、どのように気づかずに保ち続けたかを理解したあと、本章最後のエクササイズに取り組むとよいでしょう。

図④　あなたのフォーミュレーション

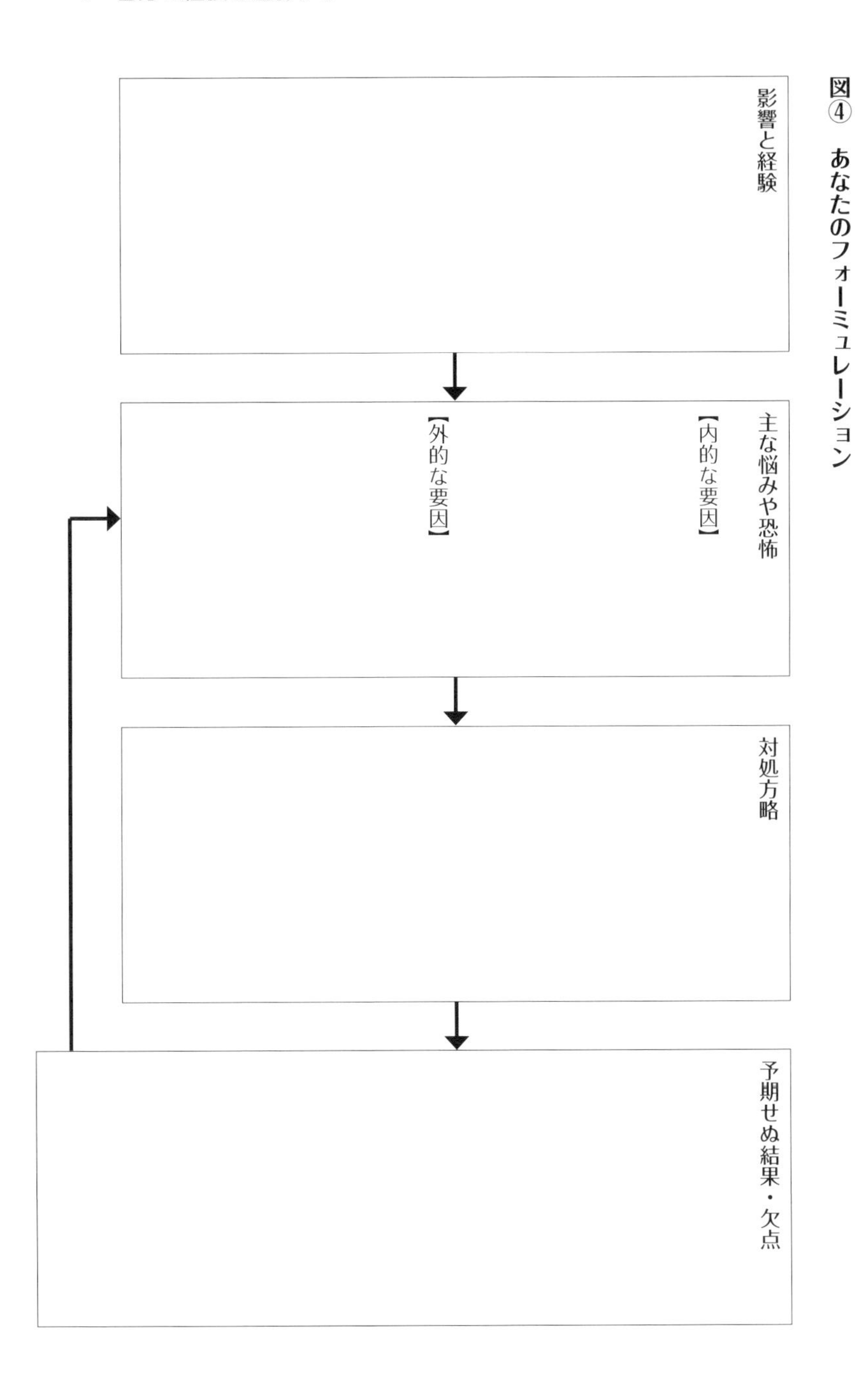

ある部分のポジティブな変化は、他の部分のポジティブな変化をもたらせる

本書は自信をつけることを目的にしていますが、このエクササイズは、不安やトラウマ、落ち込み、恥など、あなたの抱えている問題を浮き彫りにする可能性があります。これは、人間の心理構造が複雑なので、人生の他の側面を見ることなく一点のみに注目することは不可能に近いからです。難しく思われるかもしれませんが、ここには利点もあります。より具体的にいうと、ある側面に取り組むことが、私たちの他の精神面に、ポジティブな影響を及ぼすことがあるのです。

本書の後半で、あなたはエクササイズ⑧に戻って、別の見方で見直すことになります。また、慈悲の手紙を書く際にも、このエクササイズを使うことになるでしょう。

エクササイズ⑨：物事を理解する

本章で紹介したエクササイズを行うことによってもたらされた感情から距離を置いて、あなたのフォーミュレーションの全体を見てみましょう。それは、今あなたが置かれている状況を説明していますか。そのフォーミュレーションがあなたには当てはまらず、あなたが大切にしている人に当てはまった場合、それは理解できますか。あなたが問題を抱え続けている理由について、フォーミュレーションを読んでも納得できないときは、もう少し時間をかけてみましょう。フォーミュレーション内のあることが原因で、自己批判的になったり自分を傷つけていることに気づいたら、後で振り返ることができるようにメモを取っておきましょう。それが、イメージ療法や慈悲の手紙、イスのワーク、慈悲の代替思考のワークシートの課題になることがあります。

まとめ

私たちは肉体（遺伝）と経験（環境）の組み合わせの産物です。私たちは常に、複雑な脳を働かせ、困難な世界の中でなんとか生きていき、欲求を満たすために、最善を尽くしています。しかし残念なことに、時として状況に対処する方法が、ウェル・ビーイングや自信に悪影響を与える場合があります。後になってから、私たちは過去の状況を振り返って自分を厳しく批判したり、役立つ方法よりも簡単な方法を選んでしまったと思ったり、あるいは単に間違ってしまったと考えることがあります。これは、自己批判や自己叱責へと結びつきます。

時間をさかのぼって、自分がその方法で行動した理由を思い出すことは不可能です。重要なことは、慈悲深い方法で自分を理解すること、経験から学ぶこと、そして自信と自分をともに成長させることです。

5

慈悲とは何か

慈悲は宗教の課題ではなく、人間の課題である。
それは道楽ではなく、私たち自身の平和と安定、
そして人間の生存にとって必要なものである。

——ダライ・ラマ十四世

本章では、コンパッショネイト・マインド・アプローチ（CMA）が、どのように慈悲を定義しているのかについて考えていきます。慈悲の心あるいは慈悲の考え方[1]を、脅威的あるいは競争的な状況といった他の精神状態との比較を通して検討していきます。続いて、慈悲の考え方の特性や技能について考察します。これらをより深く理解することで、あなたが達成したいと望んでいることに関するアイデアと、自信を高めるために必要な技能が身につきます。

従来の慈悲の解釈

慈悲に関する最も初期の研究の大半は、宗教的な戒めの観点からなされました。慈悲はジャイナ教やイスラム

1　CMAでは、さまざまな思考や感情の内容や能力を一つにまとめたものを「セット」しておく（そろえておく）という意味で「考え方」という言葉を用います。

教、仏教、ユダヤ教、キリスト教、ヒンズー教などの宗教において、核となる要素であると説明されています。

慈悲の解釈は宗教間で異なり、同じ宗教の教典においてさえも異なりますが、簡潔にいえば、慈悲とは自他の苦悩を緩和する動機や関与を伴う、深い思いやりと悲しみのことです。

ＣＭＡは非宗教的な観点と宗教的な観点の両方を認めているものの、最新の研究による理解を取り入れたり、逆にそれを進歩させています。それによって、脳がどのようにＣＭＡを方向づけ、慈悲のなかで働くかについて、私たちに教えてくれるのです。

考え方の働き

携帯電話をカメラや電卓、ゲーム機、インターネット通信機へと変える「アプリ」（アプリケーション）を使ったことがあるでしょう。あるアプリを起動している間、携帯は電話の機能を維持しながらも、ボタンや画面がいつもとは異なる働きをします。このとき、あなたは携帯をいつもとは違った持ち方をし、いつもとは違う角度からそれを使います。

「考え方」とは、スマートフォンならぬ、「スマート脳」のためのアプリだと考えられます。ある状態では競争的になることができ、競争的な考え方や動機、態度をもたらします。その一方で、慈悲の考え方を起動することで競争的な機能をオフにし、思考や動機や感情を異なるものに置き換えることができるのです。

慈悲に対するＣＭＡ

研究の結果、脳は以下のような働きをする考え方を備えていることが明らかになりました。

● 思考や理性（言語的な思考やイメージを含む）を方向づける。
● 注意を方向づける。
● ある感情を選択する。
● ある目標に動機づけ、ある行動を引き起こす。

それぞれの考え方は、他の機能や能力を止めながら、特定の機能や能力を発動させることができます。慈悲がそれらの考え方の一つであることを理解するのが、本章の主要な目的の一つです。

他の考え方と慈悲の比較

以下の三つのエクササイズを行うことで、さまざまな考え方を経験し比較できます。

エクササイズ⑩：脅威の考え方

しばらくの間想像してみてください。多くの人がいる部屋の中で、突然あなたは、ある男にじっと見られていることに気づきました。その男の目つきは鋭く、その表情はあなたを拒絶しているかのようです。このような状況は、脅威の考え方を呼び起こすでしょう。

この考え方で考えたあと、以下の質問に答えながら、数分間過ごしてみてください。

● あなたの注意は何に向けられているだろうか。
● あなたは何を考えているだろうか。

- あなたは何を感じているだろうか。
- あなたの体はどのような感覚を感じているだろうか。

あなたの中で何が起こっていたのかについて考えてみましょう。あなたの注意は脅威と，その脅威を感じている自分に向けられていたのではないでしょうか。あなたの思考は，あなたのことを明らかに敵視している相手の思考から離れられなくなっていたのではないでしょうか。あなたは，自分が何か間違ったことをしたのではないか，外見や行動，人格など，自分が不快に思っていることに気づかれたのではないかと思うかもしれません。不安や怒りを経験するかもしれないし，これらの感情が心拍数や呼吸のパターン，体の緊張など，さまざまな生理的反応と結びつくかもしれません。さらに，その場を去ったり，その男がこちらを見ているかどうかを確認し続けたり，自分をじっと見ている男と対決する気になったかもしれません。

最後に，何度か深呼吸をして，頭の中から「いま経験したこと」が消え去るのを待ちましょう。

エクササイズ ⑪：競争的な考え方

次に，何カ月も前からトレーニングをしてきたマラソンの大会に，参加している場面を想像してください。あなたは最後の一キロを走っていて，自己記録を更新できるか，一緒にトレーニングをしてきた仲間の誰よりも早くゴールできる可能性が見えてきます。このような状況は，あなたの競争的な考え方を呼び起こすでしょう。この考え方で考えたあと，以下の質問に答えながら，数分間過ごしてみてください。

- あなたの注意は何に向けられているだろうか。

- あなたは何を考えているだろうか。
- あなたは何を感じているだろうか。
- あなたの体はどのような感覚を感じているだろうか。

あなたの中で何が起こっていたのかについて考えてみましょう。「さあ、頑張って、自己ベストを更新しよう」と、自分に言い聞かせていたのではないでしょうか。頭の中は観衆の声援を浴びながらゴールするイメージで、あふれていたのではないでしょうか。このとき、仲間のランナーたちが順調に走っているかどうかについては、考えはしなかったでしょう。そうではなく、彼らより速く走れるかどうかや、ゴールしている自分について注意が向けられていたのではないでしょうか。ゴールに近づくにつれて気分が高揚して、足のまめや太ももの痛みを忘れていたかもしれません。突然、あなたはさらなるエネルギーの高まりを感じてゴールを目指し、それ以外のことは考えられなかったかもしれません。

最後に、何度か深呼吸をして、頭の中から「いま経験したこと」が消え去るのを待ちましょう。

エクササイズ⑫：慈悲の考え方

近しい人と死に別れた友人や同僚に、会いにいく場面を想像してみましょう。彼女の家に向かっているとき、あなたはこの訪問がどう展開するか、自分が彼女の助けになることができるかどうかなど、少し不安に思うかもしれません。友人が玄関のドアを開けると、あなたは彼女の顔に明らかな悲しみの色が浮かび、涙を浮かべていることに気づきます。このような状況は、あなたの慈悲の考え方を呼び起こすでしょう。この考え方で考えたあと、以下の質問に答えながら、数分間過ごしてみてください。

- あなたの注意は何に向けられているだろうか。
- あなたは何を考えているだろうか。
- あなたは何を感じているだろうか。
- あなたの体はどのような感覚を感じているだろうか。

次に、あなたの中で何が起こっていたのかについて考えてみましょう。家族と死に別れた人に会ったとき、あなたの考えは彼女と彼女の感情に対して向けられます。自分自身に対する考えや、訪問に関する悩みは、脇に退けられます。あなたの注意は彼女の身体の様子に引きつけられ、視線を合わせる必要性を感じるでしょう。深い悲しみと、役に立ちたい（そのときに友人が必要としていること）という思いを抱くかもしれません。その結果、あなたは彼女を抱きしめたり、話し合ったり、不幸を〝一時的に忘れる〟ために飲みに出かけて、心の空白を満たそうとするかもしれません。

もう一度、深呼吸をして、頭の中から「いま経験したこと」が消え去るまで待ちましょう。

エクササイズ⑩～⑫を振り返って

以上のエクササイズで紹介したシナリオからも分かるように、私たちにはさまざまな考え方を通して、さまざまな枠組みで物事を考える能力があります。ある考え方は自分に対して注意を集中させ、別の考え方は他人に注意を集中させます。また、ある考え方は特定の物事に意欲をもたせ、別の考え方はそれから遠ざけます。シナリオによって脳の働き方が異なるだけで、あなたがあなた自身であることに変わりはないのです。

慈悲の考え方と自信

本書は、慈悲の考え方を通して自信をつけることを目的としています。第1章では、温かさと優しさと同様に、力強さと勇気が慈悲の中心的な要素であることを見てきました。慈悲の考え方は、自分と自分の努力を傷つけ続けることなく、問題が起きたときにそれを解決する力強さと勇気を与えてくれます。

エクササイズ⑬：それぞれの考え方の比較

このエクササイズは、それぞれの考え方がどのように異なっているのか、そして慈悲の考え方を発達させると大いに役立つのだ、ということを説明します。

第1章で紹介したジムとベッキーの話を思い出してください。ジムはベッキーをデートに誘いたかったのですが、彼は彼女に会うと自信を失ってしまいました。その結果、彼はまったく関係のないことを話すことになりました。彼は脅威の考え方を通して、物事を考えたのです。

この状況について考えながら、ワークシート④の中央の空欄に、ジムの考え方についての感想を記入してください。ジムが何を考え、注意がどこに向けられ、何を感じていて、何に動かされていたのかについて、考えてみてください。このエクササイズで重要なことは、その状況の前後ではなく、ベッキーに会った瞬間、ジムに何が起きていたのかを考えることです。

次に、ジムが慈悲の心を自分に向けられた場合を想像してみましょう。彼はまだ不安を感じていて、人生の挫折や落胆に鈍感にはなれません。しかし、この考え方をすると、どのような状況に直面しても落ち着いて対応し、どのような不運からも回復できるでしょう。脅威のシステムが暴走しないように、彼は自分の不安を確認できるようになるでしょう。

ワークシート④の二つめの空欄に、ジムの慈悲の考え方について感想を記入して完成させましょう。

ワークシート ❹：脅威の考え方と慈悲の考え方との比較

	脅威の考え方	慈悲の考え方
ジムは何を考えていたのでしょうか。		
ジムの注意はどこに向けられていたのでしょうか。		
ジムはどのような感情を経験していたのでしょうか。		
ジムはどのような感情を体で感じていたのでしょうか。		

	脅威の考え方	慈悲の考え方
ジムはどのように落ち着きを取り戻すでしょうか。その状況で彼はどのような態度を取るでしょうか。		
ジムは何に対して意欲をもつでしょうか。		

本章で紹介したエクササイズを見てのとおり、考え方が違えば、私たちの思考や注意、身体感覚、動機、心構えに与える影響も、驚くほど異なってきます。ここでの目的は、すべての不安を取り除くことではなく、脅威システムを制御して自信をつける方法を学ぶために、慈悲の考え方を発達させることです。

本章では慈悲のさまざまな特性と、それらがどう補い合うかを詳しく見ていないため、エクササイズ⑬が難しく感じられたかもしれません。そのような場合は、本章を読み終えた後にエクササイズを見直すとよいでしょう。

慈悲の特性

長年の研究の結果、ポール・ギルバートは感情的に温かいと感じられる慈悲の特性（あるいは属性）を、六つ特定しました。純粋に知的な気づきを、より心から納得できるものへと変えることができるため、温かさは重要です。六つの属性は互いに異なるものではありますが、それらは密接に関連していて、互いに補い合う関係にあります。以下では、それらが自信をつけるうえでどのように役立つのかを手短にまとめ、概説します。

1　ウェル・ビーイングへの配慮

この特性は、自分と他人のウェル・ビーイングを心から思いやるという責任感と意欲を含んでいます。ウェル・ビーイングへの配慮は、たとえ恐れを抱いていたとしても、それが自分にとって最も良いことであるのなら、不安に思っていることと向き合うことをあなたに要求する場合もあります。

2　苦悩に対する敏感さ

苦悩に対する敏感さには、自分や他人が苦しんでいたり、問題のある感情を抱えているのを気づくことが含まれています。また、それらのことに気づけるように、心を開いていくことをも含んでいます。

考え方と感情の関係性

私たちの考え方は動機や行動と同様に、特定の思考や感情とも関連しています。そのため、それは脳の特定の機能を活性化させたり、停止させたりすることができます。複数の感情と関連している考え方もありますが、他の感情と共存できないものもあります。言い換えれば、一方の感情はもう一方の感情を否定するのです。これは自然に起こることですが、人間はそれを自らに有利なほうへと操作することができます。たとえば、くつろいでいるとき、私たちは不安を感じることはありません。これは、ある状態が、別の状態と反対に作用するからです。

慈悲の考え方を介入させることで、私たちは問題のある脅威システムを抑えたり、止めたりできるようになるでしょう。

あなたが本書を読んでいるということは、あなたが自信について問題を抱えているのに気づいていることを示しています。しかしながら、その敏感さを温かさと結びつけることによって、「しっかりしなくては」「冷静にならなくては」などの敵対的な考えを、「私は今苦しんでいて、それを認めて自分を助けるために対策を立てよう」などの養育的な考えへと変えていくのです。

3 同情

同情とは、自分や他人の置かれた状況に心を動かされ、そこで経験される痛みを理解する能力のことです。自信の問題と結びついた同情は、（温かさとともに）次のような気づきを含むかもしれません。「この問題は難しく、私がこのようにもがくのも無理はない」。

4 共感性

共感性によって、自分と他人の心の本質について考えることが可能になります。共感性は、さまざまな視点から物事を考え、困難な状況に置かれている自分や他人が必要としていることについて考えられるようにします。自信との関連において、あなたが必要としているときに物事をうまく運ぶうえで、共感性は役に立つかもしれません。当然ながら、これは「ウェル・ビーイングへの配慮」に似ています。

5 寛容さ

寛容さには、人間が複雑な存在であることへの理解が含まれています。寛容さとは、自分や他人の人生で起こったり思ったことについて、責めないことを意味しています。これは、自分や他人の恥や非難としばしば結びついている批判とは、対照的なものです。しかしながら、寛容であるとは、距離を置いているという意味ではありません。ここで紹介している特性がすべて、温かさとともに経験されていることを忘れないでください。

第1章から第3章までを読み、第4章で自分の経験を理解すれば、多くの人々がそうであるように自分もまた何らかの事情で苦しむ人間なのだと捉えることができるでしょう。そのような観点から自分を見ることで、自己批判や恥の感覚を弱め、同時に、過去の出来事や現在の状況に対する温かな寛容さを高めることもできます。

6　苦悩に対する耐性

苦悩に対する耐性は、それを抑えたり取り除きたいという衝動がありながらも、問題のある感情を感じてあげることを意味しています。問題のある感情には、不安や悲しみ、怒り、嫉妬、罪悪感などが含まれます。自分の感情を確認することは重要ですが、これは多くの精神障害の根底にある行動だと考えられているので、常にそうすることは避けるべきです。

自信との関連では、苦悩に耐えることは、自分の感情を理解しながらも、それに干渉しないことを意味しています。問題から逃げたいという衝動に抵抗して、「恐怖を感じながらも問題を乗り越えていく」[2]方へと、あなたを導くのです。

慈悲の考え方の技能

慈悲の特性に加えて、ＣＭＡは、慈悲の考え方を利用して維持する複数の技能（あるいは、学習できること）を区別します。これらの技能は互いに密接に関連しています。

2　スーザン・ジェファーズの著書の題名。

1　慈悲の理解

慈悲の理解の実践は、ありのままの自分を受け入れることと、自分の置かれた状況を理解することを含んでいます。また、自分や他人を支えることをも含んでいます。

2　慈悲のイメージ

不安なとき、私たちは過去や未来の予測などの恐ろしいイメージを、頭の中で生み出しやすくなります。そのとき、自己批判的なイメージを経験するかもしれません。慈悲のイメージは支えになってくれ、理解があり、優しく、励みになり、役に立つものです。

3　慈悲の注意

慈悲の注意は、物事が順調に運んだ（あるいは不調だったにもかかわらず、結果的にうまくいった）そのときを気づかせ、そこから学ぶのを可能にします。さらに、慈悲の注意はネガティブな出来事を理解したり経験したかもしれない私たちのバランスを保つのに、役立ちます。

4　慈悲の動機

慈悲の動機は、ウェル・ビーイングを支えながら、長い目で見たときに成功する方向へと向かわせます。また、慈悲の動機は、他人との関わりの中で経験されることもあります。

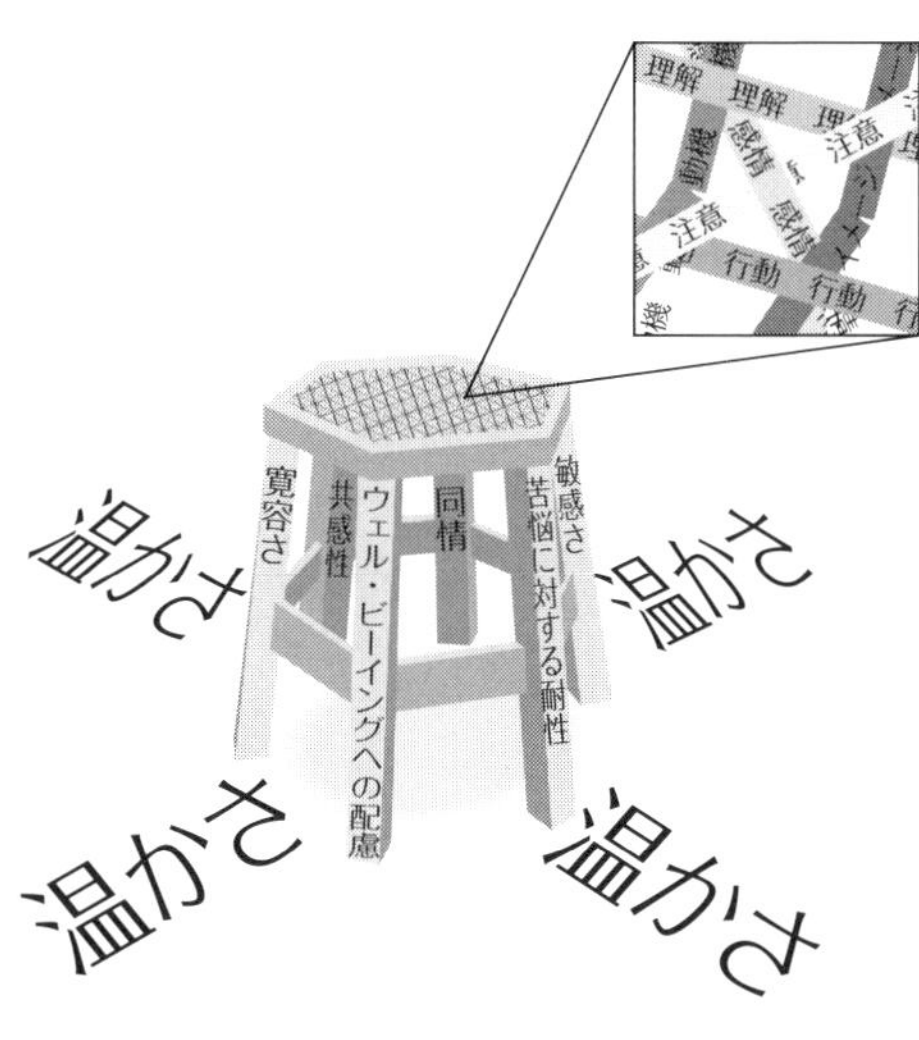

図⑤　慈悲のイス

5　慈悲の行動

慈悲の行動は慈悲の動機から生まれ、自他のウェル・ビーイングのために行動することも含まれます。

6　慈悲の感情

温かさや支援、優しさ、つながりの感覚は、すべて慈悲の感情です。

慈悲の特性と技能の融合

脚が六つあるイスを想像してください。それぞれの脚は、慈悲の六つの特性を象徴しています。このような思考の枠組みは、信頼できる強固なイメージを与えてくれます。脚を一つ取り外すと、イスの安定性は少し低下するでしょう。次に、イスの座る部分が、慈悲の技能を象徴する六種類の藤のくきで編まれていると想像してください。図⑤を参照するとよいでしょう。

これらの特性や技能は、慈悲を高めて維持するのに不可欠なものです。より多くの慈悲の特性や技能を発達させて利用できれば、あなたの慈悲の心もより強固なものとなるでしょう。しかし、当然ながら、ある特性は得られなくても、慈悲の考え方の構造はかなりの強度をもっているので、悩む必要はありません。できることを進め、困難に感じるものは後で取り組むとよいでしょう。イスの構造は、あなたが自信を作り上げる土台としての慈悲を、象徴しているのです。

慈悲の特性と技能を獲得する方法

これらの特性や技能をもち、他人との関係の中ではそれらを使っていたとしても、自分自身に対して用いたことは少ないのではないでしょうか。これは普通のことです。これらの技能や特性は、セルフ・コンパッションを発達させるのに重要で、自信をつけるために必要不可欠ですので、これらは後の章でも取り上げます。

まとめ

慈悲とは、考え方の一つです。この考え方を使うと、特定の思考や能力のスイッチを切り、別の思考や能力のスイッチを入れることができます。脅威的な考え方や、競争的な考え方を用いたときも、同じことがいえます。六つの慈悲の特性と六つの技能によって、自信をつける強固な土台を築けるのです。

6

セルフ・コンパッションの発達に対する障害

世界をより良い場所にするために少しも待つ必要がないとは、
なんて素晴らしいことでしょう。
——アンネ・フランク

多くの人にとって、他人に慈悲の心を向けるのは簡単なことですが、他人からの慈悲を受け入れたり、セルフ・コンパッションを実践するとなると難しくなります。突き詰めていくと、これらは自信をつけるうえで障害となります。

他人からの慈悲を受け入れたり、セルフ・コンパッションの練習をすることを阻んでいるのは、慈悲や、自分に対する価値観や考え方です。

感情や環境の障害も、大きな影響力をもつことがあります。たとえば、セルフ・コンパッションの意識は、自信をつけることも含んだ活動を妨げる、意外な感情や記憶を呼び起こすかもしれません。あるいは、周囲の人々があなたに対する特定の見方に慣れてしまったため、あなたが自分を変えようとしているのに対して抵抗を示すこともあるでしょう。

本章では、セルフ・コンパッションの障害となるいくつかの要素とその潜在的な原因を検証し、それらがなぜセルフ・コンパッションの発達に影響するのかに焦点を当てます。続いて、それらの障害を乗り越える方法について見ていきます。

セルフ・コンパッションの練習を妨げる10の考え方

あなたはもしかしたら、セルフ・コンパッションの練習を妨げる考えや意見をもっているかもしれません。セルフ・コンパッションを発達させるにあたっての自分に対する抵抗に自覚がない場合でも、以下の意見を読んで、共感することを書いておくとよいでしょう。

1　セルフ・コンパッションとは自己憐憫のことである

他人への憐憫はしばしば、誰かを優越的な地位から見下ろすことや哀れむことと同じものと見なされ、自分への憐憫は、自分に溺れているのだと退けられます。多くの人にとって、憐憫の気持ちとは、他人の本来の強さや回復力を理解しないことを意味します。憐憫の対象となる人は、一人の人間としてではなく、その人の置かれた状況のみによって定義されます。もしあなたがこのように憐憫を定義しているのなら、セルフ・コンパッションと自己憐憫が同じものではないことをしっかりと理解するべきです。しかし、文化や個人によって憐憫の概念が違うことを理解するのは重要です。たとえば、ミケランジェロの『ピエタ』は、聖母マリアが死んだ息子であるイエス・キリストの体を抱えている姿を表した彫刻作品です。この彫像について話すとき、多くのイタリア人は、この作品が究極の愛と慈悲の表現であると評価します。イタリアの文化では、「ピエタ（憐憫）」という言葉に、ネガティブな含みはないのです。

2　セルフ・コンパッションはわがままで自己中心的だということである

実際は、セルフ・コンパッションはしばしば、自分だけでなく他人を助ける大きな能力をも与えてくれます。セルフ・コンパッションを高めることで、人々は他人との対立に対処できる能力を高めたり、良い友人や親、仲間になれたと報告しています。反対に、セルフ・コンパッションが欠けると、私たちは自らの問題に足を取られて消耗してしまうので、他人を助けることができなくなります。

3　自分は慈悲を受けるに値しない

セルフ・コンパッションは、自分が慈悲を受けるに値しないという思い込みによって、阻害されることがあります。そのように感じるときは、自分を批判していたり強く恥じていたりする可能性が高いでしょう。前述したように、これは自信をつけるのを阻むことがあります。このような傾向がある場合、自らの人生と現在の状況について理解を深める第4章のエクササイズが、この問題に対処するのに役立つでしょう。本書の後半では、慈悲のイメージを用いて、第4章のフォーミュレーションを見直します。自分は慈悲を受けるに値しないという感覚は、後で紹介する「慈悲の代替思考のワークシート」と「慈悲の手紙」に取り組むうえでの焦点になります。

しかし現段階では、自分は慈悲を受けるに値しないという感覚を、対処可能な恐怖と考えることが役に立つかもしれません。一歩ずつステップを踏むように自分を励ましてください。「慈悲のどの部分に私は値しないのだろうか」と自問してみてください。そして、その部分からスタートします。ゆっくり始めましょう。特定の領域に取り組むにしたがって、セルフ・コンパッションに予想していたような欠点はなく、好ましいものであるということに気づくかもしれません。言い換えれば、セルフ・コンパッションを実践することで急に悪人になったり、他人に弱みを見抜かれて屈辱を受けるようなことはありません。一度実践を始めれば、セルフ・コンパッションの他のエクササイズを試してみたいと思うでしょう。

慈悲を受けるに値しないという感覚でつまづいているのならば、二つのことを試してみてください。まずは、周りの誰かに、あなたがセルフ・コンパッションを受けるに値するかどうかを聞いてみてください。家族や友人など、信頼できる人に聞くべきです。あるいは、医者やヘルスケアの専門家に紹介してもらったセラピストなどに、専門的なアドバイスを受けるとよいでしょう。

4　自分の欲求は他人の欲求ほど重要ではない

あなたは自分が欲しいものやしたいこと（セルフ・コンパッションを含む）を、後回しにしているかもしれません。これは私たちが陥るよく知られた罠ですが、他人の欲求を自分の欲求よりも優先し続けると、後になって怒りと不満を感じることになります。他人を優先するのが当然だと考えると、私たちは大切にされていないように感じ、疲弊してしまう可能性があります。誰にでもこの経験はありますが、このような考え方を極端に強めたり、固定化させたりしないことが重要です。慈悲とは、自分と他人の間でバランスを保つことなのです。

もし、それでも他人の欲求は自分の欲求よりも重要だと考えるのならば、他人のためにセルフ・コンパッションを練習してみるとよいでしょう。役に立たないと思ったら、いつでも元の方法に戻ればよいのです。

5　セルフ・コンパッションは苦境から逃げることである

セルフ・コンパッションにおいて重要な点は、現在の出来事や行動と同様に、過去の出来事や行動を理解することです。よりバランスの取れた見方をすることによって、私たちは自己批判と恥から離れることができるのです。しかし、自分を理解するということは、責任を放棄したり、行動を弁解したり、苦境から逃げることではありません。適切なセルフ・コンパッションとは、過去や現在の行動に対する責任を取ることです。そして、自分ができる範囲内で物事を良い方向に変えることが含まれます。これは、次に紹介するトムの話のように、自分と他人にとって役立ちます。

【トムの場合】

トムは自分が他人に対して冷淡で、距離を置いていることに気がついた。彼のことを「気難しい」と考える人もいて、家族の中には彼と連絡を取っていない者もいた。セルフ・コンパッションを発達させる取り組みの中で、彼は自分の抱えている問題に対する自らの役割と向き合いだした。自己批判的になるのではなく、過去の行動の原因を理解しはじめたのである。実際、彼の行動は、彼が直面していた問題を考えれば理解できるものだった。慈悲の考え方によって、彼は対立を解消させ、行動を修正し、人間関係を修復することに成功した。

ときとして、私たちはそうする必要があると考えて、自らを困難な立場に置くことがあります。この傾向は、自分は慈悲を受けるに値しないという感情と、明らかに重複するところがあります。この傾向がある場合、「私はどのような慈悲の部分に値するだろうか」と自問して、そこから始めるとよいでしょう。

6　セルフ・コンパッションは弱くて甘い選択である

一般的な考えに反して、セルフ・コンパッションは弱くて甘い選択肢ではありません。セルフ・コンパッションは問題と向き合い、多くの不快な感情を経験することを伴います。そしてセルフ・コンパッションは、自分を変える勇気と力強さを必要とします。

自信をつける過程において、たとえあなたが黙っていたいという強い衝動を感じていても、慈悲はあなた自身のために主張させようとするかもしれませんし、あなたがそれに抵抗していたとしても、恐怖と向き合わせるかもしれません。あるいは、周りに本当のあなたを見させようとするかもしれません。これらのすべては、勇気と力強さを必要とします。

7　慈悲とは警戒を解いて自らを脅威に晒すことである

「後悔するよりは用心したほうがいい」という生まれながらの脳の設定と、人生の逆境を何度か経験することで、私たちの脅威システムはしばしば暴走することがあります。これは効率的ではなく、長期的に危機に晒されるのは心地良いことではありません。

実際、セルフ・コンパッションを実践することで、脅威システムをより効果的に作動させることができます。これは、警戒すべきときとそうでないときの賢明な決断を可能にします。たとえば、敵対的な状況にいる場合、セルフ・コンパッションはあなたを守ってくれるでしょう。しかし、比較的安全な状況では、セルフ・コンパッションは困難な事態に向き合う強さや、自信を築く強さを与えてくれるでしょう。

そうするのが難しければ、あなたは好きなだけ警戒し続けることもできます。しかし、ときが経つにつれて、セルフ・コンパッションを実践することで、自分を守るべきときと自己防衛の努力が無駄なときの区別をつけられるようになるでしょう。

8　ポジティブな感情を許せば墓穴を掘る

ときとして、人はポジティブな気分や落ち着き、気晴らしなどを警戒することがあります。このような認識は、墓穴を掘ってしまうのではないか、あるいは心の準備ができていないのに突然何かが起きてガッカリするのではないか、という恐怖と結びついています。また、心地良い感覚が、ネガティブなことや不運を引き寄せると考える人もいます。例えば，ピーターのように。

【ピーターの場合】

職を失ったり，初めて付き合った恋人と別れたりと，ピーターはこれまでの人生でいくつもの挫折に苦しんできた。これらの出来事は突然起きたように思われたので，彼は悪いことがまた起きるのではないかと警戒するようになった。当然，ピーターには，用心深くなることで職や恋人を失うのを防げたかどうかを知るのは難しかった。しかし，心配し続けるという彼の生き方が人生の邪魔をして，悪影響を与えていることは間違いなかった。例えば，後に付き合った別の恋人からも，彼の過剰な警戒心を理由にふられてしまった。こうして，彼は昔の気楽な日々に戻れたらと願うのだった。

セルフ・コンパッションは，人生に否応なく訪れる困難や挫折に対して準備するための，最善の策です。これはセルフ・コンパッションが困難な状況に対処する能力を作り上げるからで，挫折と向き合うことで対処能力への自信が高まるのです。堕落することへの恐怖がポジティブな感情を体験するのを妨げるのなら，「試しにやってみよう。自分はいつでも前の方法に戻れる」と考えるだけでも役に立つでしょう。

この節では，セルフ・コンパッションを手に入れるうえで障害となる意見や考えに，焦点を当てます。本章の後半では，問題のある感情が喜びのある感情へと転換するなど，ある感情が他の感情と脳の中でどのように結びつくかを見ていきます。

9　セルフ・コンパッションは問題のある感情とは向き合わない

これはセルフ・コンパッションに関わる誤解の中で，最も一般的なものです。実際には，セルフ・コンパッションは問題のある感情から逃げるのではなく、悲しみや不安、怒りなどの感情と向き合って経験するのです。セルフ・コンパッションはそれらの感情を（心のウェル・ビーイングに悪影響をもたらすものをも）押し殺すのではなく、自分のものとし、承認することで、それらと向き合うことを許すのです。

不安を引き起こすような状況に身を置くことで、セルフ・コンパッションは力強さと勇気を高めるのに役立ち、あなたは自信をつけられるのです。何かを始めるのに十分自信があると感じるまで待っているのなら、あなたは待ちすぎているのかもしれません。多くの場合、自信をもつためにはまず行動しなければならないのです。

10　セルフ・コンパッションは難しすぎる、あるいは厳しすぎる

自分自身に向けたものであれ、他人からのものであれ、慈悲を経験することに恐怖を感じる人がいます。押し殺されてきた感情は、不安定さを明るみに出すかもしれません。セルフ・コンパッションを身につけるには困難を伴うこともあります。しかし、感情を抑圧することは、多くの精神的な問題を下支えしてしまうと考えられます。セルフ・コンパッションを学ぶことは、はじめのうちは難しいですが、最後に大きな価値をもたらす可能性があるのです。

役に立つ方略を以下に紹介します。

- 自分に合ったペースで進んでください。
- 段階的に始めましょう。泳ぎ方を習いはじめたときは、浅いところからプールに入りましたね。セルフ・コンパッションへの取り組みも、同様に進めるとよいでしょう。
- 周りからの援助や支持があることを感じたときに、セルフ・コンパッションに取り組みましょう。
- 親友と時間を過ごすこと、反対に一人の時間をもつこと、散歩に出かけること、等々の楽しい活動や健全

な体験と、セルフ・コンパッションの実践を組み合わせましょう。
- あなたの生活が比較的安定していてストレスがないときにこのワークをするよう、時間を調節してください。
- 専門家の支援が必要だと感じるのなら、医師や心理士に何らかの心理療法の相談をしましょう。

セルフ・コンパッションを経験するうえでの感情的な障害

自信を築こうと努力している最中に、問題のある感情や記憶が現れてきて驚き、激しく混乱することがあります。

【エレーンの場合】

エレーンは私とのセラピーで、マインドフルネスの要素が非常に役立つと感じたが、セルフ・コンパッションを呼び起こすのを目的としたエクササイズに取り組む際、怒りを伴う抗いがたい不安を感じた。彼女はセラピーの当初、困難な問題について打ち明けた際に似たような感情を抱いていたが、それはセラピストと理解し合う過程で生じる感情だと自分に言い聞かせた。だが、これらの感情は彼女が後に経験することの予兆であった。

これらの感情を理解するために、私たちは彼女の幼少期の経験を見直していった。そして、両親が彼女の大事なときに、娘に対して不安定な反応をしていたことが分かった。彼らは元気づけてくれたりもしたが、素っ気なかったり、痛めつけることもあった。エレーンは重要な記憶をいくつも思い出した。たとえばある日、彼女は自転車から落ちて、義理の母親のもとへ泣きながら走っていった。しかし、彼女は求めていた慰めの代わりに、その泣き声が義母の怒りに触れてしまった。エレーンは、「(自分の中で)これらの問題は解決した」と話していたが、これらの出来事から、セルフ・コンパッションが困難な感情を呼び起こす理由が分かった。この問題を理解することが、私たちの取り組みの中で重要な鍵となった。このような感情に気づき、受け入れ、話し、感じるのを自分に許すことが、エレーンがより慈悲的になるために極めて重要だった。

神経科学の研究と同様に条件づけの心理学的概念は、人が別の感情と一対になる感情をもつ理由を説明しています。「同時に発火した二つのニューロンは結合する」という表現は、この現象を簡潔に要約しています。簡単にいうと、子どもの頃に怒りを感じたときに罰せられた場合、大人になってからは怒りが不安(罰を受ける前や受けている最中、受けた後に感じる不安)と結びつくことが多いのです。怒りは不安と同時に生じるか、不安に取って代わられるように見えます(言い換えると、怒りをもたらしそうな状況で、代わりに不安がもたらされるということです)。別の例を挙げると、気が動転した子どもが親のもとに行ったとき、抱擁される代わりに無視や拒絶、嘲笑されることが繰り返された場合、親近感を求める感情を怒りや不安、悲しみと結びつけるのを学ぶようになります。こういった子どもは、幼い頃に親への働きかけを避けることを学ぶので、大人になって誰かに親近感をもったときに複雑な感情を抱く可能性があります。

さらに、これらの強力で一見矛盾した感情が、鮮明な記憶と結びつくこともあります。感情が先に来ることもあれば記憶が先のときもあり、同時に感じるときもあります。なぜそのような感情を感じているかを説明するのに役立つため、それらの記憶が有用だと考える人もいれば、それらの記憶に対処するのは非常に難しいと考える人もいます。デボラ・リーは *The Compassionate Mind Approach to Recovering from Trauma.* の中で、トラウマ的な経験に関連する感情的な記憶に焦点を当てています。もし、あなたが特定の記憶と結びついた感情で問題を抱えているのなら、彼女の本が役に立つでしょう(巻末文献を参照してください)。

繰り返しますが、感情は別の感情と関連し、結びつくことがあります。それらは、私たちの意識に予告もなく入り込んでくる、問題のある記憶とつながるかもしれません。慈悲の感情は後になって、恐怖や不安、悲しみ、怒りを呼び起こすこともあります。これを理解することは、それと向き合ううえで最初の一歩となるかもしれません。その後、自分の感情と向き合うなかで、やっかいな感情を静めるために慈悲を使うとよいでしょう。
もちろん、以上のことをひとりで行うのは難しすぎると分かり、他人の支援や助言を受けることは恥ずかしいことではありません。さらなる支援が必要なときは、医者や心理士から指示を受けるのも、ひとつの出発点です。

自信を築き上げるうえでの外的な障害

セルフ・コンパッションと自信を身につけようとしている人の多くは、周囲の人々が自分の試みようとしている変化を拒絶していることに気づきます。次に紹介する三人の話は、この問題について説明しています。

【ヘンリーの場合】

ヘンリーはこれまで予想することもできなかったような、仕事に対する力強さとモチベーションを身につけた。職場の会議で彼が初めて議長を務めると申し出たとき、同じ部署の同僚たちは驚き、振り返って彼を見た。一人が横柄な態度で「本気？」と聞き、その間、別の二人はクスクスと笑っていた。この出来事はヘンリーをこれまで以上に不安にさせた。翌週の会議にはいつもより多くの人が出席した。話がややこしくなると、人々が何か失敗をしでかすのを見守るかのように、彼をジロジロと見ていたりクスクスと笑っていたりしていることに気がついた。彼が話をしている間、会議とは関係のない話をしている人々がいて、ヘンリーが議論を終わらせようとしたときも、彼らは話し続けた。

【エマの場合】

エマは、姉や兄が、自信をつけようとする彼女の試みを妨げていることに気がついた。彼女が勇気を出して、やっとの思いで両親の世話に関する話を切り出すと、彼らは彼女を無視するかのように、素早く二人の議論に戻った。これまでエマは、違う意見を言ったときの二人の反応を恐れて、嫌々ながらも二人の提案に従ってきた。そして今も、彼女は自分の主張を通そうとしたが、二人に却下された。意見を通すためには言い張らなければならないようで、単に自分の主張をするだけでは何ももたらさなかった。

【パトリシアの場合】

これまで、仕事の後に同僚たちと出かけたことがなかったが、パトリシアはこの習慣を変えたいと思っていた。しかし、どうやら同僚たちから誘われることはなさそうだったので、彼女から誘わなければならなかった。目的地への行きと帰りの交通手段について計画を立てているとき、同僚たちが以前出かけたときのことをもとにして、タクシー組や電車組などとすでにお膳立していたことに気づいた。彼女は一番遠くに住んでいたため、最終電車に乗るためには、目的地から早く帰らなければならなかった。あらゆる面で、彼女は自分が同僚たちに歓迎されておらず、みんなに迷惑だと思われていると感じた。

ヘンリーやエマ、パトリシアは、自分が非常に困難な状況に置かれていることに気がつきました。他人から適切な反応をもらうためには、彼らは他の人々よりもさらに努力しなければならなかったのです。

もし、あなたに彼らの話を読んで当てはまる部分があれば、後で紹介するエクササイズが、自信をつけるうえでの外的な障害に取り組むために役立つでしょう。

当然のことながら、セルフ・コンパッションを高めるというのは、自分の置かれた環境を本当に変える必要があるかどうかについて考えることを意味します。状況を変えようと最大限努力しているにもかかわらず、私たちの気分を害したり、振る舞い方を変えるのを拒否するような人々を、あなたは欲しいと思いますか。セルフ・コンパッションは困難な状況に立ち向かう勇気を与えてくれるとともに、必要であればその状況から立ち去ることも可能にしてくれます。

繰り返しますが、ほとんどの人は自分の子どもの教師として、規律重視の教師よりも慈悲深い教師を望んでいるでしょう。子どもの発達を見守り、困難や失敗を学習と成長の機会としてとらえ、柔軟で温かみのある教師です。面白いことに、他人には役立つことが直感的に分かるのに、自分の中にいる教師は敵意を抱いていて批判的なのです。その教師はあら探しをしながら、私たちが愚かで、哀れで、役に立たず、然るべきときに然るべきことができないと言います。これらの声は私たちをふさぎ込ませ、あらゆる状況を回避すること、あるいは、強がることへと結びつくのです。しかし、困難な状況にも、より高度なセルフ・コンパッションのやり方を選べるようになれば、私たちは少しずつ自信をつけていくことができます。いつか挫折したときに必要となる回復力を与えてくれるウェル・ビーイングを育むことができるのです。

本章で紹介した障害があなたに当てはまるのなら、次節が役に立つでしょう。そうでなければ、第7章に進んでください。

セルフ・コンパッションの障害に対処する

セルフ・コンパッションは、苦境から逃げ出すことや感情を爆発させること、墓穴を掘ることではありません。そうではなく、セルフ・コンパッションの考え方を身につけるには、自分や他人の苦悩に耐えたり敏感になったりするのと同じように、困難な状況に取り組むために強さと勇気を用いることを伴います。本節のエクササイズは、あなたが直面する障害物に対して、客観的に対処する方法を提供します。

障害物の特定

最初のステップは、あなたを尻込みさせている障害物を特定することです。たとえば、パトリシアは二つの障害物を特定しました。

1　他人からの慈悲を受け入れること――他人からの慈悲を受け入れると後になって混乱したり落胆することを恐れている。「彼らはただ言っているだけ」「本当の私を知ったら、彼らだってそうは思わないだろう」と考えて、他人からの慈悲を無視したほうが簡単だ。

2　セルフ・コンパッションを発達させること――セルフ・コンパッションを発達させると警戒を怠ることになるので、結果的に、未来に起きることに対して準備できていない状態になる。

このようなことで悩んでいたにもかかわらず、パトリシアは自分が何もしなければ他人から「ひどい扱い」を受け、仕事でもプライベートでも、自分の望みは何ひとつ達成されることはないと悩んでいました。

セルフ・コンパッションを発達させるうえでの個人的な障害が特定できたので、パトリシアはワークシートに記入し、他人から慈悲を受けることのメリットとデメリットについて考えました。

最終的に、パトリシアは自信をつける方法として、慈悲の心を発達させることが有効だと分かりました。

パトリシアのワークシート：他人からの慈悲を受け入れ、セルフ・コンパッションを発達させることのメリットとデメリット

他人から慈悲を受け入れることのデメリット	他人から慈悲を受け入れることのメリット
●あとで他人を落胆させるかもしれない。 ●警戒を解く準備ができていない。	●良い効果をもたらすかもしれない。 ●自分を傷つけるのをやめることができるかもしれない。 ●周囲にいる他人の支援を感じることで、自信を高めることができるかもしれない。 ●小さな満足感を得るかもしれない。
セルフ・コンパッションを発達させることのデメリット	**セルフ・コンパッションを発達させることのメリット**
●警戒を解いたら、問題を特定できなくなるかもしれない。	●人生が順調に運ぶかもしれない。 ●自分が強くなっていくのを実感することで、これまでのようなひどい扱いを受けなくなるかもしれない。 ●ストレスが少なくなることで、達成したいことが達成しやすくなるかもしれない。 ●自分を傷つけることを止めるかもしれない。 ●自信を高めてくれるかもしれない。

行動を起こすなかで、パトリシアは自分の潜在的な障害をひとつずつ確かめ、他人からの慈悲を受け入れることや自信をもつことに対する問題に取り組むようになりました。以下に紹介するのは、彼女が完成させた問題解決ワークシートです。ここには自分に言い聞かせることと、自分を変えるためにできることが記されています。

パトリシアが完成させた問題解決ワークシート

1　後になってガッカリしたら、セルフ・コンパッションで解決できる。
2　もし、ガッカリしたら、自分が前にもガッカリしたことがあり、それを乗り越えることができたことを思い出せる。自己批判の習慣を良くすることに取り組んでいるから、今回は違う結果になるだろう。私をしっかりと支援してくれる人の助けを、借りることもできるだろう。
3　慈悲は警戒を解くことではなく、より効率的に機能させることだと学んだ。私は自分を無防備にするわけではない。
4　必要な場合、私はいつでも昔の方法に戻っていい。

慈悲とセルフ・コンパッションについて詳しく調べたことは、最終的にパトリシアに積極的な決断をもたらしました。まだ懐疑的な気持ちもありますが、自分でやり遂げたと言うためには新しいことに挑戦するのが有意義だと決断したのです。

自分の障害を検討する

次に紹介する一連のエクササイズは、他人からの慈悲を受け入れることと、セルフ・コンパッションを実践するうえでの障害について検討する手がかりになるでしょう。

エクササイズ⑭：他人からの慈悲を受け入れるときの障害

他人からの慈悲を受け入れるのを制限したり阻んだりする考え方や気持ちを、以下に挙げてみてください。このエクササイズは、本章の前半で説明したよくある障害物をおさらいするのに役立ちます。

エクササイズ⑮：セルフ・コンパッションを育むうえでの障害

セルフ・コンパッションを育むのを制限したり阻んだりする考え方や気持ちを、以下に挙げてみてください。このエクササイズも、本章の前半で説明したよくある障害物をおさらいするのに役立ちます。

エクササイズ⑯：他人からの慈悲を受け入れることのメリットとデメリット

ワークシート⑤を使って、他人からの慈悲を受け入れることのメリットとデメリットを探ってみましょう。デメリットに取り組んだり、他人からの慈悲を受け入れるのに役立つ別のやり方や、あなた自身に言ってあげられることなどをすべて挙げてみましょう。

ワークシート▼⑤：他人からの慈悲を受け入れる

メリット	デメリット	デメリットに取り組むのに役立つこと、自分に言ってあげられること

エクササイズ⑰：セルフ・コンパッションを育むことのメリットとデメリット

ワークシート⑥を使って、セルフ・コンパッションを育むことのメリットとデメリットを探ってみましょう。デメリットに取り組んだり、セルフ・コンパッションを育むのに役立つ別のやり方や、あなた自身に言ってあげられることなどをすべて挙げてみましょう。

ワークシート▼❻：セルフ・コンパッションを育む

メリット	
デメリット	
デメリットに取り組むのに役立つこと、自分に言ってあげられること	

エクササイズ⑱：悩みに取り組む

最後の二枚のワークシートを振り返って、他人からの慈悲を受け入れることや、セルフ・コンパッションを発達させるうえでの障害に取り組む手段について、考える時間を設けてみましょう。それらの手段は、問題が発生したときにあなたに自信を与えたり、行動を修正したりするかもしれません。

まとめ

セルフ・コンパッションの実践に障害はつきものです。それらの障害は時間とともに変化しながら、周囲の状況に対する価値観や考え、感情的な障害、変化を歓迎しない人々の圧力などの形で現れます。簡単に対処することができるものもあれば、できないものもあります。もしあなたが、本章で紹介した内容によってセルフ・コンパッションを実践しようと思ってくれたのなら嬉しく思います。

後で紹介するエクササイズは、これから現れる障害に対処するうえでの助けになるでしょう。本書を読み終え新しいスキルを身につけた後に、もう一度本章に戻ってくると役立つと思います。

7

マインドフルネスを用いた慈悲のための準備

過去に固執することなく、未来を夢想することなく、
今に意識を集中させなさい。
——仏陀

本章から第二部が始まります。ここからは、セルフ・コンパッションを用いて自信をつけることを目的とした、幅広い実践的なエクササイズを紹介していきます。紹介するエクササイズには、あなたにとって役に立つものもあれば、そうでないものもあるでしょう。そこで、自分に合ったエクササイズを見つけたら、それを普段の練習用として使ってみてください。

エクササイズを試しながら思いついたことを、「はじめに」の末尾にある「練習用のまとめシート」に書き込むとよいでしょう。そして、今後の練習プランを組み立てながら、最終章でこれらを振り返るとよいでしょう。

うまくいけば、新しい食事や趣味を試すような好奇心をもって、エクササイズに取り組むことができるのではないでしょうか。大事なことは、心を柔軟にして、エクササイズを試すことに先入観をもたないことです。もちろん、あなたがしたくないことや不快に思っていることを続けるよう提案しているのではありません。重要なのは、試してみることなのです。

マインドフルネス

進化によって、人間は過去・現在・未来について考える素晴らしい能力を手に入れました。この能力は、私たちの生存にとって非常に重要なものです。しかし、残念なことにこの能力は、過去に固執したり未来の悲劇を予想したりすることにもつながります。これは私たちの脅威システムを活性化させ、自信を育むことを妨げることになるのです。

では、頭の中で展開している、終わりがないように思える空想に惑わされないためには、どうしたらよいのでしょうか。この問題に対して多くの人が役に立つと気づいたのは、東洋の宗教的伝統に起源をもつマインドフルネスです。近年、マインドフルネスは、ウェル・ビーイングを高めるための実践方法として西洋でも発展してきています。マインドフルネスの実践は、不安やうつ、その他の困難に苦しむ多くの人々の精神状態の改善に役立っています。

マインドフルネスの実践では、全神経と落ち着いた意識とをともに今ここに向けることが必要となります。この落ち着いた意識には、好奇心と寛容さが含まれます。つまり、周りで起こっている出来事や、頭の中で湧き上がっている考えに注意を払うことが含まれているのです。この実践は、以下のような行動を助けるのがねらいです。

- 急がないこと。
- 現在に留まること（過去や未来について思い煩わないこと）。
- 頭の中で起こっていることに気を配ること。

- 脅威システムや動因システムを暴走させることなく、注意を向けているものに対して選択を広げたり実行したりすること。
- 思考や感情を表出するかどうかに関して、最終的にあなたを満足させるようなより良い選択をすること。

実践では、注意が散漫になっていることにマインドフルになり（気を配り）、意識がどこへ向かったのかに気づきながらも、自己批判することなく、好奇心をもって意識と注意をもとの対象に戻すことが最も重要になります。

散漫になる意識の傾向

私たちの意識は常に散漫になりますが、これはまったく自然なことです。時として意識は、音や感情、感覚、ランチは何を食べようか、昨晩テレビで何を観たかといった思考に引き寄せられます。〝気になって〟いることには、特に引き寄せられるでしょう。それらは、私たちがしなければならないことや、すでに起こったこと、楽しみにしていること、あるいは準備しなければならないことなどです。マインドフルネスを身につけるとは、意識が散漫になっていることに気づいたときに、意識を集中させたいことにゆっくりと戻すことです。注意が散漫になっていたことに気づく前に、多くのことを考えている自分を発見するでしょう。しかし、それに気づいた後は、注意を集中したいことへと戻すことができるのです。

うまくいけば、マインドフルネスはあなたの役に立ち、後で紹介する慈悲の心を高めるための、あらゆる種類のエクササイズの土台となるでしょう。そして、慈悲の心を使って自信を築けるのです。

マインドフルネスは難しくもあり、簡単でもある

物事を「正しく理解する」ための努力の罠に陥ることで、マインドフルネスを難しく感じてしまう人がいます。このとき、動因システムか脅威システムが作動して、意識を乗っ取るのです。また、エクササイズをやってみるときに、パニック状態になる人もいます。もし、あなたもそうであるなら、後に出てくるアイデアが役に立つかもしれません。すべての人にとって、脳の慌ただしさと人生の複雑さは、マインドフルネスを実践するうえでの本質的な障害となっています。しかし、それはマインドフルネスを選ぶ、やむにやまれぬ理由かもしれません。マインドフルネスのプラスの面は、簡単に実践できることです。特別な準備は必要なく、時間と意欲さえあれば十分です。散歩中や静かに座っているとき、にぎやかな場所にいるとき、手を洗っているときでさえも実践できるのです。

本章では、いくつものエクササイズを紹介します。可能であれば、それぞれのエクササイズを一週間以上の単位で何度も繰り返し、エクササイズに費やす時間を長くすることができるかどうか試してみてください。

これらのエクササイズについてお話するとき、私はリラックスして落ち着いた態度を目標にしています。普段よりも声のトーンを柔らかくし、話す速度もかなり遅くします。一呼吸置くことや話す速度を緩めていることを表現するために、私は自分の書く文章でもピリオドを多く使っています。本では私の声のトーンをお伝えできないので、エクササイズを行っているときは、優しく好奇心のある声で自分に語りかけてください（声に出しても心の中で呟いてもかまいません）。

おそらく、後ほどここに戻ってエクササイズを行いますから、各エクササイズは省略せずに記しておきます。

エクササイズ⑲：音のマインドフルネス

できるだけ、気を散らされない場所を探すことから始めましょう。家の中や庭、公園など、適切だと思った場所ならどこでもよいです。イスやベンチ、床、あるいはソファやベッドの上など、心地良い場所がよいでしょう。エクササイズが役に立ち、落ち着きを与えてくれると分かり、さらに試してみたいと思うかもしれませんので、一〇～一五分ほど時間を取るとよいでしょう[1]。

理想的には、真っすぐな姿勢で座り、足は肩幅分開いて床につけ、太ももの上に両手を乗せます。背骨に力を感じながらも、体はリラックスして解放感を感じるでしょう。この姿勢を保つことが難しかったり心地悪いとき、あるいは足を組んだり床に寝転がったまま行いたければ、それでもけっこうです。最も重要なことは、できるだけエクササイズに没頭するために、自分の体を心地良い状態にすることです。

いつでも目を開けると分かりつつ、エクササイズの最中に目を閉じていられるとよいでしょう。また、床や低い場所の一点を見つめるほうが好きな人もいるかもしれません。

鳥のさえずりや水の音、木々の間を吹いていく風の音、パソコンの作動音、通りすぎる車、水道管の音、お腹の鳴る音など、周囲の音に気づくことから始めましょう。

それらの音が大きくなっていくのか小さくなっていくのか、近づいてくるのか離れていくのか、好奇心をもって判断せずに感じてみましょう。

音がしない場合は静寂を感じてください。あるがままに、音を望むことなく、音がするまで気を配りましょう。

1　どのエクササイズでも、示している時間は目安です。あなたが必要だと感じれば、より長くても短くてもかまいません。

注意がどうしても散漫になるときは、注意が散漫になったこと、そして注意がどこへ向かったのかを、好奇心をもって気づきましょう。続いて、批判することなく、エクササイズに意識を戻しましょう。

十分にできたら、ゆっくりと自分の周囲のものに意識を戻して、あたりを見回して、ストレッチをするとよいでしょう。

エクササイズ⑲を振り返って

このエクササイズの最中、よく注意散漫になったのではないでしょうか。現在起きていることや過去の出来事、あるいはこれから起こるかもしれないことに、注意が移ったのではないでしょうか。あなたの注意は他人の声や、誰の車のドアがバタンと閉まったのか、鼻歌はどこから聞こえてくるのか、なぜお腹が鳴ったか、といったことに向いていたのかもしれません。これはまったく自然なことです。このエクササイズのコツは、注意が散漫になるのを防ぐことではなく、注意が散漫になったと気づいたときに、自分を批判せずに課題に戻ることです。

このエクササイズをしている間は、時間がゆっくりと流れてリラックスした状態になったことに気づいたかもしれません。マインドフルネスが睡眠障害で苦しんでいる人々に役立つという証拠が増えていますが、このエクササイズの目的は、眠りに落ちることではなく、今この瞬間に冷静な意識感覚を作り出し、セルフ・コンパッションを高めるための精神的な余裕を生み出すことです。これは、同様に、自信をつけるのに役立ちます。横になるよりはむしろ、座った姿勢のこのエクササイズをすることを私が勧めるのは、そのためです。

本章で紹介するすべてのマインドフルネスのエクササイズを終えたあと、振り返って気づいた点をノートや練習シートに記すとよいでしょう。加えて、エクササイズ中にあることに注意が移るのなら、それについて書き留めると役立つかもしれません。これらの振り返りは、今後のエクササイズのための役に立つ情報を提供してくれるでしょう。

エクササイズ ⑳：身体感覚のマインドフルネス

できるだけ、気を散らされない場所を探すことから始めましょう。一〇～一五分ほど落ち着ける場所を選びましょう。できれば、背骨の強さと身体が解放される感覚を感じつつ、まっすぐな姿勢で座りましょう。エクササイズ中は目を閉じていられるとよいのですが、低いある一点の場所をじっと見ていてもよいでしょう。

体の感覚に気づき……息をゆっくりと吸ったり吐いたりしていることに気づき……上がったり下がったりしている胸やお腹に気づき……息がもたらす感覚に気づき……肋骨が広がったり狭まったりしていることに気づき……体温に気づき……胸の温かさに気づき……体がどのように支えられているかに気づき……体のあらゆる場所に意識を向けて、どう感じているかに気づきましょう。

注意が散漫になったら、そのことに優しさと好奇心をもって気づき、意識をエクササイズに戻しましょう。ときには、痛みや不快さを感じて体が緊張することもあるでしょう。そのような場合は、緊張や痛みや不快感に気づき、注意を体の別の部分へ移しましょう。

十分にできたら、徐々にエクササイズを終わらせます。あなたは周囲に対してより気づくようになります。

エクササイズ⑳を振り返って

このエクササイズは体に焦点を当てているため、緊張や痛み、不快感を覚えるかもしれません。マインドフルネスは痛みに対して効果があることが分かってきています。緊張や痛み、不快感を感じたのなら、それに気を配り、何かしようとする必要はなく、批判せずにそっとエクササイズに注意を戻します。

呼吸や体に集中するのが難しい人もいます。不安や不快な身体感覚が増すかもしれません。このエクササイズを続けるとこれらの感覚が減少する人もいます。しかし、あなたが難しいと感じたのなら、このエクササイズにあまり長い時間をかける必要はありません。本書を読み進めていけば分かるように、他にもマインドフルネスのエクササイズはたくさんありますので。

エクササイズを実践するうえで役立つ可能性のあるもの

これらのエクササイズ中に、あなたは目を閉じたり視線を落としたりするよう勧められます。当然ですが、これでは本を読むのが大変ですので、穏やかで静かな声でエクササイズの指示を録音すると、役立つと思います。あるいは、コンパッショネイト・マインド財団（Compassionate Mind Foundation）のホームページ（www.compassionatemind.co.uk）で、音声ファイルを手に入れることもできます。これらのエクササイズに慣れ親しむことで、記憶をもとにエクササイズを実践することができるようになるでしょう。

エクササイズ㉑：呼吸のマインドフルネス

エクササイズ⑳で体や呼吸の感覚に集中することが難しかったのなら、このエクササイズも困難に感じてしまうかもしれません。しかし、マインドフルネスの練習として特に呼吸に集中することは、多くの人が役立つと感じています。このエクササイズは、快適な速さで呼吸することに関連しています。お腹や鼻、胸など、呼吸が体の一部に与える影響に注意を向ける人もいれば、別の部分や複数の部分に注意を向ける人もいます。

できれば、このエクササイズは、適度な覚醒レベルで解放感をもって取り組んでください。これはリラックスしすぎて眠くなるのを防ぐためです。

なるべく気が散ることのない、一〇～一五分ほど落ち着ける場所を探すことから始めましょう。このエクササイズでは目を閉じられるとよいのですが、低いある一点の場所をじっと見ていてもよいでしょう。

少しの間静かに座り呼吸に注意を向けましょう。空気が身体に入ってくるのに気づきましょう……ゆっくりと、安定して……空気が体の中に入って鼻から出ていく感覚に気づくでしょう……お腹が上がったり下がったり……胸が上がったり下がったり、肋骨が広がったり狭まったりすることで呼吸に気づくかもしれません。意識を体中に巡らせて、呼吸を意識するのに最適な場所を見つけて注意を向けましょう……その場にとどまり、息を吸ったり吐いたりする呼吸を経験しましょう。

十分にできたら、徐々にエクササイズを終わらせます。あなたは周囲に対してより気づくようになります。

テンポの速い人生が私たちに与える影響

現代の生活が、切迫感や物事を考える必要性を抱かずに、活動や時間の中に没頭するモチベーションと機会を減少させた方法について省みるのは、有意義なことです。私たちはテンポの速い人生を歩んでおり、かつては気を配って取り組んだ活動の多くが、今では評価されなくなったり必要とされることがなくなっています。

たとえば、かつて、私たちの親や祖父母はパンを作る仕事に没頭していました。彼らは洋服を手で洗い、靴下を縫ったり、シャツをつくろって着ていました。彼らがこれらの活動に取り組むのに、少しも急いだり悩んだり不機嫌にならなかったのでなく、目の前の活動に完全に集中する機会が多かったということです。

今日では、歯科医院の待合室ですらメールを確認したりするほどです。また、テレビを見たり電話で話をしながら野菜の皮を剥くこともあります。マインドフルネスを実践しないと、一日に一度も意識を今に向けることがない可能性が高いのです。

その対象や焦点が散歩や呼吸、手を洗うこと、コーヒーを飲むことであれ、マインドフルネスは多くの人々に現在を受け入れるように促し、ゆっくりとさせてくれます。

エクササイズ㉑を振り返って

このエクササイズや体の感覚のエクササイズを難しいと感じたら、アンカーリング（焦点化）のエクササイズ（エクササイズ㉒や㉓）を並行して実践することが、役に立つかもしれません。あるいは、緊張を取り除くため、エクササイズに取り組む際に、ゆっくりでいいと心の中で唱えることが役に立つでしょう。また、散歩などの別の活動とともにこのエクササイズを行ってもよいでしょう。

エクササイズ㉒：視覚的なアンカー・ポイントを用いたマインドフルネス

マインドフルネスの実践では、アンカー・ポイントが非常に役に立つことがあります。視覚的なアンカー・ポイントとは、視線を定めるための動かないもののことです。数フィート離れた床や低い場所をアンカー・ポイントとして選ぶことで、目が半分ほど閉じた状態になり、視覚的に注意を妨げるものを気にしないですむようになります。

アンカー・ポイントは、イスの脚や植物、縁石、フローリングの模様など、周囲にあるものなら何でもよいです。また、ボールや石、バッグ、本など、いつも使ったり持ち歩いているものでもよいでしょう。

いつものように、気が散ることのない、一〇～一五分ほど落ち着ける場所を探すことから始めましょう。前述のエクササイズと同じように姿勢を正しましょう。

次に、じっと見つめられるアンカー・ポイントを決めましょう。前からそこにあるものでも、地面に置いたものでもよいです。

アンカー・ポイントを観察しましょう。その形や角はどうでしょう……色、質感はどうでしょう……しっかりと焦点が合ったとき、また、ぼやけているときはどう見えるでしょう……じっくりと観察しましょう。
十分にできたら、ゆっくりと自分の周囲のものに意識を戻して、あたりを見回してみましょう。

エクササイズ㉒を振り返って

マインドフルネスのエクササイズ中は注意が散漫になり、目を開けている間は、気を散らされる材料がいくつもあるでしょう。それは風に揺れる葉っぱや、通行人、空を飛んでいる鳥などの動いているものなどですが、しばしばそれは意識と視覚が生み出す幻影です。たとえば、何も動いていないのに影が見えたり、ものが二重に見えたりするかもしれません。エクササイズから注意が逸れるのは、まったく自然なことです。自分の注意が散漫になったことに留意し、実践に戻るのがコツです。

目を閉じてエクササイズを行うのが不快だったり怖かったりする場合は、このエクササイズを準備として行うとよいでしょう。同時に、これは将来のエクササイズのための出発点にもなります。視覚のアンカー・ポイントを見るためにいつでも目を開けられると分かることで、目を閉じることに対してより自信がもてると気づく人もいます。

エクササイズ㉓：触覚のアンカー・ポイントを用いたマインドフルネス

このエクササイズでは、視覚的なアンカー・ポイントの代わりに、触れることのできるアンカー・ポイントを用います。これらは、石やキーフォルダー、宝石、ハンドバッグ、財布のようなものです。片手や両手で持てるものにしてください。また、エクササイズを妨げるような感情の記憶と結びついていないものを選ぶのが重要です。

このエクササイズも、気が散ることのない、一〇～一五分ほど落ち着ける場所を探すことから始めましょう。次に、選んだ物を片手か両手の中に持ち、どう感じるか注意を払いましょう……その重みを感じて……材質に気づいて……それは柔らかいかもしれないし、固いかもしれません……その二つが組み合わさっているかもしれません……その温度や手で持ったときどのように感じたかに気づいて……皮膚にどう当たるかを感じて……エクササイズを続けていき、気が散ったときは、批判したりせず注意が向かった方に好奇心をもって気づき、エクササイズに戻ってください。

十分にできたら、徐々にエクササイズを終わらせましょう。あなたは周囲に対してより気づくようになります。

エクササイズ㉓を振り返って

このエクササイズに取り組むのに、毎回新しいものを選ぶ人がいる一方で、毎回同じものを使うほうがいいと考える人もいます。重要なのは、何を選ぶのかではなく、実践の中でそれが役立つかどうかです。

このエクササイズも、前述した他のエクササイズと組み合わせて使うとよいでしょう。目を閉じているとき、必要ならば、アンカー・ポイントとしての役割も果たすでしょう。

エクササイズ㉔：マインドフルな散歩

痛みが出るので、座ってマインドフルネスのエクササイズに取り組むのが困難な人もいれば、エクササイズに取り組む時間を確保できない人や、エクササイズが時間の無駄だと考える人もいます。もしあなたが後の二つのケースに当てはまるのなら、これらのエクササイズがあらゆる意味において極めて役立つことを理解するために、時間を設けることをお勧めします。

しかし、座っているのが困難だったり、これらのエクササイズの利点についてさらに説明が必要であれば、マインドフルな散歩に取り組むことをお勧めします。また、マインドフルネスを練習の補助として用いるのもよいでしょう。

このエクササイズの最中、歩いているときの感覚や見えるものなど、特定のことに集中することができます。また、皮膚からの感覚や音、目に見えるもの、呼吸などの異なる感覚の間で注意をゆっくり切り替えることもできます。エクササイズでいろいろと試し、あなたに最も合うかたちを探しましょう。

できるだけ気を散らすもののない、歩くための場所を探しましょう。交通量の多い道はあまり適していないでしょう。同様に、多くの知り合いに出会いそうな時間帯に近所の公園を歩くのも、避けたほうがよいでしょう。

しばらくその場に立って、足の下にある地面を感じましょう……あなたを支えている足の力を感じて……次に、歩いているときに肌を撫でる空気に意識を向けましょう。それは暑いでしょうか、それとも冷たいでしょうか……太陽の温かさを感じ、顔に当たる雨粒や風を感じ……通りすぎる音に気づいてみましょう……批判よりも好奇心で頭の中を満たし……植物や木、頭上の雲や空の模様などあなたの周りの自然に注意を向けましょう……現れては消える香りを感じ……地面を歩く感じを体験しましょう。

十分にできたと思ったら、徐々にエクササイズを終わらせましょう。あなたは周囲に対してより気づくようになります。

エクササイズ㉔を振り返って

マインドフルな散歩とは、ある場所にたどり着くために歩くのではなく、マインドフルになることを目的としています。このエクササイズは日々の生活の中で簡単に行えるので、多くの人が実践のひとつとして取り入れています。犬の散歩や身体のトレーニングをする場合、目的地にたどり着くには特定のルートを歩かなければならないでしょう。このエクササイズを行ううえで必要な散歩をするときには、無駄な考え事に苦しめられないように時間を設けることに注意を払ってください。

他のエクササイズが一つの感覚に集中しているのに対し、このエクササイズは足の下の地面や空気の感覚、周囲の音などの二つ以上の要素に注意を向けることに気づいた人もいるでしょう。注意を広く向けるほうが役に立つ人もいれば、一つのものに集中するほうが役立つ人もいるでしょう。これは人それぞれの好みの問題です。繰り返しますが、このエクササイズは目を開いているため、気が散るでしょう。特定の目的地に行こうとしている場合は、注意はさらに散漫になるかもしれません。気が散っていることに気づいたら、自分が何を考えていたのかを点検し、ゆっくりとエクササイズに戻りましょう。

過剰な努力に対するマインドフルネスの効果

第3章では、価値達成者と要求達成者、成長探求者と承認探求者の概念を紹介しました。自信がない人は、承認と称賛を得るために他人を喜ばせようと努力しすぎるため、自分の今現在の喜びを見出すのを、忘れてしまうことがよくあります。このような経験がある場合は、一週間かけて目標に向かって取り組むプロセスと、目標を達成することの違いを心に留めておく（マインドフルになる）ことが役に立つかもしれません。深呼吸をして、すべての注意を現在に向けましょう。これが役に立ったら、毎日の実践の中に取り入れるとよいでしょう。この作業が困難だと感じた場合は、後で紹介するエクササイズの焦点となるかもしれません。第13章では、ポジティブな体験を味わうための実践を紹介します。現在を受け入れることを取り組むこのエクササイズは、マインドフルネスの実践に役立つでしょう。

マインドフルな散歩をしているとき、知人に会ったり、道を聞かれたり、飼い犬が逃げ出したり（私の実体験です！）するなどの邪魔が入る可能性は高いです。しかし、玄関の呼び鈴が鳴ったり、部屋の中に誰かが入って来たりと、外にいるよりも家の中にいるほうが気が散ると思う人もいます。玄関の呼び鈴を単なる音として無視することはできても、誰かの邪魔を無視することはできないでしょう。家の外であれ中であれ、平穏をずっと維持するのは不可能なのです。邪魔が入った場合は、その状況に応じてからマインドフルネスの実践に戻るとよいでしょう。

マインドフルネスの実践に伴うよくある問題の解決

もし、これらのエクササイズで苦戦しているのなら、あなたの問題はよくある悩みのひとつかもしれません。

思考やイメージが反復する

前にも触れたように、どのようなエクササイズや実践でも、私たちの注意はいくつものことに引き寄せられる可能性があります。音がすればそれが何の音であるのか気になったり、夕食に何を食べようか考えたり、昨日がどれほど素晴らしい日だったかを思い出すかもしれません。しかし、ある特定の状況や過去・現在・未来のことを繰り返し考えたり、ある特定の心配事や熟考を繰り返していることに気づくかもしれません。

このような経験があるのなら、本書の後半で紹介するエクササイズの焦点になるため、この問題に取り組むと役に立つことがあります。今は抱えている問題をメモに書き留めておき、後で参照するとよいでしょう。

激しい感情を経験したときにすること

マインドフルネスの実践中に、激しい感情を経験する人がいます。マインドフルネスのプロセスによって、これまで隠され、押し殺され、抑圧されてきた感情が滑り込む隙間を、与えているかのようです。多くの人が困難な問題と向き合うのを避けるために、関係のないことで頭をいっぱいにしているのを考えれば、これは不思議ではありません。

感情をコントロールできるのなら、それを批判することなく好奇心をもって眺めてから、エクササイズに戻りましょう。ここでは、アンカーリング（焦点化）の実践が役立つことに気づくかもしれません。しかし、感情がいっそう激しくなってマインドフルネスを実践するのが困難なときは、しばらく座ってその感情を味わうとよいでしょう。強烈な感情は恐怖や居心地悪さをもたらすかもしれませんが、それらはいずれ弱まります。悲しみや怒りなどの強い感情を経験した後にそれらが消え去るのを感じることは、実際、癒しのプロセスになることが多いのです。

繰り返しますが、本書の後半で紹介するエクササイズが役立つこともあるので、紹介する順番にエクササイズを実践するのではなく、先に進んでも結構です。その場合は、後ほど本章に戻ってきてもよいでしょう。

考えごとが止まらないときの対処法

幸いにもわずらわしい思考やイメージ、身体感覚に気づけるようになると、意識が単に焦点を切り替えたと分かり、エクササイズに戻ってこられるでしょう。しかし、マインドフルネスのような実践を困難に感じることは、誰にでもあります。一般的に、こういったことは、邪魔になるような強い感情と結びついています。おかしなことに、そのようなときこそ、私たちは最もマインドフルネスの実践を必要としているのです。

本書の冒頭で、落ち着いているときにエクササイズを始めるのが最適だと私は言いました。しかし、熱中していたエクササイズを突然難しく感じたり、あるいは一度もエクササイズを簡単に感じたことがないのであれば、以下に挙げるものをいくつか試してみるとよいでしょう。

1　私たちの脳には完全にコントロールすることのできない「独自の考え」が備わっていることを批判せずに受け入れ、エクササイズに取り組みましょう。

2　自分を批判していたりイライラが募っているときは、それらの感情を冷静に観察してエクササイズに戻りましょう。

3　気が散ったとしても、つかの間でもエクササイズに取り組みましょう。わずか数分でもエクササイズに取り組むのが役に立つことを知って、あなたは驚くでしょう。

4　エクササイズを行う前に気にかかっていることを書き出し、その紙を横に置いてエクササイズを実践しましょう。マインドフルネスを実践した後、物事を考えることが容易になるのは興味深いことです。

5　本書の後半で紹介するエクササイズがより役立つかもしれないので、先に進むとよいでしょう。

マインドフルネスの自己実践を進める方法

本章で紹介したマインドフルネスのエクササイズを経験していくなかで、特定のエクササイズが他のエクササイズよりも効果的なことに気づくでしょう。今後の自己実践を念頭に置きながらいろいろと試してみて、最も役に立つものを日常的に実践するとよいでしょう。本書の残りのエクササイズに進む前に、一週間ほど実践すると役に立つかもしれません。しかし、これらのエクササイズを順番に試したいのであれば、読み進めながら実践してもかまいません。

マインドフルネスがどういうものかという感触がつかめたら、それを生活のさまざまな場面に取り入れてみてもよいでしょう。以下にいくつかの例を挙げます。

- 妊婦や新生児の母親を主なクライエントにもつ臨床心理学者のマイケル・クリーは、忙しい一日の中にマインドフルネスを組み込む方法としてマインドフルな手洗いを提案しています。このエクササイズでは、肌に触れる水の感触や流れる水の音、せっけんの香りに対してマインドフルになる（意識する）よう心がけます。
- スーザン・アルバースは、二〇〇六年に彼女が出版した *Mindful Eating.* の中で、食事と関連するいくつかの方法でマインドフルネスを使うことを勧めています。現代の生活では、テレビを見ながらや忙しいなかで食事をとることがしょっちゅうで、食べ物の食感や味、匂いを堪能しづらくなっています。食事に対するマインドフルな注意によって、私たちは食事に感謝することができるようになり、食事との関わりや自分との関わりを改善することができます。
- コンパッション・フォーカスト・セラピー（CFT）のグループでは、私はお茶やコーヒーを飲むときにいつも、マインドフルネスを実践するように勧めています。マインドフルに（意識して）飲むことは、パソコンやテレビの画面の前に座りながら飲むのとは、まったく異なる経験です。そのようなマインドフルな飲み方を実践すると、いつも頭の中を占めている悩みや反芻から解放されると多くの人が話しています。この実践は、日常生活の中にコンパッショネイト・マインド・アプローチ（CMA）の他の側面を取り入れる際に思い出させるものとしても役に立ちます。

要するに、マインドフルネスは注意する時間間隔を調節することができ、場所や時間の制約を受けずに、他の活動の最中やマインドフルネス自体を目的として実践することができます。

最終的に、毎日一〇～一五分間のマインドフルネスの実践を容易に取り組める人もいれば、冷蔵庫の扉のメモを見たり、ポケットの中の小石を取り出したりする（忘れないようにする）ことで自己実践に取り組める人もいます。イギリスで行われているマインドフルネス学校プロジェクト（Mindfulness in Schcols Project）では、高校生が二人一組になり、一日に一度、自分の好きな時間に".b."というメッセージを送るよう指示されました。".b."とは「呼吸を止める」ことを意味しています。実験に参加した高校生たちは、この方法は日々の生活の中にマインドフルネスを組み込むのに効果的だと言っています。

あなたも友人や身内にお願いしてこのマインドフルネスの実践ができると、テキストメッセージを通してお互いを支えることもできるでしょう。これらのエクササイズを実践するうえで重要なのは、自分に効果的なエクササイズを見つけることです。

まとめ

マインドフルネスの実践には大きな効果があるということが多くの人々より報告されており、うまくいけばあなたの役にも立つでしょう。

ＣＭＡでは、何らかの形でマインドフルネスに取り組むことで、セルフ・コンパッションをつけるための気持ちの余裕や基礎が与えられ、それを通して自信を深めるように勧めています。

8

コンパッションのための さらなる準備

健康は最大の財産。充実感は最大の宝。
自信は最大の友。
——老子

第7章で紹介したマインドフルネスの実践は、好奇心と寛容さを伴った静かな気づきの状態をもたらすことを目的としています。マインドフルネスの実践では、現在に意識を向け、注意が散漫になったことに気づいたときは、自分が何を考えているのかを自覚したあとにゆっくりと実践に戻るようにします。マインドフルネスの直接的な目的ではありませんが、マインドフルネスの実践中に温かさや充実感、落ち着きの感覚を経験したと、しばしば報告されています。本章ではそれらの感覚を育むことに焦点を当てます。

スージング・システムを発達させる

本節では二つのエクササイズを紹介します。一つめは、セルフ・スージング（自らをなだめる）のために個人が本来もっている能力を発達させることを目的とした、スージング・リズム・ブリージング（心地良いリズムの呼吸）・エクササイズです。どのエクササイズでもそうですが、難しいと感じた場合は、しばらく試してみても癒しや落ち着きを得られなければ、やめてけっこうです。本書には他にも試せるエクササイズがいくつも含まれています。コンパッショネイト・マインド・アプローチ（CMA）では、次のエクササイズに移る前にある特定のエクササイズをやり通すことは必要としていません。

二つめのエクササイズはイメージを使って感覚的な経験を作り出すもので、意識の中に充実を感じる場所を生み出すことを目的としています。繰り返しますが、このエクササイズが困難なときは、本章の後半にある役立つアイデアを見てください。

二つのエクササイズは、本書の序文の末尾にある「個人練習用サマリーシート」にも載っています。ノートや日記と同じように、このシートに感想を記録するとよいでしょう。

エクササイズ㉕：スージング・リズム・ブリージング（心地良いリズムの呼吸）

スージング・リズム・ブリージングでは、スージング・システムを呼び覚まして高めることを目的とした呼吸法を練習します。このエクササイズは、あなた自身の心地良いリズムを見つけるために考案されたものです。このエクササイズではたいてい、落ち着いた、深い、正常な速度の呼吸をすることが必要です。特定のペースで行うように言われる他のリラクセーション・トレーニングとは違って、このエクササイズはあなたに合ったペースを見つけることを目的としています。さらに、このエクササイズはマインドフルネスの要素も含んでいます。エクササイズの最中に注意が散漫になったときは、何を考えているのかを自覚して、ゆっくりと呼吸の実践に戻るとよいでしょう。

集中力を高めるために、鼻や胸、肋骨、呼吸の回数、あるいはそれらの組み合わせたものに注意を向けるとよいでしょう。第7章のマインドフルネスの呼吸を実践することで自分に役立つものが分かっているかもしれませんが、このエクササイズはマインドフルネスの呼吸をさらに発展させるのに役に立つでしょう。

一〇〜一五分ほど一人になることのできる、できるだけ集中力を妨げるものから離れた場所を探すことから始めましょう。もし可能ならば真っすぐな姿勢で座り、両足を床につけて腰幅に広げ、両手は太ももの上に乗せましょう。エクササイズ中は目を閉じることが好ましいですが、低い場所を注視していたい場合はそれでもかまいません。

しばらく静かに座り呼吸に集中しましょう……鼻から出たり入ったりする空気に気づき……上がったり下がったりしているお腹に気づくでしょう……少しずつ膨らみ、そしてゆっくりと狭まります……上がったり下がったりする胸に気づき……拡がったり収縮したりする肋骨に気づきます。あなたのペースで三つ数えながら息を吸って……呼吸を少し止め、そのあとに三つ数えながら息を吐き出し……癒しと落ち着きをもたらすあなたのリズムを見つけるとよいでしょう。

あなたの呼吸で少し実験してみましょう……呼吸の速さを調整しながら体に感じる違いに注意を向けてみましょう。癒されるリズムを見つけたら数分間それを試して……空気を体の中にゆっくりと均一に入れ……ゆっくりと均質に出しながら、あなたが癒される呼吸のリズムを探してみましょう。

十分に行えたら、静かにエクササイズを終えて周囲に注意を向けます。そして振り返りの時間を取ります。

エクササイズ㉕を振り返って

多くの人にとって、心地良いリズムの呼吸エクササイズは、第7章で行ったマインドフルネスを用いた呼吸法とはかなり違って感じられるようです。これは、マインドフルネスを用いた呼吸法をはじめとする他のエクササイズでは落ち着くことが主な目的なのに対して、心地良いリズムの呼吸エクササイズでは、スージング・システムを活性化させることが一番の目的だからです。

呼吸をしていくうちに落ち着けるリズムを見つけられれば、頭に浮かぶ考えやイメージが経験に与えている影響に気づいたはずです。意識が落ち着いた状態であれば、内面的な世界との関係も変わりうるでしょう。

特定の感情的・身体的な状態に達するのがこのエクササイズの目的ではありません。このエクササイズはスージング・システムを変えるために構成されています。いったんスージング・システムが活性化されると、感情と身体の状態は結果的に変化しますが、この変化が主たる目的ではありません。結果ではなく過程が重要であるということを忘れないでください。望ましい結果のことばかり考えていると、実践がおろそかになってしまいます。

前に紹介したマインドフルネスのエクササイズと同様に、一回、心地良いリズムの呼吸エクササイズを実践したあとに、自分に合わせた改良を加えるとよいでしょう。たとえば、一週間のうちの何回かスージング・リズム・ブリージングに取り組むなどです。あるいは、散歩中やお茶の時間、お風呂に入っているときに実践することもできるでしょう。

嗅覚を使う

心地良いリズムの呼吸エクササイズを難しく感じたり、実践できないと考える人がいます。そのような人は、癒しの効果がある香りを使うと役に立つかもしれません。香水やアフターシェーブローション、せっけん、保湿剤、エッセンシャルオイルなど、癒しの効果があると思う香りなら何でもよいでしょう。特定の記憶と結びついていない香りや、ポジティブな記憶と結びついた香りを選ぶとよいでしょう。嗅神経のレセプターは感情の源泉である辺縁系と結びついています。そのため、不快な香りは私たちの脅威システムを即座に呼び覚まし、不安や怒り、嫌悪などの感情経験を素早く呼び起こします。その一方で、心地良い香りはポジティブな感情反応を素早く呼び起こし、満足感とスージング・システムを呼び起こします。

エクササイズ㉖：充実を感じられる場所を探す

このエクササイズの目的は充実感を呼び起こすことです。充実感はセルフ・コンパッションと自信をつける土台となります。ここでは幅広い感覚的な経験を生み出すために、イメージが使われます。充実を感じる場所とは、現実にある場所を理想化したものや、空想の場所でもよいです。あるいは、複数の異なる場所を組み合わせてもよいでしょう。その場所はどのような脅威からも自由です。あなたを常に歓迎する場所です。

繰り返しますが、このエクササイズにはマインドフルネスの要素が含まれています。注意が散漫になって別のことを考えはじめたら、何を考えているのか自覚して、ゆっくりと注意をエクササイズに戻しましょう。

このエクササイズに好奇心をもって取り組む人もいれば、場所のイメージを前もって準備したあとにエクササイズに取り組む人もいます。また、どのような場所にイメージを向けるべきかを考えるのが役立つ人もいます。充実を感じた場所について考えてみるのもよいかもしれません。温かくて、受け入れられている感じの、具体的な場所があるかもしれません。ビーチや森、温かな家の暖炉の前などがよくイメージされます。準備の段階で、自分が家の中にいるのか外にいるのか、周囲に香りや音があるかどうかを自問自答してみるとよいでしょう。鳥のさえずりや木々の間を吹き抜ける風、パチパチと音を立てる火の音は聞こえるでしょうか。刈られたばかりの芝、ボートや浜辺に優しく打ち寄せる水の香りを嗅げるでしょうか。ビーチの小屋から外を見ているのでしょうか、あるいは山小屋から海や森を見ているのでしょうか。天気はどうでしょう。周りにはどんな色があるでしょうか。

考えが現実の場所に向かったときは、その場所がネガティブな雰囲気をもっているかどうかを自分自身に尋ねてみましょう。たとえば、子ども時代を過ごしたベッドルームは何かを考えるときに最適な場所のように思えますが、そこに居心地の悪さを感じたのであれば、エクササイズの目的を妨げる困難な記憶や感情が心に浮かぶ場合があります。しかし、安全と充実感を与えてくれる部屋の一部を、他の部屋とくっつけることもできます。デザイナーのように、充実を感じる場所をどのように配置すればよいか、選んだり取り上げたりすることができます。そこがあなたの理想の場所だということを忘れないでください。

イメージに役立つアイデア

簡単にイメージを思い浮かべることができる人もいますが、多くの人がそれを難しいと感じます。難しいと感じる人のために、他の人が役に立った例を紹介しましょう。

- 色に囲まれているところを想像してみましょう。それは霧状でも、タオルケットのように自分を包みこむようなものでもよいです。
- 集中して夢中になれる写真やスケッチ、絵を見つけましょう。
- 頭の先へ流れ込んできて、足のつま先から出ていく温かな光の流れを想像しましょう。
- 満たされた感じを与えてくれる癒し効果のある音楽を見つけましょう。
- いろいろな香りを嗅いで、その中に満たされた感じを与えてくれるものがあるかどうか確かめましょう。

ここには正解というものはありません。重要なことは、経験を通して手に入れた感覚を、さらに育てることです。

あなたにとって効果のある方法を探すことが重要です。ある状況で効果のあったことでも別の状況では効果を示さないこともあるので、その状況に合った方法を探すとよいでしょう。

繰り返しますが、一〇～一五分ほど一人になれる、集中を妨げるものから極力離れた場所を探すことから始めましょう。できるだけ真っすぐな姿勢で座り、両足を床につけて腰幅に開き、両手は膝の上に乗せましょう。エクササイズ中は目を閉じられればよいのですが、低い場所を見つめていたいときはそれでも結構です。

効果がありそうなら、心地良いリズムの呼吸から始めましょう。あるいは、静かな気づきの感覚を生み出すために、第7章で行った他のマインドフルネスを用いるとよいでしょう。もしくは、直接このエクササイズを始めてもよいでしょう。

準備ができたら、頭の中に場所を作ることから始めましょう……その場所は充実感と落ち着きを経験できる場所です……準備の段階であなたは写真や絵のイメージに集中していたかもしれません……意識がどこに運ばれていくのかを待ってみてもよいでしょう。

場所についての最初のイメージを膨らませるなかで、その場所で感覚がどのようなことを経験するのかを分かるようになるでしょう……何が見えますか……物や植物、動物、水の広がりやビーチでしょうか……どんな色が見えますか……どんな音が聞こえますか……葉っぱのサラサラと擦れる音やそよ風、水の音でしょうか……あるいは、かすかな音楽、かすかな声、遠くで子どもたちが笑う声、鳥のさえずりでしょうか……空気はどのように感じますか……温かい、それとも冷たい？……肌に日の光を感じますか……何かの香りに気づきますか……草の香りや潮の香りでしょうか……漂ってくる香り、あるいはパンの香りでしょうか。充実を感じる場所について考え、すべての感覚で探ってみましょう。居心地の良い場所を見つけたら、そこにしばらく留まってもよいでしょう。

注意が散漫になると、自分のいる場所に集中できなくなるでしょう……注意が散漫になったことに気づいたら、何について考えているのかを自覚し、最も充実を感じた場所にゆっくり戻り、エクササイズを継続しましょう。

イメージの中にいる自分を想像してみましょう……あなたの体を支えているのは何でしょうか。地面がしっかりとあなたを支えているかもしれません……ひんやりとした岩や心地良いベッド、あるいは温かい砂の上に座っているのでしょうか。ほほ笑みや満ち足りた眼差しのような、自分の温かな表情に気づきましょう。

さて、この場所があなたを歓迎しているという認識を体験しましょう……その唯一の目的は、あなたが満たされ、温かさを体験できるよう助けることです……それはあなたと調和しています。

十分に実施できたら、ゆっくりと周囲に注意を向けて、エクササイズを終えましょう。

充実を感じる場所についてのメモ

とてもよく似た感覚的な経験を呼び起こすこともありますが、充実を感じる場所と安全な場所は違うものです。本書では、従来の安全な場所のイメージを意図的に避けて、充実を感じる場所という言葉を使っています。それは、後者には脅威システムが経験に強引に割り込む機会が少ないためです。より具体的にいえば、安全という言葉を使うことで、相反する脅威の要素が呼び起こされると報告する人がいるのです。また、脅威（それがどのような脅威であれ）を感じている状況においてのみ安心感が得られるため、結果的に脅威システムを不注意に呼び起こしていると報告する人もいます。このように、人はときとして、安全な場所で他人の存在や自分の批判的な部分を見たり感じたりすることで、脅威の要素を見出すのです。

しかし、私も安全な場所という言葉を使うときがあります。一部の人にとっては、脅威から身を守るための安全な場所を作ることが、充実感を呼び起こす足がかりになることがあるのです。たとえば、魔法の毛布や力の場で、脅威から覆い守られている自分を想像する人もいるでしょう。また、地下一〇ヤードにある箱の中にいる自分を想像する人もいます。うまくいけば、時間をかけて練習することで注意しなくても経験が訪れるようになり、あらゆる脅威とは無縁の快適な場所を手に入れられるようになるでしょう。どのエクササイズにも、唯一の正しい方法というものはありません。重要なことは、あなたにとって効果のあるスージング・システムを呼び起こすことです。

エクササイズ㉖を振り返って

役に立つイメージを思い描けるようになるまで、このエクササイズを何度も繰り返す必要があるかもしれません。

あなたが充実を感じる場所は個人的なものであり、あなたの変化に合わせて変えるとよいでしょう。特定のイメージや経験を決めたときでも、多くの人が写真のように静止したイメージや経験ではなく、流動的なものをよいと言っています。イメージを流動的にしておくことで、時間の経過によって充実を感じる場所に慣れ、経験の豊かさを失うのを防ぐのです。

エクササイズ中の雑音が気にならない人もいれば、気が散ってしまう人もいます。重要なのは、そのイメージがあなたに充実を与えるかどうかということです。また、その場所が自分を「歓迎している」と想像するのは難しいと考える人もいます。しばしばスージング・システムの活動を高めるため、ＣＭＡではこれが、実践での（必須ではないが）重要な要素だと考えられています。自分を癒せるのと同じように、他人に癒されることもあるということを忘れないでください。充実を感じる場所があなたを喜んで受け入れてくれることで、そこは落ち着きを与えてくれる場所となるのです。

このエクササイズの冒頭でも述べましたが、あなたは場所を問わず、適度な覚醒水準で、心を開いている態度を保つように求められています。多くの人が眠ってしまうほどの深いリラックスを感じるため、エクササイズではこれが特に重要なことになります。後々、眠るための方法としてこのエクササイズが役に立つかもしれません。しかし、ここでは自信をつける力を与えてくれる基礎としてエクササイズを行っているので、眠るのではなく、注意を怠らないで目覚めていてください。

まとめ

本章では、あなたのスージング・システムへと近づく手助けとなる、二つのマインドフルネスの方法を紹介しました。ここでのマインドフルネスは、スージング・システムへ注意を向けるための方法でした。当然のことながら、マインドフルネスのその他の側面を探ることも望まれています。

これらのエクササイズには多くの「すること」が含まれていますが、あなたは自信をつけるための具体的なことがしたくてウズウズしているかもしれません。これがあなたの動因と獲得のシステムを呼び起こすかもしれません。しかし、このエクササイズは、あなたの自信にポジティブな影響を与える可能性が高いことを強調しておきます。マインドフルネスが脅威システムや問題のある考え、イメージ、感情から自由になるのに役立つ一方で、心地良いリズムの呼吸と充実を感じる場所のエクササイズは、スージング・システムを呼び起こすことで脅威システムを制御したり弱めたりすることに役立ちます。

9 慈悲の心を発達させる

人生は自分を探すためのものではない。
自分を創造するためのものである。
――ジョージ・バーナード・ショー

これまでの章では、自信について詳細に検討し、自信をつける方法、感情の進化論的な起源との関連について説明してきました。自己批判の影響と、それに対するセルフ・コンパッションの効果を説明し、第4章では状況（現在の問題が発生するに至るまでの出来事と、その状況が続いている理由）について、明確な語句や図を使って考えるよう勧めました。これはあなたが経験した自己批判の問題に取り組むための助けになったのではないでしょうか。また、明確な語句は、今後取り組むべき人生の問題を明らかにしたのではないでしょうか。

本章の焦点は慈悲の考え方、より具体的にいえば、セルフ・コンパッションの鍵となる特性を高めることです。この目的を達成するために、イメージを用いたいくつものエクササイズを行っていただきます。同じ結果を得るために異なるアプローチを用いるエクササイズもあれば、別の目的をもつエクササイズもあります。うまくいけば、これらのエクササイズを組み合わせて実践することで慈悲の心のさまざまな側面、特にセルフ・コンパッションを育むことができるかもしれません。

慈悲の考え方を通して、あなたは新しい考え方やモチベーション、より心地良い感情を見いだすでしょう。この考え方は不安や怒り、自己批判の癖などの経験に結びついた脅威システムを抑えることにも役立ちます。

表情と姿勢の重要性

表情や姿勢は、物事の感じ方や他人に与える印象に計り知れない影響をもちます。多くの研究で、表情や姿勢の意識的な操作は良い効果があるということが明らかになっています。たとえばある研究では、二つのうちの一つをしてもらうことで、漫画を面白いと感じるかどうかを操ることができました。一つ目のグループは、鉛筆を唇にくっつかないように歯の間に挟みながら、漫画を読むよう指示されました。二つ目のグループは、歯を鉛筆につけないようにくわえることを指示されました。その結果、一つ目のグループのほうが二つ目のグループに比べて、漫画を「楽しい」、面白いと感じていました。この結果は、（鉛筆を歯で挟んだ）一つ目のグループの表情によって、笑顔が生み出されたことによります。私たちは、笑みを浮かべた人がより温かみがあって親しみやすいと見なされるのを知っています。そのため、笑顔は出来事をより楽しんだり、人とポジティブな関わりをもてるようにするのです。

同様に、演技法を練習をしている俳優によって長年実践されてきたことでもありますが、私たちは特定の感情を呼び起こす方法として、姿勢を操作することができます。さらに、姿勢は私たちの考え方や注意の向け方、体の感じ方に影響を与えます。たとえば、肩を下げ、足をひきずり、視線を落として道を歩くと、気分や身体的な感じ方にも影響を与えるでしょう。しかし、背筋に力を入れ、胸を張り、興味津々な視線で弾むように歩けば、ポジティブな考え方ができるようになるでしょう。さらに、気分も良くなるでしょう。この姿勢に、受け入れるような温かな表情が兼ね備わると、あなたは他人から親しみやすい存在として見なされるようになるでしょう。

何かをしようと思いつくまで待っていると、かなり長いこと待たなければならない場合もあるため、これは非常に重要なことです。時として、姿勢や表情を操ることで、やりたくないことをする場合もあります。しかし、それは自分を偽っているのではなく、自分自身に救いの手を差し伸べているのです。

慈悲の考え方のさまざまな側面を発達させる

以下のエクササイズは、あなたの自己実践の基礎を作り、ウェル・ビーイングを高めるために一生涯使うことを目的としたものです。これらのエクササイズは頻繁に使うことになるので、読み返す手間を省くために音読したものを録音すると役に立つかもしれません。また、コンパッショネイト・マインド財団（Compassionate Mind Foundation）のウェブサイト（www. compassionatemind.co.uk）に、利用できるサウンドファイルがあります。

エクササイズ㉗：慈悲深くなる

このエクササイズは、心と体の中で慈悲がどのように感じられるのかを探り、高めるのに役立ちます。いくつもの資質を順番に探り、それらが心と体の中でどのように感じられるのかに注意するよう、うながされます。これが簡単だと思う人もいれば、苦戦して練習を必要とする人もいるでしょう。なお、このエクササイズの目的を達成するのに、これらの資質を実際にもっているかどうかは関係ありません。

エクササイズを行っているときは、自分のことを役者だと思うとよいかもしれません。役者は演技する内容をすべて経験している必要はなく、経験を「着てみる」ことで具体化することが要求されます。「役作りをする」とき、彼らは心と体の中にある特定の資質を刺激します。そうすることで、演じようとしている役に入ることができるのです。このエクササイズはこのように臨むとよいでしょう。

一〇～一五分ほど一人になれて、できるだけ集中を妨げるものから離れた場所を探すことから始めましょう。集中したままリラックスした姿勢で座りましょう。エクササイズ中は目を閉じられるとよいのですが、視線を落として一点を見つめたければ、それでもかまいません。

セルフ・コンパッションとは何か

第5章では、慈悲（コンパッション）は、共感や寛容や我慢強さなどの特性をもったもので、温かさの文脈で実践される考え方やものの見方であると定義しました。セルフ・コンパッションは、これらを自分自身や経験に関連させて体験することを含みます。さらに、本章のエクササイズでは、以下の資質を取り入れることが促されます。

知恵：セルフ・コンパッションの知恵は、私たちの置かれた状況が自分の責任の結果ではないことを教えてくれます。私たちの複雑な脳は進化の結果であり、教育を必要とし、「石橋を叩いて渡る」という初期設定を備え、あらゆる相反する感情や動機が存在する場所です。さらに、私たちの脳は経験によって形成され、それらが行動や考え方、感じ方へとつながるのです。

強さ、不屈の精神、努力：これらの資質は、察知した危険を回避したり無視するよう促す脅威システムに逆らって、立ち向かわなければならないことに立ち向かうための、強い心と自信を与えてくれます。自分に慈悲を向けることで、何が起きても大丈夫という状態に自分を置けるのです。

責任：自分の責任ではないことでもベストを尽くしてその問題を解決するため、自分や他人と深く関わることが必要だと気づくことが含まれます。知恵と強さ、温かさとともに、責任は私たちが対処しなければならないものと向き合う強さを与えてくれます。

同情や共感など、他の特性を高めるエクササイズを難しいと感じているとき、セルフ・コンパッションならこれらの資質を高めることが容易であると、多くの人が言っています。慈悲の特定の要素を高めるのが難しいと感じたら、簡単だと思えるものから始めてみてください。

心地良いリズムの呼吸や、充実を得られる場所のエクササイズを行った後に、本章のエクササイズを始めても結構です。また、マインドフルネスを実践して冷静な気づきの感覚を作り出してもよいですが、心と体が落ち着いたらすぐにエクササイズを始めてもよいでしょう。

次に、自分が慈悲深い人間であることを想像しましょう。CMAに正解はないということを覚えておいてください。それはどのように感じるか体験し……心と体ではどのように感じているでしょうか。座り方が違ったり体の感覚が違ったりすることに気づくかもしれません……慈悲深い人という役を演じることで、表情が変化することに気づくかもしれません。なかなか想像することができず、姿勢と表情を意図的に変える必要が出てくるかもしれません。たとえそうであっても、気にする必要はありません。重要なことは、慈悲深い人の感じ方や感覚を手に入れることです。

慈悲の知恵は、今ここで自分のことが分かると教えてくれます。私たちは遺伝子と環境の産物です。これは私たちの責任ではありません。私たちはそれをコントロールすることはできないのです。しばらくの間、この事実を知ってどのように感じるのか、心と体で経験してみましょう。

そして、強さを感じ……忍耐……勇気を心の中で感じましょう……体の中でどう感じますか。座り方や体の感覚に変化はないでしょうか……これらを感じるために姿勢を調整してみるのも役立つでしょう。

知恵や強さ、忍耐、勇気の経験とともに、温かさの資質も感じてみましょう……心の中でそれはどのように感じますか……体の中ではどうでしょうか。誰かに話しかけているのを想像して、その自分の声の温かなトーンを聞いてみましょう。

慈悲深い方法で物事に関わって取り組むとはどういうことか、経験してみましょう……それを体で感じてみましょう……困難と向き合って、慈悲を通してウェル・ビーイングを高めるモチベーションを感じましょう。

十分に実施できたら、ゆっくりと周囲に意識を向けてエクササイズを終えましょう。

心と体を落ち着かせる

第7章と第8章では、マンドフルネスと心地良いリズムの呼吸、充実を感じられる場所のエクササイズを調べてみるよう勧めました。これらのエクササイズに取り組む過程で、あなたはエクササイズを始める前に心と体を落ち着かせる独自の方法を、編み出したのではないでしょうか。それらを行うように促されたときは、これらの中から役に立つと思うエクササイズに取り組みましょう。

エクササイズ㉗を振り返って

このエクササイズは、慈悲の経験に重点を置いた最初のエクササイズですので、慈悲を心と体の中で感じるようになるまでが難しく、いくらかの練習が必要かもしれません。

慈悲深い考え方を育むことを目標としていますが、心と体が密接に関連していることから、CMAでは身体感覚にも焦点を当てています。たとえば、脅威の考え方にさらされているときは、胃がむかつき、気分が悪くなり、体が緊張して、心がチクチクしたり胸の痛みを感じるかもしれません。注意の焦点は体が感じていることに注がれ、そのことによって脅威の感覚をさらに高めるかもしれません。反対に、慈悲の考え方では、心と体の両方で落ち着いた気づきや温かさ、力強さを感じます。うまくいけば、それぞれに等しく注意を払うことで、慈悲の感覚を高められるでしょう。

あなたはエクササイズ中に、姿勢や表情が少し変わったことに気づいたか、それらを意識的に変えようとしたのではないでしょうか。姿勢を変えることで、強さと覚醒とともに、落ち着きと温かさを手に入れられると言う人もいます。また、座るときの姿勢が良くなりリラックスした表情になる、（閉じていたとしても）目の中に温かさを感じると言う人もいます。

エクササイズ㉘：自分の慈悲を再体験する

このエクササイズに取り組む前に、慈悲を感じたり、慈悲の行為をしたときのことを思い出すと役に立つでしょう。混乱する感情を呼び起こすかもしれないので、強い感情を伴う状況は思い出さないようにしましょう。強い感情を呼び起こす状況や、まったく感情を呼び起こされない状況以外を思い浮かべることから始めましょう。一般的に、自分ではなく、他人に慈悲を向けた状況を思い浮かべるほうが簡単なようです。怪我をした子どもや困難を抱えていた人など、助けを求めている人に手を差し伸べたことはないでしょうか。

一〇～一五分ほど一人になることのできる、できるだけ集中を乱すものから離れた場所を探すことから始めましょう。集中したまま、リラックスした姿勢で座りましょう。エクササイズ中は目を閉じるか、視線を落として一点を見つめましょう。

他人へ慈悲を感じたときや、慈悲の行動をとったときのことを思い出してみましょう……自分がその場面にいるところを想像しましょう……心の中でどのように慈悲を感じるでしょうか……体の中ではどうでしょう……温かさの感覚や強さの感覚、他人を助けたいという衝動を感じるかもしれません……どのような表情が呼び起こされるでしょうか……どんな姿勢にさせられるでしょうか……もし何か言ったのであれば、そのときの声のトーンはどのようなものだったでしょうか。

相手のウェル・ビーイングに対する思いやりの感覚……相手の経験に対する感動……相手の助けになると信じて行動したときの動機……相手の苦悩を聞いて耐える、逃げ出さない……批判することなく相手に親切にする……相手の苦悩を和らげるために強い動機をもつ、などを経験しましょう。

十分に実施できたら、周囲に意識を向けてゆっくりとエクササイズを終えましょう。

エクササイズ㉘を振り返って

このエクササイズは、私たちに備わっている慈悲に焦点を当てるのに有効な方法です。また、慈悲の経験の分析にも役立つでしょう。しばしば、私たちは特定の状況の結果のみを記憶しておこうとします。このエクササイズの異なる要素をすべて思い出すことによって、慈悲のプロセスがどのように感じられるのかについて、より深い理解に達することができるでしょう。

感情をかき立てる状況を思い出したときは、その状況の前後に起こったことも思い出すかもしれません。このようになってしまったら、慈悲の要素に焦点を当てて注意が逸れたことに気を配るか、強い感情を呼び起こさない経験を思い出して、またエクササイズを試してみるとよいでしょう。

問題なく他人に対して慈悲を感じることのできる人は、このエクササイズを実践する理由が分からないかもしれません。実際、他人に対する慈悲を感じすぎてしまうために不利益を被る人は多いです。このエクササイズの目的は他人に対する慈悲を育むことではなく、他人に対する慈悲の経験を振り返ることで、慈悲をどのように感じるかを探るものです。これはセルフ・コンパッションを育むときに役立ちます。

エクササイズ㉙：理想の慈悲の自己

一〇～一五分ほど一人になれる、できるだけ集中を乱すものから離れた場所を探しましょう。集中したまま、リラックスした姿勢で座りましょう。エクササイズ中は目を閉じるか、視線を落として一点を見つめましょう。

次に、あなたを支援する部分、あるいは慈悲深い部分を、一人の人間であると想像してみましょう。しばらく想像して体験してみましょう。続いて、自分がその人物になったと想像して……役者のようにその役を演じてみましょう……理想の慈悲を……人間らしい偏見や葛藤のないところを。

体はどのように感じているでしょうか……心ではどう体験しているでしょうか……理想の慈悲の姿勢とはどのようなものでしょうか……表情はどうなっているでしょうか……理想の慈悲の自己を見れるのであれば、それはどのように映っているでしょうか……年寄りでしょうか、若者でしょうか……大きいでしょうか、小さいでしょうか……そのイメージには特定の色や香りがついているでしょうか……温かさの感覚はあるでしょうか。

理想の慈悲の自己の役割のなかで、以下の純粋な感覚を感じましょう……ウェル・ビーイング……共感の経験……思いやり……我慢強さ……敏感さ、寛容さ。理想の慈悲の自己の知恵……温かさ……強さや勇気……問題を解決してウェル・ビーイングへと向かっていくための深い関わりを。

ここでのあなたは理想の慈悲の自己であって、人間につきものの偏見や葛藤はもっていないことを忘れないでください。

十分に実施できたら、周囲に意識を向けてゆっくりとエクササイズを終えましょう。

エクササイズ㉙を振り返って

このエクササイズの目的が、理想の慈悲の自己の役割を想定するということを忘れないでください。人間である限り、葛藤や困難、失望を感じることから逃れられません。動機や欲望、「石橋を叩いて渡る」という考え方、身体的な要求が、心と体の中で継続的に気を引こうと競争してます。慈悲の性質を維持しようとしても、それが不可能だということに気づくかもしれません。しかし、練習することによって、自分に対する慈悲、そしてすべての人間に慈悲を向ける能力を高めることができます。

理想の慈悲の自己が、自分よりも年上で、柔軟で、温かさと気楽さを備えていることを感じたかもしれません。これらのエクササイズを実践しているときに気が散ることがあったら、自分が何を考えているのかに気づき、優しさと温かさをもってエクササイズに戻るとよいでしょう。

エクササイズ㉚：他人から受けた慈悲の記憶を呼び起こす

理想は、他人から癒された経験を通じて、自分を癒すことを学習することです。親から習慣的に癒されていた子どもは、これを内面化することで自分を癒せるようになります。これは、困難な出来事において強い感情を抱いたとき、自分を落ち着かせ、他人からの助けを受け入れ、時間をかけてその状況から立ち直ることができるということです。

しかし、自分を癒す能力が未発達な人々もいます。あなたがその一人である場合は、あるいは自分を癒す能力を維持したり高めたいと思っているときは、このエクササイズが役に立つでしょう。

準備として、あなたを慰めるために、誰かがそばにいてくれたときのことを思い出してください。抱擁やあなたの話に対する共感的な傾聴、あるいは単純にそばにいることなど、その人はあなたが何を必要としているのかを知っていたとします。その人はあなたの苦悩に対して親切で、強く、寛容で、あなたのウェル・ビーイングについて真剣に考えてくれた人です。そのような人と深い心のつながりを感じたときのことを思い出してみましょう。

強い感情や、問題のある感情と結びついた記憶を選ぶのは避けてください。たとえば、亡くなってしまった人やもう会えない人、苦悩していたときのことなど、強い感情を呼び起こす記憶です。これらを思い出すことが今後役に立たないと言っているのではありません。そうではなく、このエクササイズの目的を達成するためには、簡単なことから始めるのがよいのです。一〇～一五分ほど一人になれる、できるだけ集中を乱すものから離れた場所を探しましょう。集中したまま、リラックスした姿勢で座りましょう。エクササイズ中は目を閉じるか、視線を落として一点を見つめましょう。

誰かと深い結びつきの感覚を経験したときのことを思い出してみましょう……苦しんでいるあなたに対して、慈悲の心を向けてくれた人……その人はあなたが必要としているものを知っていて、それを与えてくれた……その人は共感的で寛容でした……賢く、力強かった……あなたの置かれた状況に対して敏感で、あなたの苦悩に対して忍耐強かった人です。

その人の表情と姿勢を想像して……あなたのいた場所とその状況を想像して……どのような香りだったでしょうか……周囲の音を想像し、それはその人の声のトーンでしょうか……抱擁されたとしたら、どのように感じましたか……その人があなたの腕に触れて、安心感を与える頷き（うなずき）をした場合、あなたはそれをどう感じましたか。

他人から受けた慈悲が心と体にどのような影響を与えたのか、思い出してみましょう。

時間をかけて記憶を呼び起こし、それを経験してみましょう。十分に実施できたら、周囲に意識を向けてゆっくりとエクササイズを終えましょう。

エクササイズ㉚を振り返って

慈悲の行動の普遍的なパターンというものは存在しません。それは、ある人たちにとっては、その瞬間に他人がそこに存在していることが分かる抱擁や視線です。また、別の人たちにとってそれは、困難な時期から解放されて、自分のことを真剣に考えているのを知ることです。多くの人たちにとっては、異なる時間でのこれらの経験の組み合わせです。しかし、共通していることは、あなたが必要としていることを誰かがしてくれる、という感覚です。

現実の出来事の記憶は、他人との結びつきの感覚や、自分らしくない感覚を強力に呼び起こすことがあります。残念なことに、抑うつや不安はときとしてポジティブな記憶を呼び起こすのを困難にし、不安を刺激する抑うつ的な出来事を思い出させます。また、思い出せるポジティブな記憶がない人もいます。あなたがこれらのケースに当てはまるのなら、学生時代の旧友や優しかった先生、支えてくれた同僚を思い出すとよいでしょう。長いこと知っている人でなくてもかまいません。

ポジティブな記憶をひとつ探して、このエクササイズをつなぎとして使うことができれば、その他の記憶を呼び起こせることに気づくでしょう。そのような記憶は、このエクササイズの最中か、終えた後に心に浮かぶかもしれません。あとで使えるように、新しい記憶が浮かんだらそれをメモしておきましょう。

そのような記憶を思い出せるかどうか確認したら、他の記憶を使いながらもう一度エクササイズを試してみると役に立つでしょう。

続く二つのエクササイズでは、慈悲を他人や自信がなくて苦しんでいる人に向けることになります。これは自分自身と自分の状況に対して慈悲深くなる方法を学ぶうえで、よいステップになるでしょう。

究極的には、自己批判への対処法や、将来的な強さ、回復力のもととなるセルフ・コンパッションを高めることがあなたの目的です。この考え方によって、支えてくれる教師のように、自分の自信をつけるために指示を出せるのです。

エクササイズ㉛：慈悲を外に向ける

このエクササイズの準備として、あなたが思いやりを向けている、何らかの問題を抱えている人を思い浮かべてください。友人でも親戚、恋人でもけっこうです。慈悲を向ける対象としてその人を用いましょう。繰り返しますが、もう会えない人や深刻な困難を抱えている人など、問題のある感情を呼び起こす人は思い浮かべないようにしましょう。

一〇～一五分ほど一人になれる、できるだけ集中を乱すものから離れた場所を探しましょう。集中したまま、リラックスした姿勢で座りましょう。エクササイズ中は目を閉じるか、視線を落として一点を見つめましょう。慈悲の心の特徴と性質を思い出しながら……ウェル・ビーイングの純粋な感覚を経験し……同情……共感性……苦悩に対する忍耐……思いやりと寛容さ……慈悲の心の知恵を経験し……温かさ……力強さと勇気……困難を解決するために取り組むこと、ウェル・ビーイングを高めることを感じ……これらの資質を心と体で感じましょう。

次に、慈悲を向けたいと思う相手を思い浮かべ……その相手に向けている自分の慈悲を経験し……相手のウェル・ビーイングに対する純粋な思いやりの感覚を経験し……同情と共感……苦悩の忍耐……思いやりと寛容さを感じましょう。慈悲の心の知恵を感じ……温かさ……力強さ、勇気……相手の困難を解決し、ウェル・ビーイングを高めるための取り組みを感じ……これらの資質を心と体で感じましょう。

十分に実施できたら、周囲に意識を向けてゆっくりとエクササイズを終えましょう。

エクササイズ㉛を振り返って

このエクササイズの最中に、しばしば気が散ってしまうことがあります。たとえば、思い浮かべている相手に次に会うときのことや、前回会ったときにしたこと、あるいは今していることについて考えてしまうなどです。これは珍しいことではありません。重要なことは、気が散ったことに気づいて、自分が何について考えていたのかを自覚し、ゆっくりとエクササイズに戻ることです。

エクササイズ中に感情の高まりをおぼえるかもしれません。これは、脳の中のミラーニューロンと呼ばれる細胞が、想像した相手との結びつきの感覚とともに、相手が感じていることを想定して強い感覚を呼び起こすからです。そのため、少なくとも最初のうちは、深刻な苦悩を抱えている人には焦点を当てないよう勧めています。

より一般的な方法で人に慈悲の心を向ける実践をしたあと，自分と似たような問題を抱えている人に対する慈悲の心を育むことができるでしょう。これが，次のエクササイズの焦点になります。

エクササイズ㉜：自信のない人のための慈悲

このエクササイズでは，自信がないという点であなたに似た人に慈悲の心を向けます。

準備の段階で，自信が欠けていると思われる人を思い浮かべてみましょう。それはあなたがよく知っている人や，見たことがある人，あるいは有名な人かもしれません。人生のすべての面で自信のない人や，部分的に自信がない人でもかまいません。

一〇～一五分ほど一人になれる，できるだけ集中を乱すものから離れた場所を探しましょう。集中したまま，リラックスした姿勢で座りましょう。エクササイズ中は目を閉じるか，視線を落として一点を見つめましょう。

慈悲の心の特性と性質を思い出し……ウェル・ビーイングの純粋な感覚を経験し……同情……共感……苦悩に対する忍耐……思いやり，寛容さ……慈悲の心の知恵……温かさ……力強さ，勇気……問題を解決し，ウェル・ビーイングを高めるための深い関わりを感じ……これらの資質を心と体で感じましょう。

次に，自信をなくしている人を思い浮かべて，その人に向かって慈悲の心の性質を向け……相手が抱えている問題の原因が何であったのかについて考え……問題を解決するうえで，その人が気づいていないことは何かを考え……自信のなさはその人にどのような影響を与えているかを考え……その人がしたこと……相手がはまった罠について考えましょう。問題を解決するために乗り越えなければならないことを考え……同情と共感……避けようのない苦悩への忍耐……その人の状況を思いやり，共感し……判断と自己批判に対する自立を感じましょう。

慈悲を感じることが難しい場合は，それでもかまいません……相手に対する自分の行動と善意に焦点を当ててみましょう……慈悲の感情が後からやってくるかもしれません。
しばらくの間、慈悲の心とその主な性質を相手に向けましょう。
十分に実施できたら、周囲に意識を向けてゆっくりとエクササイズを終えましょう。

エクササイズ㉜を振り返って

このエクササイズをとても簡単だと感じる人もいれば、非常に難しいと感じる人もいます。まったく自信をもてず、強い自己批判を感じているのに、自分と似たような状況の人には簡単に慈悲を向けられることに気づく人もいます。他人への慈悲の心が大切だと感じているのに、自分には同じぐらい慈悲を向けることができなければ問題となります。

また、イメージする相手の中に自分を見てしまい、相手の状況や問題に対して批判的になることでエクササイズを非常に困難なものとして感じる人もいます。あなたの中の批評家が、このエクササイズで思い描く相手に対して、非常にネガティブになるかもしれません。どのような問題であれ、人は自分の状況を思い出させるような人が身近にいることを困難に感じ、同じように苦しんでいる人に対して不注意にも敵意をもつことがあります。あなたがこのケースに当てはまるのであれば、それは珍しいことではないと認識しておくのがよいでしょう。しかし、自信をつけるのを試みるように、似たような状況にある人に慈悲の心を向ける能力を育て、成長させるようにしてみる必要があることを忘れないでください。以下にいくつかの方法を挙げます。

- もう一度エクササイズに取り組み、相手に批判的になっていることを意識するようになったときは、注意をマインドフルネスのエクササイズや心地良いリズムの呼吸、あるいは充実を感じる場所に向けるとよいでしょう。一度この作業を終えたあと、慈悲の心を用いてエクササイズに戻りましょう。

- エクササイズで思い描く相手として、人生のある部分に対して自信をもてない人など、少しだけ自信がない人に焦点を当てるとよいでしょう。
- 臆病な動物に焦点を当てながらエクササイズに取り組みましょう。不自然なことのように思われるかもしれませんが、自分の問題に対してセルフ・コンパッションを高めるために脳を訓練することが、究極的な目的です。問題はどこからエクササイズを始めるかではなく、どこにたどりつくかということです。

エクササイズ㉝：慈悲を自分の内側に向ける

準備として、何らかの問題に苦しんだ子ども時代のことを思い出してみましょう。それは宿題や授業だったでしょうか。特定の社会的状況や場所で起きたことかもしれません。前のエクササイズと同様に、逆効果になるかもしれないので、強い感情を呼び起こす状況は思い出さないようにしましょう。その代わり、強い感情を呼び起こすものでも、まったく呼び起こさないものでもなく、ちょうどよい感情になる思い出を用いましょう。

一〇～一五分ほど一人になれる、できるだけ集中を乱すものから離れた場所を探しましょう。集中したまま、リラックスした姿勢で座りましょう。エクササイズ中は目を閉じるか、視線を落として一点を見つめましょう。

心地良いリズムの呼吸や充実の場所のエクササイズによって、心と体を落ち着かせましょう。

次に、慈悲の心がもたらす感覚的な経験をすべて受け入れ……慈悲深い人物の役を想定するか……記憶を通して慈悲を呼び起こすか……あるいは、理想の慈悲の自己を想定してもよいでしょう。

子ども時代に苦しんだときの状況をゆっくりと思い起こし……しばらくの間、自分を観察し……慈悲の心を使って、子どもとして自分に対して慈悲を経験し……ウェル・ビーイングへのケアや……同情、共感……苦悩に耐えたり抑えたりする能力……苦悩に対する思いやりと注意……判断せず……すべて温かさの文脈の中で行いましょう。

十分に実施できたら、周囲に意識を向けてゆっくりとエクササイズを終えましょう。

エクササイズ㉝を振り返って

問題のある記憶や感情、思考、感情を呼び起こすかもしれないので、このエクササイズの実践は難しいかもしれません。子ども時代の状況を思い出しながらエクササイズを実践するように述べたのは、そのためです。悲しみと結びついているときは、子ども時代の記憶に向けられる自己批判が小さくなるため、その結果として慈悲をもって向き合うことが容易になります。

人生のある時期に、自分のある部分に対して慈悲を育むことは、セルフ・コンパッションを高めるためのステップになることがあります。

エクササイズ㉞：自分の人生と現在に対する慈悲

このエクササイズでは、エクササイズ⑧（第４章）で実践したフォーミュレーションを再検討します。今まで実践したエクササイズが、現在の状況と人生に対して、より深い理解と感情的な結びつきをもたらすことが期待されます。

準備として、第４章（図④を参照）で使ったフォーミュレーションを見直してみましょう。これは現在の状況へと導いた要素と、その状態を維持している要素を表しています。

一〇～一五分ほど一人になれる、できるだけ集中を乱すものから離れた場所を探しましょう。集中したまま、リラックスした姿勢で座りましょう。エクササイズ中は目を閉じるか、視線を落として一点を見つめましょう。

慈悲の心を使って、感覚的な経験をすべて受け入れ……慈悲深い人物の役を想定するか……記憶を通して慈悲を呼び起こすか……あるいは、理想の慈悲の自己を想定してもよいでしょう。

慈悲の心の特性を思い出し……ウェル・ビーイングのケアへの純粋な感覚を経験し……同情……共感……苦悩に対する忍耐……思いやりと寛容……慈悲の心の知恵を感じ……温かさ……力強さと勇気……これらの特質を心と体の両方で感じましょう。

慈悲の感覚を呼び起こしたら、その感覚がどれほど小さなものであったとしても、目を開けてゆっくりとフォーミュレーションを読み通すとよいでしょう……時間をかけて言葉の意味を理解し……それぞれの要点や文章に書かれてあることを理解するまで読み返しましょう。

フォーミュレーションを読み通し、じっくりと考え、自分で書いたことを感情的に吸収するための時間を設けましょう。最も重要なものは、経験したことや経験し続けていることです。

準備ができたら、周囲に意識を向けてゆっくりとエクササイズを終えましょう。

エクササイズ㉞を振り返って

このエクササイズの目的は、あなたのフォーミュレーションをより感情的な経験に変えることです。繰り返しますが、このエクササイズを比較的簡単にできる人もいれば、困難に感じる人もいます。

過去と現在の状況に対して慈悲を感じられれば、エクササイズが何らかの感情と結びつけられている可能性が高いです。その感情は強いものか、あるいはかなり強いものではないでしょうか。あなたは、自分が書いたものの一部と感情的に結びついたこと、あるいはフォーミュレーション全体と結びついたことに気づいたかもしれません。

このエクササイズがあなたのフォーミュレーションをより感情的な経験に変えたかどうかにかかわらず、何度もエクササイズを実践してみることが役に立つでしょう。このエクササイズを終えたのち、慈悲深い言葉を使ったり加えたりしてフォーミュレーションを書き直すことが役立つことに気づく人もいます。このフォーミュレーションを後ほど紹介する「慈悲の手紙の書き方」の項で使うことになりますが、今のところは慈悲の考え方に切り替えるとどのような変化をもたらすのかについて考えるのが役に立つでしょう。

エクササイズ㉟：慈悲深い指導者を成長させる

このエクササイズでは、慈悲の考え方を生み出すうえで役に立つ、慈悲深い指導者を育てる方法を紹介します。慈悲深い指導者は批判的や敵意的ではなく、過去の過ちを延々と指摘し続けることもありません。慈悲深い指導者は、あなたの自信をより役に立ち意義のあるものへと作り上げてくれるでしょう。ときとしてそれは、あなたが自分に対して理解と優しさを高めることにつながるかもしれません。また、直面している重要な状況に対して取り組む強さを与えることで、外的な要素に対応できるようにしたり、より重要なこととして、毎日の生活でより自信をもてるようにしてくれます。

あなたは漫画や写真のように、指導者の詳細なイメージを思い浮かべるかもしれません。あるいは、ぼんやりとした印象を備えているかもしれません。問題は、どのようなイメージを思い浮かべるかではなく、指導者がもっている資質です。指導者がどのように指導し、その存在をあなたがどのように感じるかが重要なのです。

一〇～一五分ほど一人になれる、できるだけ集中を乱すものから離れた場所を探しましょう。集中したまま、リラックスした姿勢で座りましょう。エクササイズ中は目を閉じるか、視線を落として一点を見つめましょう。

慈悲の心を呼び覚まし、感覚的な経験をすべて受け入れ……慈悲深い人物の役を想定し……記憶を通して慈悲を呼び起こし……あるいは、理想の慈悲の自己を想定し……続いて、あなたのことを一番に考えている指導者を想像し……あなたのウェル・ビーイングに純粋に注意を向けている指導者を想定しましょう。

指導者にはどのような資質があるでしょうか。その指導者はあなたの抱えている問題に対して共感的で……常にあなたの必要としていることが分かっていて……ときにはやさしく励ましてくれ……ときには動機づけてくれ……あるいは、困難な状況に置かれたときは一緒にいてくれて……あなたが感じて表出するすべての感情に対して忍耐強く対応してくれて……感受性が高く、寛容な指導者を想像しましょう。

無限の知恵やもっている指導者がそこにいることがどのように感じられるかを想像し……温かさ……強さ、勇気……あなたの抱えているどのような問題をも解決しようとし、自信をつけさせようとしている指導者を想像してみましょう。

少しの間、慈悲深い指導者を想像し……あなたの指導者の慈悲の性質……指導者から受け取った感覚的な経験……指導者がそばにいたときに心と体がどう感じているのかを想像してみましょう。

十分に実施できたら、周囲に意識を向けてゆっくりとエクササイズを終えましょう。

エクササイズ㉟を振り返って

スポーツの指導者や老人、先生、木、妖精、天使、あるいは特定の場所など、指導者の鮮明な視覚的イメージにはさまざまなものがあります。

ある人たちは、かつて知っていた人物か、現在知っている人が最も思い出しやすいと考えます。できれば、生きているか否かにかかわらず、実在する人物を避けたほうがよいでしょう。その理由は二つあります。まず、ここで作り出そうとしているのは理想の慈悲深い指導者なので、完璧ではない人間は相応しくないからです。次に、実在する人物は幅広い感情を呼び起こすことがあり、エクササイズや純粋な慈悲に集中するのを妨げることがあるためです。これらのケースが当てはまるときは、特定のものや人物から離れるために、指導者のイメージに非人間的な特質を融合させると役立つでしょう。

また、指導者という言葉が不適切なものとして感じられるかもしれません。*The Compassionate-Mind Guide to Ending Overeating*〔未邦訳〕において、著者のケン・グロスは「理想の慈悲深い仲間」という言葉を用いており、トラウマを経験した人々の研究を行っているデボラ・リーは、「完璧な養育者」という言葉を用いています。あるいは、「慈悲深い先生」や「慈悲深い案内人」という言葉のほうが合うと感じる人もいるかもしれません。興味深いことに、特定の状況において一つのイメージが役に立つと考える人たちがいる一方で、さまざまな状況のほうが役に立つと考える人たちもいます。また、男性と女性のイメージが混合したものを好む人たちもいます。いろいろと試してみて、役に立つものを用いるとよいでしょう。自分に最も合うものを探すことに集中しましょう。

慈悲深い指導者

慈悲深い指導者を想定することで実在する人間を必要としなくなり、実在する人間と関わりのあるかたちで自信をつける必要がなくなるということはありません。しかし、慈悲深い指導者をイメージすることには、以下のような多くの利点があります。

- 慈悲深い指導者は、周囲に支援的な人々のいない人にとって特に役立つ。
- 人間と違って、慈悲深い指導者は常に利用可能である。
- 慈悲深い指導者は、意味のある本当の友情を作るために、自分との関わり方や他人との関わり方を改善する。
- 慈悲深い指導者は、自分に対してより慈悲深くなるのに役立つ。
- 後で紹介するように、行動をしたあとに思考を振り返るなど、慈悲深い指導者はＣＭＡの別のエクササイズを行う準備をするのに用いることができる。
- 慈悲深い指導者は、私たちをより意識的にして過剰な反応を抑制する。

【チェロキー族の場合――心の中の二匹のオオカミ】

ネイティブ・アメリカンの老人が、孫たちに人生について教えていた。彼は孫たちにこう言った。「私の中で喧嘩が起きることがある。それは二匹のオオカミによるひどい喧嘩だ。一匹のオオカミは恐怖や怒り、嫉妬、悲しみ、後悔、欲望、傲慢、自己憐憫、恨み、劣等感、嘘、愚かな自負心、優越感、そしてエゴを象徴している。もう一匹のオオカミは、喜びや平穏、愛、希望、共有、安らぎ、謙虚さ、優しさ、博愛、友情、共感、寛容さ、真実、慈悲、信念を象徴している。この対決がお前たちの中でも、すべての人の中でくり広げられている」。孫たちはしばらくこの話について考え、老人に質問した。「どっちが勝つの？」。チェロキー族の老人は数秒ほど沈黙し、そして温かく答えた。「お前がエサをやるほうだよ」。

まとめ

いったん高めると、あなたの慈悲の心は、自信をつけるための基礎としての役割を担うようになります。脅威システムを抑え、必要な特性や能力、堂々と人生の困難に立ち向かう能力を与えてくれます。

マインドフルネスのエクササイズに加えて、本章で行ったエクササイズも毎日の生活の中で実践してみてください。これは、エクササイズのために時間を設けることを意味しています。後になって、エクササイズのために時間を取ることが少なくなっているのに気づくかもしれませんが、たとえば、温かいものを飲むときや散歩の途中、植物に水をやっている間など、ふだんの活動のなかにエクササイズを組み込むことができるでしょう。

10

自分を傷つける考え方に対して慈悲の考え方を使う

一つの温かな思考は、私にとって金銭よりも価値がある。
——トーマス・ジェファーソン

ここまで、心が自分を傷つける考え方や、イメージ、自己批判の場になる可能性があることを見てきました。多くの場合、これらの自己批判には、問題を抱える感情や多様な身体感覚、それに伴う行動が付随します。本章では慈悲の考え方を使って、自分を傷つけようとする傾向に対処する方法を検討していきます。自信との関連で、慈悲の考え方は自分を温かく理解しようとします。過去にあなたに影響を与えた要素や、現在の生活に影響を与えている要素の両方を、理解しようとするのです。あなたの抱えている問題に対して共感し、それらの問題に対処する強さと勇気を身につけるのに役に立つのです。

本章では、以下の事柄に焦点を当てていきます。

- 自分の思考や価値観を理解する。
- 心に浮かぶ思考やイメージに気づく。
- 慈悲の代替思考を生み出し、あなたを傷つける可能性のある思考を、理性的な心と慈悲の心の両面から評価する。

- 慈悲の心を強化するために二つのイスを使う。

自分の考え方や価値観を理解する

心の中に複数の考え方やイメージが同時に生まれることがあります。ときとして、これらの考え方やイメージは日常的な出来事と関連していますが、自信の問題で苦しんでいる場合は、過去に起こったことや、これから起こりそうなことへの心配と結びつく傾向があります。また、他人や世界に対する一般的な価値観と同様に、毎日の出来事はあなたのもっている自己イメージについての考え方を呼び起こします。

さらに、私たちは考え方そのものについて考えることもあります。言い換えれば、自分はおかしいのかもしれない。もっとポジティブな考え方ができればいいのに、こんなことを考えるなんて変なのかもしれない、などと自分の考え方を批判することもあるでしょう。

これから紹介するエクササイズの準備として、本章の前半では私たちが特定の傾向で考える理由と、物の見方を広げる方法について見ていきます。また、思考のパターンを変えるのに時間を要する理由についても検討していきます。その後、新しい脳をどう使えばこれらの取り組みを支えられるかを見ていきます。

脳の驚くべき能力は両刃の剣になる可能性がある

人間には複雑な思考をする能力と、思考について思考する能力（これは、しばしばメタ認知と呼ばれる）を備えています。この能力があるため、毎日の出来事を頭の中で実況解説することができます。物語やイメージによって、過去の出来事を思い出して未来を予想することができます。これらの能力は種の存続にとって、非常に重要なものでした。人間の脳は、物事の関係性を結びつけ、他人の行動や動機を理解し、予想した出来事に対する準備をさせ、過去の出来事に関連したリスクの要素に取り組み、想像の世界へと私たちを導くのです。

しかし、私たちの脳には「石橋を叩いて渡る」傾向もあり、困難と感じるもの（過去、現在、未来にかかわらず）に焦点を当てて、それに取り組ませることがあります。これは、身体感覚はもちろんのこと、それに伴う思考とイメージにも、問題を抱える感情を生み出すことがあります。覚えておくべき重要な点は、これが個人の責任ではなく、脳や遺伝子、過去の人生経験によって生み出されたということです。

変化は段階的に起こる

ときとして、私たちは物事に対する意見や思考を、即座に変えることがあります。たとえば、あなたは本書を読んで、すでに物の見方や考え方が瞬時に変わるような閃（ひらめ）きを受けたかもしれません。

しかし、別のときには、自分に対する考え方や見方の変化はより緩やかなプロセスをたどります。変化には以下の三つの要素が関わっています。一つめは、脳が情報を処理する方法、二つめは、特定の方法で考えた時間と脳を鍛えた時間、三つめは、新しい物事を学ぶために要する時間です。

脳が情報を処理する方法

複雑な世界と大量の情報に囲まれた環境の中で生きるために、脳が即座に結論を出し、瞬間的に予測を出せるように発達してきたことが証明されています。脳の主要な機能は、より重要なことのために温存されてきました。つまり、私たちは結論や予測を、信念や仮定というかたちで経験するということであり、それらが体格や性格と同様に、生活環境や周囲の人々に適応していることを意味しています。脳はすべての信条や推測が真実だと見なします。脳は自らの価値観を裏づける事実はすぐに受け入れますが、矛盾している情報はしばしば拒絶したり修正したりします。

【スーザンの場合】

スーザンは家族から「役立たず」と言われて育ち、そのような扱いを受けてきた。両親や年下のきょうだいも彼女が何もできないと考えて、彼女のためにあらゆることをし、家族が集まると彼女をからかった。彼女はすぐに他人に従うことを学び、自分の役に立たなさを事実として受け入れるようになった。大人になってから、この価値観を裏づけるような状況に置かれると、彼女は自分が実際に役に立たないということの証拠として、それらを受け入れた。

スーザンは自分の業績や個人的な強みに気づくことなく、物事がうまくいき、自分のポジティブな側面に関する証拠を示されても、すぐに「運が良かっただけ」と言ってそれらを退けた。そのようなとき、彼女は他人が自分に親切にしてくれていると思ったり、さらには、彼らの目的のために自分は操られているのではないかと考えることもあった。たとえば、大学を卒業後に就いた仕事を満足にこなして、着実にマネージャーの地位にまで昇り詰めたにもかかわらず、スーザンはその成功が自身の技術や能力によるものだとは考えなかった。彼女はそれが「適切な時間に適切な場所にいた」ためであり、父や母が自分のために画策したのではないかとさえ考えた。昇進を告げられたときも、彼女は手が空いていたのは自分しかいなかったのだ。他に競争相手がいれば、私が選ばれたはずがないと考えた。

スーザンの話から、脳が自分に対するネガティブな価値観を強化して、終わりのない思考パターンを築いていることが分かります。この思考のパターンを変えるためには、時間と努力が必要となります。

年齢	時間
二〇	一七五，二〇〇
三〇	二六二，八〇〇
四〇	三五〇，四〇〇
五〇	四三八，〇〇〇
六〇	五二五，六〇〇
七〇	六一三，二〇〇
八〇	七〇〇，八〇〇
九〇	七八八，四〇〇

脳のトレーニングをしてきた時間

これまで自分に対する特定の価値観をもっていたのなら、特定の考え方に膨大な時間を費やしてきたことになります。自分の自信の問題について意識的に取り組みはじめたとき、私は三四歳でした。これは、私がそれまで二〇九万七〇二四時間も、特定の方法で考えたり、行動したり、感じたりしてきたことを意味します。上の表を見て、どの程度の時間を脳のトレーニングに費やしてきたのか、確認してみてください。

当然のことながら、人はずっと起きているわけではなく、自分に対するネガティブな見方は、一〇代の終わりや二〇代の前半に始まったかもしれません。しかし、特定の方法で考えてきたおおまかな時間を知るのは、有意義なことです。思考の合計時間に驚いたのなら、根本的な変化をもたらすために膨大な時間と努力が必要だということは、理解できるのではないでしょうか。

新しい技術を身につけるためにはどの程度の時間が必要とされるか

コンパッション・フォーカスト・セラピー（CFT）や、コンパッショネイト・マインド・アプローチ（CMA）が脳にとっての理学療法と呼ばれるのは、新しい技術を身につけるために時間と努力を必要とするためです。私たちは段階的に変化をもたらそうとしているのです。

本書のエクササイズは脳に長期的な変化をもたらすことができますが、一、二度歩いたことのある森の中を歩くのが難しいのに似て、新しい脳の経路を発達させることは困難です。自己批判などの他の経路を見つけることは簡単ですが、その経路のみをたどるとどういう結果になるかは明らかです。最も必要とされる行動は、これらの新しい経路を意図的に繰り返し歩くことで、そのうち経路を見つけて歩くことが簡単になるでしょう。目的は、経路を意識的に切り替える必要がなくなるまで、新しい経路を古い経路よりも魅力的なものにすることです。そうすることで、自動的に新しい経路をたどることができるようになります。

自分の役に立つように新しい脳を変える方法

幸いにも、新しい脳には古い脳を説得し、適切なときに抑制したりなだめたりする能力が備わっています。より具体的にいえば、新しい脳を使って乱暴な心から距離を置き、目の前の出来事に対してより良い視点を獲得することができるのです。新しい脳を使って状況を再評価し、今とは異なる反応や見方、感情へとあなたを導くことができます。

心の中に生じる思考やイメージに気づく

心の中を支配して自信を傷つける思考やイメージを、自覚している人もいます。そのケースに当てはまるのなら、次の二つのエクササイズを飛ばして、エクササイズ㊳に進んでもかまいません。しかし、そのような思考やイメージを特定したり、思い浮かべたりすることが難しいと感じた場合は、この節が役に立つでしょう。

これから紹介するエクササイズの目的は二つあります。一つめは、頭の中に浮かんだことを事実として単純に受け入れないように客観性を高め、自分の考えに気づくことです。言い換えれば、自覚を高めることであなた自身と思考との関係性を変えることができるのです。二つめは、あなたの自信を傷つける思考やイメージを自覚し、今後検証するための材料を得ることです。

エクササイズ㊱：心の中を支配している思考やイメージに気づく

まず、第7～9章で紹介したエクササイズを思い出してみましょう。これらのエクササイズには、マインドフルネスや慈悲のための準備、慈悲の心を育むことが含まれていました。これらのエクササイズを行っている最中、あなたは自信を傷つける思考やイメージ（反復的なものか否かにかかわらず）が浮かぶのを感じなかったでしょうか。それらの思考やイメージは、過去・現在・未来のいずれかに関連していたかもしれません。気づいたことがあれば、ノートや日記に書き込むとよいでしょう。

次に、本書を通してここまで記録してきたものをすべて見返してみましょう。自分を傷つける思考やイメージを特定することはできるでしょうか。

最後に、この一週間や一カ月間の出来事を振り返って、自信が傷つけられた記憶があるでしょうか。傷つけられた記憶がある場合は、落ち着きを取り戻せる状況を思い出してみましょう。しばらくの間、自分がその状況の中にいるところを想像してみましょう。その経験と結びつくのを促すため、目を閉じてみましょう。その後、以下の質問に答えてください。

1　その状況では、あなたは大まかに何を考えていましたか。

2　あなたの脳の不安な部分は、何を考えていましたか……

……それはあなた自身に関すること、他人、世間一般についてでしたか。

3　あなたの脳の悲しい部分は、何を考えていましたか……

……それはあなた自身に関すること、他人、世間一般についてでしたか。

4　あなたの脳の怒っている部分は、何を考えていましたか……
……それはあなた自身に関すること、他人、世間一般についてでしたか。

5　あなたの脳の嫉妬深い部分は、何を考えていましたか……
……それはあなた自身に関すること、他人、世間一般についてでしたか。

6　その状況では、最も恐れているのは何ですか。

7　エクササイズの最中、心の中で自己批判的な考えやイメージ、自分を傷つける考えやイメージが生まれることに気づきましたか。

8　この状況では、あなたが自分や他人、世間一般に対して、意識的に適応しているルールはありますか。

その状況について十分に検討したなら、心地良いリズムの呼吸や好みのイメージ・エクササイズを用いて、スージング・システムと結びつけるとよいでしょう（心を特定の状況に戻すことは難しいので、このエクササイズ中の休憩時間に、心地良いリズムの呼吸や充実を感じられる場所のエクササイズ、または慈悲のエクササイズを用いるとよいでしょう）。

スーザンのワークシートには、彼女がこのエクササイズを通して発見したことが記されています。

スーザンのワークシート：自分を傷つける思考やイメージに気づく

1　第7～9章で呼び起こされた、自分を傷つける思考やイメージ

- 集中することができない。私にはこのエクササイズができない。
- 私は自分に対して慈悲を向ける資格がない。望ましい変化は起きていない。

2　日記に書かれた、自分を傷つける思考やイメージ

● ママが私に向かって「ダメ」と指を振っているイメージ。私は哀れだ。
● 人生を無駄にしているので、前進して人生を変えなければならない。
● このエクササイズができない。

3　職場の上司による、自分を傷つける思考やイメージ

● 仕事ができない人間だと思われてしまう。少しも成長できない。
● 彼女は私が最大限の努力をしていることに気づいていないのだろうか。
● 不公平だ。自分と似たようなことをしているのに、いつもポーラだけうまく切り抜けている。
● 私はこの仕事を失うことになる。私は何も達成できないだろう。私の最大限の努力では足りず、仕事を頑張っても意味がない。

エクササイズ㊲：心の中で考えやイメージが生起することに気づく

心を支配して自信を傷つける思考やイメージに気づくために、以下の二つのことを実践してみましょう。

1　これからの一週間、困難な状況におけるマインドフルネスや、慈悲のイメージの実践に関するメモを取るようにしましょう。それぞれのエクササイズを終えた後、ノートや日記に浮かんだ思考やイメージを書き記しましょう。

2　これからの一週間、自信が傷つけられた状況について検証しましょう。何が起こったとしても、そのときに心を支配している思考やイメージに温かく注意を向けましょう。これらの状況を特定することが困難である場合は、感情や身体的感覚、特定の行動を目印として用いましょう。たとえば、不安や恐怖、怒りを最初に気づく人がいます。また、心拍数の上昇や発汗、口の渇き、緊張、重苦しさを感じる人もいます。さらに、自分が汚されたと感じて、身をきれいに洗いたいという衝動を覚える人もいます。必要がないのに食事やアルコール、タバコを渇望したり、皮膚をつねったり引っかいたりする人もいます。

ここに例示した反応はすべて、「自分は今何を考えているのだろう」と自問することを思い出させるものとして、見なされるべきです。そのようなときに心地良いリズムの呼吸を実践することで、自分自身を温かく受け入れるうえで役に立つでしょう。その後、エクササイズ㊱で用いた質問を現在形にして自問するとよいでしょう。

1　その状況では、あなたは大まかに何を考えていますか。

2　あなたの脳の不安な部分は、何を考えていますか……
……それはあなた自身に関すること、他人、世間一般についてですか。

3　あなたの脳の悲しい部分は、何を考えていますか……
……それはあなた自身に関すること、他人、世間一般についてですか。

4　あなたの脳の怒っている部分は、何を考えていますか……
……それはあなた自身に関すること、他人、世間一般についてですか。

5　あなたの脳の嫉妬深い部分は、何を考えていますか……
……それはあなた自身に関すること、他人、世間一般についてですか。

6　その状況では、最も恐れているのは何ですか。

7　エクササイズの最中、心の中で自己批判的な考えやイメージ、自分を傷つける考えやイメージが生まれることに気づきましたか。

8　この状況では、あなたが自分や他人、世間一般に対して、意識的に適応しているルールはありますか。

これらの質問をノートや日記に書いておき、困難な状況になったときはいつでも使えるようにしておくと役立つでしょう。

脳の理学療法について

上腕二頭筋を鍛えたいとき、肘から先を単純に上下させるだけでは、望ましい効果を得られないでしょう。すぐに重いダンベルを持ち上げることも、よいアイデアとは思えません。効果的に必要な変化をもたらすためには、適度な抵抗を用いて取り組むことが重要です。

これは、あなたが現在取り組んでいるエクササイズにも当てはまります。エクササイズが簡単なものである場合、それはそのエクササイズが努力を注ぐ必要がないことを意味しています。しかし、その一方で、目を閉じてこれらのエクササイズに十分に取り組むことが難しく感じられ、過剰な感情を喚起する場合、これもまた時間と努力の使い方としては非効率的であると言わざるをえません。最高の結果をもたらすためには、達成可能であり、かつ簡単すぎない強度で取り組む必要があります。頑張りすぎたと感じた場合、ジムで休憩を取るように、感情が鎮静化するまで一定の時間マインドフルネスかスージングのエクササイズを行うとよいでしょう。

エクササイズ㊱と㊲を振り返って

これらのエクササイズに取り組むなかで、起きたことを解決したいと思うようになるかもしれません。そう思った場合は、そう思うことが一般的なことであることを理解し、好奇心をもって思考やイメージに意識を向けましょう。

困難な状況を思い出していたり、困難のただなかにいる場合、心地良いリズムの呼吸がスージング・システムを起動して物事を深く考える時間を提供してくれるでしょう。しかし、問題に関する思考を止めたり、思考にアクセスすることを防ぐことに気づく人もいます。あなたにとって最も効果的なエクササイズを実践しましょう。

これらのエクササイズは、特定の状況と結びついた思考やイメージに気づくことに重点を置いていますが、多くの人は思考やイメージが特定の状況に限られたものではないことに気づくことになります。未来のイメージに対する予想と同様に、過去の思考やイメージも思い浮かぶかもしれません。

たとえば、社会的な状況において、デイビッドは「あいつらは俺が退屈な人間だと思っている」「俺には人間関係が築けない」などの思考を生み出し、これが「自分は結婚相手を見つけることができない」という思考や、アパートで一人暮らしをしている一〇年後の自分のイメージを生み出していきました。

社会的な状況において不安を感じると、ヴァレリーは「私は不安そうに見えている」「みんな自分が不安になっていることに気づいていて、批判している」という考えをもつだけでなく、学校の遊び場で他の子どもたちにからかわれているイメージとともに、赤面してうろたえている自分の視覚的なイメージをもちました。

考えやイメージが現在・過去・未来の状況に限定されたものであったとしても、重要なことは、それに気づいてそれらの思考を自覚するということです。

慈悲の代替思考とイメージを生み出す

自分の心を支配して自信を傷つけている思考やイメージに気づきはじめたら、慈悲の代替思考を生み出すことで、新しい脳のパターンを改善することができるかもしれません。その結果、状況から一歩引いてバランスの取れた現実的な視点を獲得できます。そうすることで、頭の中の思考やイメージによって、偏見をもって感情的にコントロールされることが少なくなります。以下のエクササイズは、新しい脳に古い脳に反応するよう指示し、そのプロセスを通して、脳の一部ではなくすべての能力を反映した結論に導こうとするものです。

今や、さまざまな状況の出会ったときに心の中を走り回る思考やイメージの多様さに対して、より自覚的になったのではないでしょうか。次に、あなたの自信を傷つける要素を具体的に検討します。

バランスの問題

「自分の古い脳が正しかったらどうしよう。周囲の人が本当に私をネガティブに批判していたらどうしよう。仕事を失ってしまったらどうしよう。恋人が不倫していたらどうしよう」と思うことは自然なことです。

慈悲の代替思考を生み出すことは、あなたがもっている直感を封じ込めることではありません。代替思考は、より広い視野をもち、しっかりと考えたうえでの判断です。その結果、最初の直感が正しいと判断した場合、新しい脳はこの問題に対して取り組むうえで助けになるでしょう。難しい問題に対して、対処する力と努力を提供してくれるでしょう。どのような痛みや混乱にも向き合って、自分自身の回復力を思い出してくれるでしょう。あなたがかつて向き合うことで対処した他の困難を、思い起こさせてくれるでしょう。最もつらい状況において、あなたの指導者とともに対処する準備をしてくれるでしょう。

慈悲の代替思考を生み出して、その効果を経験するために、ＣＭＡは五つのステップ[1]を推奨しています。

ステップ１　慈悲の思考／イメージのワークシートに、問題のある思考やイメージ、自覚するようになった問題などについて書き出します。

ステップ２　記録者ではなく質問者としての脳の実用的な部分を活用して、手元にある情報に対するバランスの取れた視点を獲得します。新しい考え方を採用するために自分を偽るのではなく、考え抜いて、バランスの取れた結論を出すことが目的です。以下の質問を使って代替的な視点を生み出してみましょう。

- この状況を一歩引いて見たら、別の見方はできるでしょうか。
- 私が出した結論と矛盾する証拠はあるでしょうか。
- 強い感情を経験していなければ、この状況や自分自身、他人について別の考え方をしていたでしょうか。
- 一年後に過去を振り返ったとしたら、今と同じように考えているでしょうか。
- 友だちが私と同じ考え方をしていたら、私はどのような言葉をかけるでしょうか。自分は友だちに何と声をかけてほしいのでしょうか。
- 私に思いやりを注いでくれた人、注いでくれている人なら何と声をかけるでしょうか。

1　代替思考を生み出すことを目的としていることに気づくためだけではなく、そのような思考をもつことの効果を感じることで、知性のエクササイズを感情のエクササイズへと変えるために、ここでは「経験」という言葉が使われています。

● 過去に特定の考え方をして、その結果として出した結論が間違っていたということはなかったでしょうか。
● 自分が正しかったとしても、自分に対する助言はないでしょうか。
● 状況や他人、あるいは自分自身に対して、非現実的なことを期待してはいないでしょうか。
● その状況に関わっている人には何が起こったのか、あるいは、起こっていた可能性のあることは何だったのでしょうか。
● 自分自身の問題よりも、状況や他人の問題なのでしょうか。

ステップ 3

慈悲の考え方を使って、思考やイメージの中に慈悲的な視点を生み出します。理想の慈悲の自己、完璧な養育者、慈悲の指導者など、あなたが最も効果があると感じるものを用いるとよいでしょう。以下の質問は、苦痛をもたらす考え方に対する、あなたの慈悲の反応を深める手助けとなるでしょう。

私の慈悲の心は敏感に反応し、私が経験した状況と感情が厄介なものである理由を実証したでしょうか。

私の反応は……


……理解と受容、思いやりを含んでいるでしょうか。

……人間が複雑な種であり、苦悩する生き物であるということが、分かっているでしょうか。

……自己批判する傾向があるということが、分かっているでしょうか。

……寛容な姿勢を保っているでしょうか。

……三つの感情制御システムのうちの何に集中したら最も効果的か、考えているでしょうか
……自信をつけるために多くの人が苦しんでいて、自分一人ではないということを知っているでしょうか。

……ときとして人生は厳しく、人は自分を傷つけることがあることが分かっているでしょうか。
……経験を避けるのではなく、経験によって感動することを受け入れているでしょうか。

ステップ 4　もう一度慈悲の心を使ってワークシートに書いたことを読み返すことで、一つ一つの新しい結論により大きな感情的衝撃をもたらそうとします。慈悲の心が、問題のある感情や、苦しいときにあなたを支援する力をもっていることを忘れないでください。慈悲の心によって、あなたは、ただ知っていることを、感じることのできるものへと変えることができるのです。

ステップ 5　書いたり経験したことを見直し、そのうえで自信をつける方法を探ります。ワークシートを見直しながら、以下の質問に答えてみるとよいでしょう。

- 私の書いた代替思考と代替イメージは役に立ったでしょうか。
- 書いたものを読むとき（黙読、あるいは声に出して）、声のトーンは温かいでしょうか、落ち着くでしょうか。支援的でしょうか。
- 考え出した代替思考を読み通すことで、温かさの感覚を生み出すことができるでしょうか。

ハリーの話は、五つのステップが有効なエクササイズになる良い例となっています。

【ハリーの場合】
ハリーは自分の自信のなさに悩んでいた。それは彼が高校で経験した困難が原因だった。ハリーはもともと内気だったが、彼は裕福な家庭で育った自信のある男たちがいる集団に属していた。一方、ハリーの家族は生計を立てるために苦しんでいた。彼は兄のお下がりを着て、高い費用がかかるという理由から放課後の遠足に参加することができなかった。

ハリーが一三歳のとき、彼の家族は学校から離れた場所に引っ越した。ハリーは友人たちに会う機会が少なくなり、より孤立するようになった。彼は友人たちが自分に会いに来ようとしないことに腹を立てた。彼らはハリーが自分たちの所へ来ることを期待していたのだった。ハリーは自分の思いを打ち明けようとしたが、問題は解決することなく大きな喧嘩へと発展し、その後、友人たちとの関係は悪くなってしまった。落ち込んだまま、ハリーは友人たちとは関わらないようになり、劣等感を抱くようになった。彼は多くの状況、特に昔の友人たちのいる教室において不安になった。その問題に、ハリーは自分が不安を抱えているように見えないように自分自身を監視することで対処した。彼は拒絶されることを恐れるようになり、人と会話をするときに極度に気をつけるようになった。

一五歳のとき、近所に引っ越して来た同い年の少年が学校に入学すると、彼の人生は転換点を迎えた。二人は友だちになり、転入生が地域と学校に慣れるまで面倒を見ていくなかで、ハリーは自信を再構築することができることに気がついた。しかし、それまでの二年間の影響で、ハリーは不安と劣等感に悩まされ続けた。

大人になった後、ストレスの多い状況下において、ハリーは自分を傷つける考えで心がいっぱいになるのを感じた。いくつかの考えは彼が置かれた状況に関わる具体的なものであったが、彼は繰り返し浮かび上がる考えを特定することができた。慈悲の代替思考と代替イメージを生み出すために、ハリーは次の五つのステップを踏んだ。まず、彼は自分を傷つける考えやイメージを記録した（「ハリーのワークシート」の上の欄を参照するとよい）。次に、ハリーは代替的な視点を生み出すために、自分にいくつかの質問をした（ステップ2）。ワークシートの下の欄に、彼は理性的な代替的な思考と代替的なイメージを記録した。

ステップ3で、ハリーは慈悲の心を使って、自分の置かれている状況に対するより慈悲的な視点を獲得しようとした。彼は心地良いリズムの呼吸をすることを選んだ。数分後、彼は理想の慈悲の自己のイメージを喚起して、慈悲の重要な特性や特徴を思い出して、心と体でそれらを実感した。この考え方において、彼は自分を傷つける考えを一つずつ確認して、ゆっくりとそれぞれの状況に慈悲深く対応していった。

ハリーのワークシート：慈悲の代替思考とイメージ

自分を傷つける思考やイメージ	代替思考と代替イメージ
自分は失敗してしまうだろう。	● 自分が大失敗を犯すことはない。物事がうまくいったときのことをいくつも思い出すことができる。全体的に見ると、うまくいっている。 ● 完璧ではないからといって、自分が失敗したとは限らない。 ● 不安と脅威システムが結びついている。正しい結果が生まれるとはいいきれない。 ● 失敗したとしても、そこから教訓を得て成長したい。
周囲の人々が私をネガティブに見たり、批判したりしている。	● 周囲の人は私が思っているよりも私を批判してはいないと思う。不安を生起する状況において、自分の不安がそう思わせているのだ。 ● 自分に期待してくれている人もいる。 ● 良い評価をもらったこともある。それは私自身にも、仕事に関してもそうだ。 ● 実際、完璧な人間を好きになることは難しい。そうなろうと目指す必要はないだろう。 ● ジュリーはミーティングで不安そうにしているが、自分は彼女のことをそう悪くは思っていない。むしろ、かわいらしいと思う。 ● トムは自分や仕事ぶりのアピールがうまいが、他の面で苦しんでいることを知っている。

自分は役立たずだ。	● 一年以上この仕事に就いているのだから、少しは役に立っているはずだ。 ● 自分自身に満足している部分もある。 ● 自分と一緒に時間を過ごしたいと思っている友人がいる。 ● ポジティブな能力がいくつもある。聞き手であり、笑うことができる。
自分は孤独だ。	● 人生の最後に孤独になるかどうかは誰にも分からない。人に会う機会を増やして、自分に良い友人ができるようにするだけだ。
いつも悪い方に進む／重要なときにそういうイメージが浮かぶ。	● うまくいったこともある。気分が落ち込んでいたり不安なときは、それを思い出すことが難しいだけだ。 ● いくつかの面接はうまくいった。 ● 良いアパートを借りることができた。 ● 楽しい夜遊びを経験したこともある。良い友人もたくさんいるし、多くのことを楽しんでいる。
どうしていつも自分を傷つけてしまうのだろう。自分がうっとうしい。	● 継続的に何かに取り組もうとするのは、自分を改善したいから。私は成長したい。 ● 誰もが何かに取り組まなければならないし、一度も間違いを犯さないということはない。 ● 自分がトレーニング中であると考えることが役に立つかもしれない。仕事であれ人間関係であれ、私は勇気をもって取り組むが、時として失望するときもある。

ハリーはワークシートの欄外に、自分の慈悲の反応を書き加えることにした。さらに、彼は最初の欄に書いたこととの関係性について、それぞれの要点をワークシートに書き込むこともできた。彼の思考やイメージは以下のことを含んでいた。

● 物事はたいてい難しい――人生には厳しいこともある。

- 自分が今のように感じている理由を理解することができる。
- 自分にはコントロールできないことがあり、それに対して批判する人がいる――これはつらい。
- このようなことは自分にだけ起きているわけではない。
- 自分はつらい時間を経験してきたので、それに苦しんでいることはごく普通のことだ。
- 当然のことながら、今の状態を改善させたいと考えているが、自分を傷つけるよりも支えるほうが役に立つかもしれない（批判的な教師ではなく、慈悲深い指導者のそばにいるイメージを心に留める）。
- 自分は自信を築き上げていて、慈悲深い指導者の力と知恵を使うことは役に立つ。
- 自分の抱える問題について理解することだけでなく、挫折の経験から学んで次につなげることも大切だ。

ハリーは短い休憩を挟み、最後から二番目のエクササイズ（ステップ4）において、慈悲の考え方を呼び起こした。彼は心地良いリズムの呼吸に取り組んで、慈悲深い指導者を頭の中に思い浮かべた。この考えによって、ハリーは自分の中に響くように慈悲の代替思考や代替イメージを浮かべる時間を設けた。これは代替思考により大きな効果を与え、それらを退ける古い脳の能力を低下させるうえで役に立った。

最後に、ステップ5において、ハリーは書いたことと経験したことをもう一度振り返った。彼は温かく落ち着いたトーンで書いたものを声に出して読んだが、その経験は本当に役に立つことになった。やがて、ハリーはこのエクササイズを繰り返し行うことで、自信を高めるためだけではなく、難しい状況に置かれたときにもエクササイズをすぐに行えることに気がついた。

ハリーの話は、一つの問題に対して全体的なアプローチができることを示すうえでの、包括的な例です。自分を傷つける思考やイメージを一度に解決しようとするよりも、問題を一つ選んでじっくりと取り組むほうが簡単であることに気づくでしょう。

自信を傷つける思考やイメージに集中し続けることよりも、慈悲の考えを生み出すために以下のエクササイズを実践するとよいでしょう。あなたの役に立つものを探すことを忘れてはいけません。エクササイズの正しさや整合性、簡潔さについて、思い悩む必要はありません。まずは、エクササイズを実践して心の中に何があるのかを探求したあと、問題を解決する糸口を探ってみましょう。

エクササイズ㊳：新しい慈悲の脳に声を与える

ワークシート⑦か、もしくはノートや日記に、慈悲の思考やイメージについて書き記すとよいでしょう。その際、以下のステップを踏むことを忘れないでください。

1　問題のある思考やイメージに気づきましょう。
2　慈悲の代替思考や代替イメージを生み出します。
3　より慈悲の視点を生み出すために、慈悲の心のエクササイズを活用し、すでに書き記したものにその結果をさらに書き加えましょう。
4　慈悲の考え方のなか、体の中に浸透して感情的な効果を及ぼすように思いついた、慈悲の代替思考と代替イメージを、ゆっくりと読む時間を設けましょう。
5　自分が書いたものを読み直しましょう。

ワークシート⑦：あなたの慈悲の代替思考と代替イメージ

自分を傷つける思考やイメージ	代替思考と代替イメージ

これらの異なるステージを順調にこなすために、本章の前半で紹介した五つのステップを参照するとよいでしょう。特にステップ2、3、5に記されてあった質問に答えてみると役に立つでしょう。

エクササイズ㊳を振り返って

実践的なものであれ、慈悲のものであれ、紙に考えを書き出すことなく代替思考や代替イメージを思いつけると考えている人がいます。そしてしばしば、彼らは紙を用いるという選択肢があることにも気づきません。たとえば、車を運転中や会議の最中、飲みに出かけているときに物を書くのは難しいでしょう。しかし、たいていの場合、紙に考えを書き出すことは、心を集中させるうえで役に立ちます。物を書いている最中、人は自分の感情を確認することができ、目の前にある問題と向き合うことなく集中することができるのです。私はそれが精神的な算術に似ているように感じます。心の中ですべてを解決しようとすると、その過程で自分を見失ってしまうことになります。しかし、紙に書くことで、自分の抱えている問題を多くの側面からとらえることができます。

ステップ5は、さらに深く考えることで利益をもたらす可能性のある問題を、浮かび上がらせます。たとえば、特定の代替思考やイメージに疑念を覚えた場合、慈悲の心をもう一度呼び起こして問題をさらに深く調べるとよいでしょう。疑念の原因となっていると思われる他の要素はあるでしょうか。代替思考やイメージは、力強い感情的な反応を呼び起こしたでしょうか。あなたの中の批判的な部分が登場して、あなたを傷つけてはいないでしょうか。自信をさらにつけるために取り組まなければならない問題へと導いてくれるため、障害となるものに気づくことは重要です。

最後に、すぐに見ることができるように、ノートの表紙か裏表紙、あるいはポストカードに、大事だと思う考えを書いておくと役に立つかもしれません。「ときとして自分が苦しむことは理解可能である」など、個人的に重要だと思う短い言葉を書けば十分です。「いくつもの苦難を乗り越えてきた……自信を築くことはそう簡単なことではない。毎日、私は自分を育てて成長するために勇気を出そう。挫折したときは自分に対して優しく励ますようにしよう。その後、反省して、明日はまた新たな一歩を踏み出そう」など、より包括的な言葉（あるいは、二つを組み合わせたものでもよいでしょう）を好むかもしれません。これらの言葉を読む前は、心地良いリズムの呼吸を使って慈悲の考え方を呼び起こすことを忘れてはいけません。慈悲の考え方になることで、これらの言葉が心に浸透するようになります。

チェア・ワーク

心の中を駆け回る自己批判的な思考に注意を向け、慈悲の代替思考を呼び起こした後、第7章から第9章で実践したイメージを用いたエクササイズを、別の方法で実践してみましょう。本節では、自分を傷つける思考やイメージと向き合うために、二つのイスを用いる方法を学んでいきましょう。

チェア・ワークは、心理療法において多くの方法で実践されているものです。この場合、あなたはあなた自身の異なる側面、より具体的にいえば、あなたが抱えている問題と慈悲の考え方（あなたの理想の慈悲の自己、完璧な養育者、慈悲深い指導者や教師）を呼び起こすことになるでしょう。多くの人が慈悲の考え方を呼び起こすために異なるイメージを用いるため、このエクササイズでは慈悲の役割という言葉を用いることになります。第9章では、特定の香りや食感、音楽、絵が、慈悲の考え方のスイッチを入れるうえで役に立つことを紹介しました。これが役に立ったと感じたことがあるのであれば、これらの刺激をこのエクササイズの途中に使っても役に立つでしょう。

エクササイズ㊴：二つのイス

問題を抱えて、感情的な反応が呼び起こされたときの状況を、思い出してみましょう。それは、あなたがこれまで取り組んできたエクササイズの中で思い出したものか、ノートや日記に書いたものであるかもしれません。それは、かつて不安や怒りの感情を呼び起こしてあなたの自信を傷つけてきたもので、今では喜んで向き合うことのできるようなものです。

まず、友人が訪ねてきたときにそうするように、二つのイスをいくらかの角度をもたせて、向かい合わせるように配置しましょう。

次に、一つのイスに座り、悩んでいる自分の役割を演じます。自分の悩みや心配事、苛立ちを声に出して表現してみましょう。最初のうちは不自然に感じられるかもしれません。エクササイズが思考に焦点を当てているため、関連する感情には注意を向けないようにしましょう。脳の言語中枢で対話が継続されることが重要であり、強い感情は言語中枢のスイッチを切ってしまうことがあります。自分の抱えている問題のすべてを吐き出す時間を設けましょう。

特定の状況について言葉で表現できたと感じたあと、立ち上がってしばらく歩き回るか、二つのイス以外の別のイスに静かに座ります。心地良いリズムの呼吸を実践しましょう。準備ができたら二つめのイスに座ります。背筋に力を入れて体をリラックスさせた、心地良い姿勢を取ります。あなたの中にある一番慈悲深い部分を頭に思い浮かべて、それが呼び起こす温かさを経験しましょう。慈悲の心を用いて、問題を抱えている自分の前に座っているところを想像してみましょう。顔の表情が柔らかくなるのを感じるかもしれません。苦悩に対する忍耐、温かさと賢さ、寛容さ、勇気など、慈悲の役割の特徴や性質を念頭に置きます。しばらくの間、心と体でこれらの性質を経験しましょう。

次に、声と心の中に温かさを保ったまま、あなたの苦しんでいる部分に声をかけてみましょう。困難を経験していて、人生の厳しさを経験しているのだと理解するとよいでしょう。現在の困難な状況をもたらしたのはあなたの責任ではなく、遺伝子や昔の経験などの多くの要素のためだということを理解するとよいでしょう。こう考えることに不安を覚えることがあるかもしれません。そのような場合は、落ち着くまで時間をかけて心地良いリズムの呼吸を実践しましょう。準備ができたら、役者が演じようとしている人物の中に入っていくような感覚で、もう一度この役割を演じましょう。

声に出して、あなたの中の苦しんでいる部分と向き合います。多くの人が似たような苦しみを抱えていて、あなたは孤独ではないということを覚えておくと役に立つかもしれません。

あなたが演じた慈悲の役割をもつ人物が、共有したいと考えていたことをすべて発表したと感じたら、もう一度立ち上がりましょう。心地良いリズムの呼吸にいくらか時間を費やしたら、最初のイスに戻ります。落ち着くまでしばらく待ちましょう。最初の役割に戻って、目の前にいる慈悲の自己の声に耳を傾け、あなたに向けられた温かさを感じましょう。イスに座ってこの感覚をしばらく経験してみましょう。

このエクササイズから得られるものはすべて得たと感じて、自分の中に生まれた感情を保つことができると考えたときにのみ、自分のためにノートや日記に気づいたことを書き記しましょう。「慈悲の自己は何と言って、どのようなことを私に伝えたかったのだろう。私や、この状況や、その他の似た状況をどのように理解したのだろう」などと自問してみましょう。

すべての重要な点を記録したと感じたら、立ち上がってしばらく歩き回ってみましょう。そうすることが難しい場合は、用意した二つのイス以外のイスに座ってみましょう。心地良いリズムの呼吸を実践しましょう。準備ができたら、もう一度慈悲のイスに座りましょう。他に書き記しておきたいと思うことや、自分の中の苦しんでいる部分に伝えたいことはないでしょうか。

最後に、自分で記録したものを読み返してみましょう。それらの言葉を経験して、心から感じる時間を設けましょう。

エクササイズ㊴を振り返って

このエクササイズと向き合った際、実践しない理由をいくつも思いつく人がいます。彼らは不安になることを恐れて、エクササイズを避けようとします。しかし、私はいつも「失うものはないんですよ」と助言するようにしています。このエクササイズは他の人の前で行う必要はありません。誰もいない家で実践できるのです。最初は遠慮していたにもかかわらず、一度取り組みはじめると、これまで経験したエクササイズの中で最も効果的だったと話す人は多いです。

慈悲の役割を担っているときに、話す必要はないと報告する人もいます。また、苦しんでいる自己に温かさや優しい眼差しを向けたり、癒しのエネルギーの優しい波を向けたりする、と報告する人もいます。最初のイスに戻ったら、彼らはそれらが役に立ったことを知ります。感情的な変化が訪れる前に、自分の置かれた状況を別の視点で見る必要のある人もいれば、このようなロールプレイを必要とせずに変化が訪れる人もいます。当然のことながら、これまでと同じように、大事なことは、あなたの役に立つ方法を探すことです。高い効果が期待できるため、慈悲の役割を演じて実際に声に出してみることを、私はお勧めします。

まとめ

心の中を支配する思考やイメージが、自信を傷つけるのに大きな役割を果たすのは明らかです。しかし、自分を傷つける思考やイメージを慈悲の思考のフレームと合わせて用いることが、自信をつけるうえで役に立つことも事実です。次章では、自信をさらにつける方法として、「慈悲の手紙の書き方」について検討してみましょう。

11

慈悲の手紙を書く

書く技術は、自分が信じていることを発見する技術でもある。
——ギュスターヴ・フローベール

本章では、内からくる支援とセルフ・コンパッションの能力をさらに探求する方法として、慈悲の手紙の書き方について検討します。慈悲の手紙を書くことは新しい思考方法を生み出すことに役立ち、ときとして、取り組むべき問題に関するアイデアを提供するのに役立つでしょう。これらのことは、あなたの自信をつける際に役立ちます。

以下でガイドラインを紹介したあと、三つの手紙を書いていただきます。三つの手紙は以下のとおりです。

1 自信をつけることを目的として、自分に宛てた慈悲の手紙。
2 理想の慈悲の自己や慈悲の役割（慈悲深い教師・指導者・仲間、完璧な養育者など）の観点から、自分に宛てた慈悲の手紙。
3 慈悲の代替思考と代替イメージを記録したワークシート⑦に焦点を当て、自分に宛てた慈悲の手紙。

慈悲の手紙を書くための手引き

手紙を書き始める前に、最も効果的に慈悲の手紙を書くコツをいくつか紹介します。

時間をかけて自分が書いている内容を経験しよう

これから紹介するエクササイズでは、脳の知的な部分と感情的な部分の両方と関わるよう求められます。そのため、あなたの使う文章や表現、言葉の一つ一つをゆっくりと時間をかけて感じるようにしましょう。

必要であれば休憩を取ろう

手紙を書く際、集中することを難しく感じ、苛立ちを覚える人がいます。また、悲しみや怒り、不安などの問題のある感情や、無感覚さなど、特定の対象に注意を向けることで強い身体感覚が呼び起こされる人もいます。ときとして、それらの問題のある感情に耐えるのが役立つこともありますが、休憩を取ることが望ましい場合もあります。そのようなとき、イメージを用いたエクササイズやスージング・リズム・ブリージングを介して慈悲の心を呼び起こすことが役に立つかもしれません。また、立ち上がって歩き回ることが役に立つこともあるでしょう。その後、準備が整ったら、もう一度エクササイズに戻りましょう。

さらに、あなたが直面している困難に焦点を当てて手紙を書くことが役に立つこともあります。たとえば、次のように書くことができます。「ここに座り、この手紙を書きながら、強い感情を抱くのはもっともなことだ。なぜなら……」。次のように書くこともできます。「この手紙を書くことがつらく、問題のある感情を呼び起こしてしまうことを気の毒に思う。なぜなら……。このエクササイズに取り組むことは勇気のいることだ」。

手紙は完璧である必要がないことを覚えておこう

字の汚さ、漢字や文法の正確さで悩む必要はありません。文章の長さも自由です。また、手紙の中で複数の省略を用いて間を空けるとよいかもしれません。そうすることで思考の流れを緩めることができるという人もいます。たとえば、手紙の一部を以下のように書くことができます。「それはあなたの責任ではない……堂々としていよう……呼吸をして……あなたは一人じゃない……苦しんでいる人は他にもいる……自分を理解しよう」。

手紙の内容について、完璧主義になったり、自己批判したり、考えすぎたりしないようにしましょう。慈悲の手紙を書くことの目的は、セルフ・コンパッションと内的な支援を引き出すことであり、模範的な手紙を書くことではないことを忘れてはなりません。

書くことに関する私の個人的な物語

小学生の頃、私は誤った綴りをごまかすための書き方を身に付け、それはしばらくの間うまくいっていました。しかし、中学校に上がると、単語が読めないことや、誤った綴りで単語を書くことが先生たちに知られてしまいました。これには良い面と悪い面の両方がありました。突然、周囲の人々が私を助けてくれるようになりました。しかし、その一方で、授業が始まる前に特別授業が毎日行われ、私は太い赤ペンによって間違いを訂正されるという恥ずかしさを経験しました。ここでは私の書き方も問題とされましたが、その頃までには直すのが難しくなっていました。それらの理由から、私にとって書く作業は問題のある感情と結びつくことがありますが、エクササイズを実践することで、理想の慈悲の自己や慈悲深い指導者が私の努力と私自身に対して支援的であることを確認することが役に立っています。エクササイズで、私は書き方や文法、綴りに焦点を当てているのではなく、自分自身に対してどう感じているのかということに焦点を当てているのです。

手紙は長くても短くても構わない

少ない言葉で内的な支援とセルフ・コンパッションにアクセスできる場合もありますが、同じ効果を得るために多くの言葉を用いなければならないときもあります。重要なのは言葉の多さではなく、あなたがどう感じるかです。

役に立つのであれば、他人の書いた手紙を参考にしよう

本章では慈悲の手紙の例を紹介していますが、それ以外の例についてはコンパッショネイト・マインド財団のウェブサイト（www.compassionatemind.co.uk）でも見ることができます。自分で手紙を書く前にそれらの例を確認すると役に立つかもしれません。

役に立つと思ったものをエクササイズと組み合わせよう

特定の香りや食感、映像、色が慈悲の心にアクセスするうえで役に立つことに気づいたら、そのような刺激をこのエクササイズをする際に使うと役に立つかもしれません。

気持ちが落ち着いているときにエクササイズを始めよう

本書に登場するすべてのエクササイズに関して言えることですが、特定の問題に直面しているときよりも感情的に安定しているときに慈悲の手紙を書き始めた方が望ましいでしょう。エクササイズに慣れてきたら、困難な問題を抱えているときでもそれを実践することができるようになります。

身の回りにある道具を使って手紙を書こう

必要なものは、ペンか鉛筆、ノートブック、日記、あるいは一枚の紙だけです。何をしたのかを思い出すために、すでに終えたエクササイズで用いたノートやサマリーシートを手元に置いておくとよいでしょう。

慈悲の手紙を書くための指針

以下の指針は、自分自身に宛てて慈悲の手紙を書く際に役立つでしょう。

- 経験する感情に対して敏感であり、それらを確認するようにしましょう。
- 理解と受容、思いやりが伝わるような文章を書きましょう。
- 特定の問題に対して悩んでいた理由を確認しましょう。
- 人間は複雑な存在であり、そのために苦悩することを認識しましょう。
- 人間には自己批判をする傾向があります。あなたの中の批評家があなたにとって最善だと思っていることが、自信をつけるうえで最善の方法ではないことを認識しましょう。
- 寛容であり続けましょう。
- 今、どの感情制御システムを採用することが最善かについて考えましょう（第2章の図①を参照するとよいでしょう）。
- 一人ではないということを自覚しましょう。自信をつけようとして苦悩している人が他にも数多く存在しています。
- 人生にはつらいことがあり、他人が自分を傷つけることもあるということを認識しましょう。
- 困難な状況を回避するのではなく、経験によって心を動かされるようにしましょう。
- これらの指針は、慈悲の手紙を書き終えてそれを読み返すときに役立つかもしれません。

慈悲の手紙を書く練習

本書は読者の自信を築くことを目的としているため、慈悲の手紙を書くための最初のエクササイズは自信を築くことに焦点を当てたものにします。あなたにとってこれが慈悲の手紙を書くうえでの初めての経験になるため、ここでは指針となるテンプレートを提示します。

このエクササイズの後には、試してもらいたい手紙の変化型も提示されています。うまくいけば、いくつかの型は自信を築くうえで不可欠なものとなるでしょう。それぞれのエクササイズを実践した後、個人的なサマリーシートやノート、日記に反省点を書くとよいでしょう。

すべてのエクササイズにおいて姿勢は重要な要素となりますが、慈悲の手紙を書く際にはそれが特に重要となります。ここでは、前の章で役に立ったような、力強さと注意、温かさと寛容さを伴った自信のある姿勢を採用するよう指示されるでしょう。手紙を書く際、顎を少し上げるか、体の中をエネルギーが駆け回っているところをイメージするとよいでしょう。さらに、胸のあたりが張るような感覚とともに、胸に力強さの感覚を覚えるようになるかもしれません。

次に紹介する最初のエクササイズは、自信を築くためのアイデアを思いつくうえで役に立つでしょう。ここで得たアイデアは、行動することに焦点を当てた第12章で使うことができるかもしれません。

エクササイズ㊵：自信を築くことを目的とした慈悲の手紙

少しの間、第4章（図④を参照）で紹介した慈悲のフォーミュレーションを見直してみましょう。このフォーミュレーションはあなたに影響を与えた経験や悩み、恐怖、そしてそれらに対して使っていた対処方略と意図していない欠点を提示したものです。

次に、一時間ほど自由になることのできる、可能なかぎり妨げになるものがない場所を探しましょう。そうすることが困難である場合、このエクササイズに一〇～一五分間取り組むことを目的としましょう。姿勢を正して、リラックスしましょう。

役に立つと思うのであれば、スージング・リズム・ブリージングや充実を感じる場所のエクササイズを使うことから始めましょう。続いて、慈悲の考え方を呼び起こすために第9章で紹介したイメージのエクササイズを一つ使いましょう。第7章で紹介した冷静な自覚を生み出すためのマインドフルネスの実践を行うか、心と体が落ち着いている場合はすぐにエクササイズを始めてもよいでしょう。

温かさや寛容さ、共感性、知恵、力強さなど、慈悲の特徴や性質を思い出して、それらを心と体で感じましょう。顔に浮かんだ穏やかな笑みを感じて、自信と力強さの感覚を一つにまとめましょう。

手紙を書く際、ワークシート⑧のテンプレートを使い、以下の文章を完成させていきましょう。

ワークシート▼ ❽：慈悲の手紙のテンプレート

自信をつけることが難しいことは当然だ。なぜなら、

（コツ：過去の経験と現在の状況について書くようにしましょう。優しさと温かさをもって、共感と理解を伝えるとよいでしょう）

　　　　　　　　　　　　　　　　　　　　について、悩みや恐怖を抱くのはもっともなことだ。

私は、

　　　　　　　　　　　　　　　　　　　　することで、それらの問題に対処してきた。

しかし、

　　　　　　　　　　　　　　　　のような、意図していない結果や挫折があった。他にも、自信が育たなかったという意図していない結果があった。これは私の責任ではないが、未来を変えることは私の責任である。

（コツ：書いている最中、顎を上げて胸を張るという自信のある姿勢を保つことを忘れてはなりません）

今、自信を築くために取り組んでいるが、これには時間がかかる。自分には力と勇気、回復力、知恵をつける能力がある。

（次に、慈悲深い指導者の前にいる自分をイメージしてみましょう）

慈悲深い指導者は私に＿＿＿＿を気づかせてくれるだろう。

自信を築くために、私はいくつものステップを経てきた。それらは＿＿＿＿である。

過去、困難な状況において、周囲の人たちが私の自信を育てて、＿＿＿＿だったらよかった。

そのとき、自分を育て自信をつけるために＿＿＿＿をしていたら役に立ったかもしれない。

上のことを念頭に置いて、＿＿＿＿すると役立つだろう。

（コツ：「～しなければならない」「～するべきだ」というような考え方はやめましょう。自分を励まし、育てることが重要であるということを忘れてはなりません。大きな目標は、達成可能な小さなステップに分割できます）

挫折したとき、私の慈悲深い指導者は、私に＿＿＿＿することを思い出させてくれるだろう。

私の慈悲深い指導者は、私を＿＿＿＿という感情へと導いてくれるだろう。

十分に書けたと感じたら、ペンを置いて、スージング・リズム・ブリージングや充実を感じる場所のエクササイズなど、あなたが役に立つと感じたエクササイズを実践しましょう。最後に、自分自身に対する温かさと力強さを感じながらゆっくりと手紙を読み返して、言葉が体に染み込むのを受け入れましょう。

【アンディの場合（続き）】

第4章に登場したアンディを覚えているだろうか。彼が自分に自信をもつことができなかった原因の一部は、幼少期の長い療養期間中の家族の過保護にあった。また、思春期から大学時代にかけて、アンディは友人たちと一緒にスポーツ活動に参加できなかったため、社会的な孤立を感じていた。

アンディは自分の経験と感情を書き出してフォーミュレーションを作成した（図③を参照）。自分自身に宛てて慈悲の手紙を書くと決めた際、彼はこのフォーミュレーションを見直した。ワークシート⑧のテンプレートを指針として用いたが、自分に最も関連のある部分に焦点を当て、適切な箇所の表現を変えた。以下が彼の手紙である。

自信をつけることに困難を感じることは理解できる。病気を患っていたこと、強い自信をもった兄弟がいたこと、酒を利用してスポーツのできる友人たちの輪に入ろうとしたことなど、色々なことを経験してきた。これらの状況の中で、自分の身体的な健康について悩むことは不思議なことではない。自分が人と違っていると感じて、社会的な孤立の感覚に苛まれたことは理解できる。幼少期にそのような経験をしたためにアウトサイダーとしての感覚を身につけてしまったのだ。

これまで、自分を責めたり酒を飲んだり回避行動をしたりすることによって、さまざまな対処行動を取ってきた。しかし、それらの方略には自信をつけることを妨げる欠点をもっていた。

それは自分の責任ではないが、未来を変える責任は自分にある。今、自分は自信を築くために自分の時間と努力を注いでいる。私は力強さや勇気、回復、知恵に対する能力をもっていて、私の中の慈悲深い指導者がそのことを思い出させてくれる。慈悲深い指導者は自分を助け、挫折したとしても、努力を結集させることによって状況を好転することができるだろう。

これまで、自分は多くの成果を出してきた。自信を築くことが自分の課題だと考えてこの本を買った。困難やためらいを感じながらも、エクササイズを実践している。

周囲の人々は私が苦しんでいることを知らないため、自分の置かれている状況について誰かを責めることはできない。自分が苦しんでいるということを伝えていたら、彼らは自分を励まして支えてくれただろう。エクササイズは自分のためにするが、支援してもらえるように何人かには伝えよう。

失敗することもあるだろうが，そのようなときは慈悲の性質を思い出して，この本のエクササイズを使ってセルフ・コンパッションを実践しよう。自分の経験した失敗から学び，それらによって傷つけられたと感じることが当然であることを認識しながら，自分についてより深く知る機会として失敗を利用しよう。

エクササイズ㊵を振り返って

慈悲深い指導者の概念があなたの役に立たないと感じた場合，理想の慈悲の自己や慈悲深い友人や教師，完璧な養育者を用いるとよいでしょう。

エクササイズのテンプレートで提供されている文章を用いることが役に立つと考える人もいれば，それを窮屈だと感じる人もいます。自分の置かれている状況に応じて効果的な言葉に変えるとよいでしょう。提供されている文章の一般的な方向性を理解して，自分の言葉を用いて書くことができるでしょう。

特定の姿勢を保つことが役に立つと感じたら，手紙を書くときだけでなく，これから先のすべてのエクササイズにおいてもその姿勢が役に立つかもしれません。

このエクササイズをあなたの通常の自己実践の一部にすることもできるでしょう。自らの置かれている状況を概観するのではなく，二四時間以内のことやこの一週間のことについて考えてみましょう。そのような手紙の例はジェニーの物語の中で見ることができるでしょう。

【ジェニーの場合】

ジェニーは地元のスーパーで働いていた。彼女は雇用主に今の仕事に満足していると伝え，何度も昇進の話を断っていた。実際，昇進についての考えが彼女の頭の中を不安で満たしていた。昇進した場合，自分に課せられた仕事を満足にこなすことができず、失敗するに違いないと考えていた。ジェニーが自信をつけていくにしたがって、彼女は職場で新しい仕事に挑戦するようになった。その後、彼女のスーパーバイザーが病気で休んだとき、彼女は一時的にその代役を務めるよう頼まれた。

ジェニーは仕事を引き受けた自分に驚きながらも、代役を務めてほしいと言われたこと、そして、その頼みを受け入れたことの両方に対して誇りを感じた。時々、途方に暮れることもあったが、彼女は新しい仕事にやりがいを感じた。しかし、別の同僚が病気で休んだとき、ジェニーの仕事量は急激に増加した。一週間経った頃、彼女はそれまでは絶対になかった簡単なミスを何度か犯してしまったことに気がついた。ジェニーは不安の波が襲ってくるのを感じた。再び戻ってきた自己批判と向き合ううえで、彼女は慈悲のイメージとスージング・リズム・ブリージングを行うことができた。

その週末、ジェニーは自分の犯した失敗を思い出して、また不安の波が襲って来るのを感じた。その事実を書き留めるため、彼女は部屋に戻り、静かに座ってスージング・リズム・ブリージングを実践した。その後、彼女は日記を開いて次のように書いた。

職場で色々なことが起こり、新しい役割を与えられ、失敗することに対する恐怖心を掻き立てられたため、今週は自信をつけることが難しかったことは理解できる。本当につらかった。

これまで、私は物事から逃げたり、休暇を取ったり、交感神経の薬を飲んだりしていたが、それらのすべてが自信を築くことを妨げてきた。しかし最近、心配もあったが、私は色々なことに挑戦することを決めた。これはかなり難しいことで、多くの勇気が必要だったが、挑戦してよかったと思っている。自分が不安を感じているという事実を受け入れるためにイメージを使ったエクササイズを行ったが、その結果、仕事で失敗したのは私が役立たずだからではないと信じることができるようになった。また、自分が不安だということを何人かの人に伝えたが、支えられていることを感じることは驚くほど効果的だった。

今、一歩引いて自分の置かれた状況を見ることで、自分の自信が今週で高まったように感じる。おそらく、何かを学ぶために最適な週は、難しいと感じることのある週でもあるのだろう。将来、私が今日やったことを行うことは役に立つと思う。また、今週ポジティブな収穫があったことを覚えていることも役に立つだろう。

エクササイズ㊶：あなたの中の慈悲の役割から、自分に宛てて慈悲の手紙を書く

これまで最も役に立った方法でこのエクササイズの準備をしましょう。

準備が整ったら、あなたの中の慈悲の役割から自分自身に宛てて支援的な手紙を書きましょう。今感じていることや最近起こったことなど、手紙は特定のものに焦点を当てた内容でもよいでしょう。また、自分に関するより一般的な観点から手紙を書いてもよいでしょう。それは以下のような文章から始まるかもしれません。「つらい時間の中にいて、自信をつけることに悩んでいることは気の毒に思う」。手紙が完成したと感じたら、ペンか鉛筆を置いて、慈悲の心のフレームを呼び起こすエクササイズに取り組みましょう。

次に、準備ができたと感じたら、ゆっくりと手紙を読み返してみましょう。文法や言葉、表現方法など、手紙をどのように書いたのかではなく、手紙から伝わる感情に注意を向けましょう。

エクササイズを実践した後、しばらく座って温かさの感覚を感じて、エクササイズが体に染み込むのを受け入れましょう。

【トレーシーの場合】

トレーシーの家族はしばしば彼女に対して批判的だった。家族の集まりで、彼女は甥のベンがおじさんのポールにからかわれるのを見ていた。ベンは明らかに不機嫌であるように見えた。自分を落ち着けるための呼吸をした後、トレーシーはおじさんに向かってこう言った。「ポール、いじわるするのはやめて」。しかし、望んでいた結果とは裏腹に、彼女の発言は周囲の人々による批判の集中砲火を浴びることになった。トレーシーはベンと一緒にその場から立ち去った。

その日の夜、彼女は自分に宛てて慈悲の手紙を書いた。

今日、とても嫌なことが起きたことは気の毒に思う。特定の人々の近くにいることはつらいことがある。起こったことを考えると、苛立ちや怒り、不安、悲しみなどの幅広い感情を感じたことは理解できる。自信をつけるには難しい環境だ。

しかし、おじさんに対して意見したことは勇気を必要としたことで、その事実を知ることは有意義なことである。人間は複雑な存在で、時々その事実を知ることが役に立つことがある。他人はあなたにどのような影響を与えているのかに気づいていないのかもしれない。一緒に自信を育もう。いいときも悪いときも、あなたを見守っている。毎日、自分に関する新しいことに一つ気づくことが、あなたの成長につながるだろう。

エクササイズ㊶を振り返って

手紙を書いているとき、一人称の「私」や二人称の「あなた」を用いることでうまくいくことに気づいたかもしれません。しかし、それらを用いても変わらないと考える人もいます。人称の選択についてさらに深く追求することで、さまざまな状況において効果的な人称を知ることは役に立つでしょう。

エクササイズ㊷：慈悲の代替思考やイメージに基づいた、慈悲の手紙を書く

このエクササイズでは、ワークシート⑦で取り上げた慈悲の代替思考やイメージを焦点として用います。このワークシートに基づいて慈悲の手紙を書いていくなかで、強い感情と結びついている思考やイメージに集中することを決断することになるかもしれません。また、あまり難しくないものに挑戦することから始めるとよいでしょう。すべてはあなたの決断に委ねられています。

まず、ワークシート⑦を見直してみましょう。このエクササイズには、他のエクササイズで役に立つと感じた方法で準備をするとよいでしょう。

次に、ワークシートを見直してみましょう。初めに、自分を傷つける思考やイメージが書かれてある欄に注目して、それらについて慈悲をもって書き始めましょう。

最初の欄について十分に考えたと思ったら、これまでに書いたものを読み直して体に染み込ませる時間を設けましょう。

次に、慈悲の代替思考やイメージについて書かれた二つめの欄に注意を向けましょう。手紙には、ワークシートで書けなかった内容について考えを深めて、それについて書いても構いません。

ワークシートに書いたすべての内容に対して、手紙の中で時間をかけて深く考えてみましょう。手紙が完成したと感じたら、しばらくペンを置いて、最も役に立つと思われるエクササイズに取り組みましょう。マインドフルネスのエクササイズやスージング・リズム・ブリージング、あるいは何らかのイメージを用いたエクササイズ

でも構いません。
しばらくしたら、ゆっくりと手紙を読み直してみましょう。声に出して読んでも黙読しても構いません。
その作業を終えたら、しばらく座って、温かい気持ちを感じながらエクササイズが体に染み込むのを受け入れましょう。

【アランの場合】

ある日、職場に着くと、アランはその日の午後にいくつかの案件に関するプレゼンテーションをしてほしいと上司に頼まれた。これはアランにとって初めてのことで、彼は途方に暮れた。午前中、彼は慈悲の代替思考とイメージを記録する時間を設け、午後には午前中に記録したことを基に自分自身に宛てて手紙を書いた。

まず、彼は自分自身を傷つける思考やイメージに対して以下のように慈悲深く書いた。

しばしば状況に対処できないと感じることに対して気の毒に思う。職場で困ったとき、うろたえたことは理解できる。これがきっかけとなって動揺して、自己批判的になることへとつながった。自分はこのような状況でしばしば感傷的になることがあり、その原因はいじめられていた学校時代にある。

続いて、アランは慈悲の代替思考とイメージについて書くことにした。

大きな間違いを犯してはいないことを自覚しておくことは役に立つかもしれない。……加えて、(誰にもそういう傾向はあるが) 私はネガティブな方に考えがちだ。しかし、……のときのように、うまくいったこともいくつか覚えている。

過去の経験が原因で自分に批判的になってしまったが、自分に慈悲の心を向けて自分を育てることが役に立つことを学んでいる。私の慈悲深い指導者は私が最善の努力をしていることを知っている。……私は苦しむこともある人間だ。他の人も苦しむことがある。問題を抱えているのは自分だけではない。

エクササイズ㊷を振り返って

手紙を書くエクササイズは、あなたがすでに経験した慈悲の代替思考やイメージを用いたエクササイズを、より強固なものにするうえで役に立つよう意図されています。完成させた他のワークシートに焦点を当てるか、新しいワークシートを完成させる度に手紙を書く決断をしてもよいでしょう。何らかの出来事が強い感情や自己批判を引き起こしたら、慈悲の代替思考を書き留めておくことが役に立つことに気づくかもしれません。言い換えれば、逆行的な方法でワークシート⑦を用いることができるでしょう。後になって、最近使ったワークシートを基に、自分に宛てて慈悲の手紙を書くとよいでしょう。

慈悲の手紙を読み直す

手紙を完成させたら、本章にある指針を参照しながらそれを読み直すとよいでしょう。そうすることが、手紙の質を高めて焦点を具体化させるうえで役に立つでしょう。批判と冷淡さではなく、好奇心と温かさを備えた心のフレームを通して手紙を読み直すとよいでしょう。

始めに、本章で紹介した指針のそれぞれを質問の形に変えるとよいでしょう。たとえば、手紙はあなたが経験した感情を敏感に受け止め、それを理解していたでしょうか。手紙からは理解や受容、思いやりが伝わってきたでしょうか。あなたが特定の対象に悩んでいた理由を理解していたでしょうか。

次に、あなたの手紙には一貫して温かさの感覚が備わっているでしょうか。手紙に温かさを感じられない部分があったり、冷淡であったり、敵意を感じた場合は、温かさをもってその原因について考えてみるとよいでしょう。以下は、温かい手紙を書くうえで参考となる質問の例です。

「あなたの中の批評家が口を出したのだろうか」
「自分を偽っていたと感じただろうか。自分の努力を弱めようとしていただろうか」
「『Xをしなければならず、Yをしてはいけない』など、動機システムや脅威システムは作動していなかっただろうか」

自分自身に対するより深い探求へと導いてくれるため、これらの問いは非常に役に立つものです。あなたが気づいた特定の問題に応じて、その問題に焦点を当てたイメージのエクササイズに取り組むか、慈悲の代替思考やイメージを用いてワークシートを完成させることが役に立つかもしれません。

エクササイズとして、多くの人が問題そのものに焦点を当てて手紙を書くことが役に立つことに気づいています。以下にその例を紹介します。

ときどき、問題に焦点を当てて手紙を書くことで、私は問題を「しっかりと理解」しなければならないと自分に言い聞かせるようになる。私は自分のことが苛立たしくなり、自分の中の苦しんでいる部分が感傷的だと思うようになる。このような感覚の原因について考えると、過去に自分がどのように人と関わってきたのか、その方法を独学で学んだことを知ることができる。「慈悲深い先生と批判的な先生のうち、自分の子どもを担当してほしいのはどちらか」という話を思い出すことが役に立つかもしれない。もちろん、私は慈悲深い先生を選ぶが、自分に対しても批判的な先生ではなく慈悲深い先生として関わりたい。自分自身に慈悲を向けることで、力と勇気を取り戻し、自分自身を批判する傾向を減らすことになるだろう。

慈悲の手紙を工夫する

ここでは、慈悲の手紙を用いて自分の経験の質を高めるために多くの人たちが利用した方法を紹介します。以下のことを試してみる価値はあるかもしれません。

- 要点を強調するために、手紙の異なる部分を異なる色のペンを使って書きます。
- 温かく慈悲のこもったトーンで手紙を読み上げる声を録音し、一日の始まりや終わりなど、慈悲を必要とするときに再生します。
- 鏡の前に立って、温かく慈悲のこもったトーンで手紙を読み上げます。
- 自分の写真に注意を向けながら手紙を読みます。手紙の内容によって、子どもの頃の写真を使うか大人になってからの写真を使うか変えます。人生で最もつらい出来事に直面しているとき、自分の映った写真を手にもつことがかなり役に立つことがあります。
- 感情的な効果を高めるため、手紙に写真や絵、デッサンを加えます。
- 温かさの感覚を伝える手紙の全文か一部をポストカードの裏などに書き、それを持ち歩きます。
- 手紙に温かさや癒しの感覚を呼び起こす香りをつけます。香水でもアフターシェーブローションでもアロマテラピーのオイルでも構いません。効果的な香りを見つけましょう。

- 慈悲の心を呼び起こすイスを見つけ、それに座って手紙を書きます。
- イスに座って、状況（過去、現在、未来）に関わる困難な感情と向き合います。これらの感情を経験して、それらについて書いた後、二つめのイスに座り、感じていた感情の外に踏み出して反省し、新しい観点から手紙を書きましょう。
- イスに座って、慈悲深い指導者や友人など、理想の慈悲の自己やイメージを呼び起こします。慈悲の性質や特徴をすべて思い出します。二つめのイスと向き合って、声に出して手紙を読みます。続いて、二つめのイスに座って、読んだ手紙の内容を経験します。
- 一日のうちの異なる時間や、特定の出来事の前後に手紙を読んで、それが役に立つかどうか試します。
- 日中に起きたポジティブなもの（出来事や誰かの言葉、他人の行動、自分で気づいたこと）に注意して、次の手紙の材料にできるようにそれをノートに記録します。
- 自分の中の批評家に手紙を書きます。最善を尽くしていると考えていることが間違った方向に向かっていることを知らせます。自信をつけるためには何が必要なのかを説明します。
- 故意か偶然かにかかわらず、過去において自分を傷つけた相手にその時どのように感じ、今はどう感じているのかについて綴った手紙を書きます。感情的な経験になる可能性があるため、イメージを用いたエクササイズや呼吸のエクササイズを通して内的な強さや知恵、勇気を呼び起こします。
- 若かった頃の自分を想定して、自分に宛てて手紙を書きます。あなたの慈悲の心は子どもや青年の頃の自分にどのようなメッセージや感情を伝えたいと思うでしょうか。
- 年上の賢い自分から今の自分に向けて手紙を書きます。慈悲深い自分は今の自分に何と言うでしょうか。慈悲のある未来は、あなたにどのように見えるでしょうか。

まとめ

慈悲の手紙は、非常に強力で、感情的で、有意義なエクササイズになる可能性があります。紹介したとおり、他のアイデアと一緒に適用したり併用する方法がいくつもあります。創造性を発揮して自分の役に立つ方法を見つけましょう。

最初のうちは、毎週、あるいは毎日、手紙を読んだり手紙を書くことが役に立つでしょう。次第に、手紙を書くことをあなたの人生の中で不可欠な生活の要素として組み込んでいくことが役に立つかもしれません。

次の章では、慈悲の手紙から生まれたいくつかのアイデアを利用します。それらのアイデアは、慈悲の行動を増加させることを目的とした新しいエクササイズに対する問題点を提供することになるでしょう。

12

慈悲の行動を実践する

勇気とは恐怖の不在によってもたらされるものではなく、
恐怖よりも重要なものが存在するという判断から生まれる。
——アンブローズ・レッドムーン

これまで、あなたは本書を手に取って読み始め、エクササイズを実践し、独自の方法を生み出してきました。その活動をすべて振り返ってみることは有意義なことです。実際、振り返るという行為自体が自己に慈悲の心を向ける活動です。本章では、以下の方法を用いて自信をさらに育むことに焦点を当てます。

- 個人的な目標を設定する
- 目標を達成するために必要なステップを特定する
- 慈悲のイメージや慈悲の手紙を書くこと、代替思考やイメージを用いて行動する準備をし、慈悲の行動実験を行う準備をする
- 実際に行動する
- 慈悲の行動実験を振り返って、そこから学ぶ

本章で紹介する各エクササイズは序文の後のサマリーシートに記載されています。日記とノートブックと同様に、サマリーシートを使ってエクササイズの反省点を記録するとよいでしょう。

個人的な目標を設定して達成可能なステップに分割する

これまでに実践してきたすべてのエクササイズを基に、慈悲の考え方から目標を設定することが重要です。言い換えれば、自分に利益をもたらすものに対して熱心に働きかける必要があるということです。これは、自己批判（あるいは、他人に対する批判）に影響されて、「〜しなければならない」、「〜する必要がある」という考えによって物事を決定することとは対極にあることです。

以下に、自信をつけたい人々が設定した目標を紹介します。

- 初対面の人に会う
- 公の場所で話す
- 気まずさを感じることなく、完璧ではない仕事のまま提出する
- 他人に自分の意見を伝える
- 就職（転職）活動をする
- 楽しむことを目的に何かをする
- 人に助けを求めることができるようになる
- 謝ることができるようになる
- 不必要な謝罪をやめる
- 困難な人間関係の中で自己主張する
- 自分が感じていることを他人に伝える

- 劣悪品や欲しくないと思ったものを返品できるようになる
- 人に「ノー」と言う
- 人に「イエス」と言う

以上のように、多くの異なる目標を設定することができます。

エクササイズ㊸：自信をつけるための個人的な目標を設定する

一〇〜一五分ほど自由になることのできる、なるべく妨げになるものがない場所を探しましょう。集中を保ったまま、リラックスして力を抜いた姿勢で座りましょう。目を閉じるか、視線を低い場所に固定しましょう。スージング・リズム・ブリージングか充実した場所のイメージを用いてスージングの感覚を経験しましょう。一分ほどこの活動に集中しましょう。慈悲深い指導者や先生、仲間、養育者を頭の中に思い浮かべましょう。同時に、理想の慈悲の自己の感覚を呼び起こしましょう。強さや勇気、温かさの感覚を感じて、顔には微笑みを浮かべましょう。

次に、この気持ちのままで、どのような目標に向かって取り組むことが自信をつけるうえで役立つかを自問自答しましょう。

目標を設定することが難しいと感じた場合は、過去に自信がなかったときのことを思い出してみるとよいかもしれません。それはどのような状況だったでしょうか。その状況では何が起きたでしょうか。自信があった場合、そのとき何をしていたでしょうか。今度同じ状況に置かれたら、あなたは自分の何を変えるでしょうか。

準備が整ったら、取り組みたいと思う目標をワークシートを用いて書き出してみましょう。その後、1を最も実現が困難な目標、2をその次に困難な目標として、難易度に応じて書き出した目標に順位をつけましょう。

ワークシート▼❾：あなたの個人的な目標

あなたの目標	難易度

あなたの目標	難易度

エクササイズ㊹：目標を達成するために必要なステップを特定する

エクササイズ㊸で難易度を低く設定した目標から順番に、それを達成するための簡単なステップを設定しましょう。そうすることで目標は処理しやすいステージに分割され、取り組みやすくなります。

ここでも、エクササイズを実践する際には慈悲の考え方が役に立ちます。エクササイズを始める前に、次のページに記されてあるジェームスの物語を読んで彼にとってエクササイズがどのように役立ったのかを確認するとよいでしょう。その後、あなたに必要なステップを設定するためにエクササイズに戻るとよいでしょう。

もちろん、小さなステップに分けなくても難易度の低い目標に挑戦する準備ができていると感じたら、そのまま始めて構いません。難易度の高いエクササイズに取り組む際は、ステップを設定することが役に立つでしょう。

個人的な目標を設定するためのヒント

第4章のフォーミュレーション（図④参照）があなたの達成したい目標についてのアイデアを提供してくれるでしょう。例えば、あなたは意図していない結果や欠点をもついくつもの対処方略を特定したかもしれません。アンディが自分のフォーミュレーション（図③参照）を見直したとき、彼は「他人に心を開く」ことや「いつもは無視していた社会的な活動に参加する」「飲酒量を減らす」など、新しい目標を設定することができました。

信頼している人やあなたに対して思いやりのある人に、感想を聞いてみるとよいかもしれません。また、すでに実践したエクササイズ、個人的なノートや反省の中から新しいアイデアを得ることができることがあるため、これらを見直すことが役に立つかもしれません。

達成したい目標と、それを達成するために必要なステップを記録するために以下のワークシートを使いましょう。必要であれば、日記やノートに付加的なステップを書き加えるとよいでしょう。

ワークシート▶⑩：あなたの目標を達成するためのステップ

あなたの目標	
ステップ1	
ステップ2	
ステップ3	
ステップ4	
ステップ5	
ステップ6	

【ジェームスの場合】

ジェームスは二四歳だった。二年前、彼は憧れていた法律事務所に新入社員として就職した。彼には自信があまりなかったが、自分の選んだキャリアで成長するためにはその問題と向き合わなければならないことを知っていた。友人や家族と一緒にいるときは自信を感じることができたが、職場で働いているときや他人と接しているときは自信がなくなった。彼は達成したい目標を六つ挙げ、難易度の順位をつけていった。

ジェームスの目標	難易度	ジェームスの目標	難易度
職場でアイデアを提出できるようになる	3	職場で後輩の面倒を見る	4
混雑した地下鉄に乗る	2	他人に道を尋ねる	6
次回の昇進に向けて準備する	1	店に商品を返却する	6

表からも分かるように、ジェームスは「他人に道を尋ねる」ことを最も難易度の低い目標として設定した。他の法律事務所にしばしば歩いて向かわなければならないことがあったため、彼にとってこの目標は重要だった。人に道を尋ねることを考えると、彼は不安でいっぱいになった。「バカだと思われてしまう」、「人に不安なんだと思われてしまう」、「人に道を尋ねるという単純なこともできないなんて、自分は哀れだ」など、自分を傷つけるような考えが彼の頭を満たした。

親しい友人の助けを借りて、ジェームスは目標を達成するために必要なステップを設定することにした。それぞれのステップは目標を達成するために意図されて設定されたものだった。

ジェームスの目標	他人に道を尋ねることができるようになる
ステップ1	人通りの少ない時間帯に本通りに出て、声をかけてもよさそうな人に最寄りの薬局や警察署の場所を尋ねる。三人に尋ねてみる。
ステップ2	人通りの多い道に出て、声をかけてもよさそうな人に薬局や警察署の場所を尋ねる。
ステップ3	ラッシュアワーの混雑時に、ステップ2を実践する。
ステップ4	忙しそうな人や近づきにくい人に、ステップ2やステップ3を実践する。

ステップ5	仕事で知っている目的地に向かっているとき，知らない人に正しい方角に向かって歩いているかどうかを尋ねる。三人に尋ねてみる。
ステップ6	今度，仕事で道が分からないときに，他人に道を尋ねる。

エクササイズ㊸と㊹を振り返って

計画は確定的なものではないので，目標やそれに伴うステップはいくつ設定しても構いません。このプロセスに慣れるまで多くの人がステップの数を修正しています。

このエクササイズを素早く実践できる場合もありますが，数日間しっかりと考えてステップを加える必要性も出てくるでしょう。重要なことは，準備が整ったと感じてから次のエクササイズに移ることです。

自分で作成した目標のリストを恐れる人や，目標を達成することが非常に困難であると考えたり強い感情と結びつくと考えてステップや目標を書き記さない人もいます。ここでは，自信を段階的に高めようとしていることを忘れてはなりません。自分のペースで進めて難易度の低い目標から高い目標へと段階的に挑戦しましょう。

行動する準備を整える

このセクションでは，社交的状況と非社交的状況のいずれの場合においても，自信をつけるために行動できる準備の方法を紹介します。次のエクササイズは，あなたが他人との関わりの中で自信をつけることを目的としています。

自信がないとき，私たちは目の前の状況を俯瞰することを妨げるいくつもの罠にはまることがあります。たとえば、社交的な状況において、周囲の人々に見られることで孤立した状態に置かれているように感じることがあると報告する人はたくさんいます。また、完全に他人の目を通して自分を見ている人もいます。自信が欠如しているとき、私たちは自分がしばしば受け入れられない行動やつまらない振る舞いをしていて、他人が自分を観察していたり否定的に評価していると信じてしまいます。

そのような状況において不安を減少させるイメージ戦略があることに気づいている人もいるかもしれません。たとえば、面接官や聴衆が下着姿でいることやトイレの便器に座っているところを想像するという方法があります。この戦略は他人を同じレベルに置くことで、恐怖を覚えたり観察されたり批判されていると感じる状況を対処しやすいものに変えます。

次のエクササイズは、慈悲のイメージを用いることで社交的な状況に対するあなたの視点を変えるうえで役に立つでしょう。

エクササイズ㊺：慈悲のイメージを用いて社交的な状況に備える

これまで最も役に立つと思った方法でこのエクササイズの準備をしましょう。準備が整ったら、慈悲のイメージ（完璧な養育者や慈悲深い指導者、慈悲深い仲間）を想起したり理想の慈悲の自己の感覚を呼び起こしましょう。主要な慈悲の性質を思い出しましょう。力強さと温かさの感覚を感じ、顔に微笑みを浮かべましょう。

次に、これから起こる社交的な状況をイメージしましょう。自分自身を理想の慈悲の自己としてイメージしているのであれば、この観点から状況を眺めましょう。あるいは、完璧な養育者や慈悲深い指導者、慈悲深い仲間がその状況であなたをサポートしているところをイメージしましょう。このイメージから力強さと勇気の感覚を引き出しましょう。

続いて、その状況の中にいる一人一人に注意を向けましょう。それぞれの人が何を経験しているのか自問自答しましょう。彼らは何を考えているのでしょうか。包括的で慈悲的な観点から彼らの感情をとらえてみましょう。脅威システムが活性化したことに気づき、不安や怒りなどの強い感情を感じた場合、準備の段階で行ったスージング・リズム・ブリージングやイメージのエクササイズを繰り返しましょう。力強さや勇気、知恵など、慈悲の主要な性質を思い出しましょう。心の準備が整ったらエクササイズに戻りましょう。

この状況について可能な限り探求したと感じたら、イメージを消去して完璧な養育者や慈悲深い指導者、慈悲深い仲間、あるいは理想の慈悲の自己へとイメージを向けましょう。役に立つようであれば、スージング・リズム・ブリージングを実践しましょう。

数分後、ゆっくりとエクササイズを終えて周囲に意識を向けましょう。

【ジェームスの場合（続き）】

ジェームスは道を尋ねてもバカだと思われないことは知っていたが、それでも、悪く思われてしまうのではないかと感じていた。

自信をつけるための最初のステップを踏み出す準備をするなかで、ジェームスは理想の慈悲の自己を想起して慈悲の性質や特徴を思い出した。彼は温かさの感覚と顔に微笑みが浮かんでいるのを感じた。このイメージの中で、彼は本通りに立っている自分の傍を人が通りすぎていく場面を想像した。彼はその日の予定について考えながら足早に通りすぎる中年の男、買い物のリストに記された商品を暗唱しているおじいさん、手紙を配達している郵便配達の女性、バス停に向かっている家族、歩きながら音楽を聴いている若い女の子を想像した。ジェームスは彼らに何が起こっていて、彼らが何を考えているのかを想像した。

次に、彼はこれらの人々に薬局までの道のりを尋ねている自分を想像した。慈悲の気持ちで、彼は道を尋ねられたときの彼らの反応について考えた。不意に白昼夢を邪魔されて困惑し、薬局の場所を思い出すことができなくなる人がいた。また、立ち止まることを少し迷惑に感じる人や話しかけても反応がない人、他人と短い会話をすることに積極的な人もいた。

このエクササイズに取り組むことで、ジェームスは目標に向かって最初のステップを踏み出す準備をすることができた。

エクササイズ㊻：慈悲のイメージを用いてどのような状況にも対応する

このエクササイズはエクササイズ㊺と似ていますが、社交的状況と非社交的状況の両方で用いることができます。

スージング・リズム・ブリージングや充実を感じる場所のエクササイズでスージングの感覚を高めましょう。準備が整ったら、慈悲のイメージ（指導者、仲間、あるいは完璧な養育者）を呼び起こすか、理想の慈悲の自己の感覚を呼び起こしましょう。慈悲の主要な性質を思い出しましょう。温かさの感覚と顔に微笑みが浮かぶのを感じましょう。

次に、あなたが準備している状況を想像してみましょう。その状況の中にいる自分を想像しましょう。自分自身を理想の慈悲の自己としてイメージしているのであれば、その新しい観点から状況を眺めてみましょう。あるいは、指導者や仲間、完璧な養育者がこの状況においてあなたを支援しているところを想像してみましょう。このイメージから力強さと勇気の感覚を感じましょう。

続いて、目標を見事に達成したところを想像しましょう。この体験が心と体でどのように感じられるかを想像してみましょう。この感情は力強さや興奮を伴うものかもしれません。また、胸に広がるものを感じ、温かさを感じるかもしれません。挫折に苦しんでいる自分を想像してしまうようであれば、理想の慈悲の自己や慈悲のイメージによって提供されるサポートを実感する時間を設けましょう。

時間をかけてその状況を想像しましょう。適切なタイミングで、五感を使ってその状況に現実味を与えましょう。どのような匂いがするでしょうか。何が見えるでしょうか。何が聞こえるでしょうか。この状況では、どのような役に立つ思考やイメージが心を満たすでしょうか。

このイメージを十分に探求した後、スージング・リズム・ブリージングか慈悲のイメージを実践して状況についての映像を頭の中から消去しましょう。

数分後、ゆっくりとエクササイズを終えて周囲の状況に意識を向けましょう。

【ヘーゼルの場合】

ヘーゼルは幅広い状況に対して自信をもっていたが、物事を一人で実行することに困難を感じていた。彼女には恋人がおらず、心から行きたいと思っている旅行には絶対に一人では行けないと思っていた。勤めていた会社が他の会社に吸収合併されたとき、彼女はカナダに行く機会に恵まれた。彼女には一緒に行く友人がいなかったので、一人で行くか行かないかを決断する必要があった。

ヘーゼルの抱えていた悩みのいくつかは、一人で旅行することに対して他人がどう思うかということに関わっていた。他人が自分を憐れみ、変わり者で友だちがいないと思われるのではないかと考えた。また、一人で「大自然」の中に放り出されることや、ホテルの部屋に一人でいなければならないことも悩みの種だった。自信を感じるために、彼女は旅行の一週間前に航空券を予約して、小さなステップを踏み出すことにした。いくつかのことに加えて、彼女は地方にピクニックに行ったり、（知人がいない時間帯に）人気のない映画を観に行ったり、家からそう遠くない距離にあるモーテルに一人で泊まったりした。

これらの活動の前に、へーゼルは慈悲深い指導者になったつもりで職場にいる自分を想像した。彼女はその指導者が自分を支え、励ましているところを想像した。そうすることで、それぞれの新しいステップを実践する前に力強さと勇気の感覚を呼び起こすことに役立った。ステップの一つが人と関わることを含んでいた際、彼女は慈悲の考え方を使って他人がそのときに何を考えているのかを想像した。それは以前、彼女が役に立つことに気づいたテクニックだった。短い間そのテクニックを使った後、へーゼルは力が湧いてくることに気づいた。前まで恐れていた状況において、彼女は意識的にそうしようとする前に内的な力を引き出せることに気づいたのだった。彼女は自分の姿勢が変わり、達成しようとしている新しい経験を楽しんでいる自分に気がついた。エクササイズを実践する度、ステップを踏む度に、彼女の自信は高まっていった。最後に設定した目標は最初に設定した目標に比べて実際に簡単で、時々不安になることはあったが、新しい状況に挑戦する前に抱いた予想は、深刻なものよりもむしろ楽しさを感じるものだった。

エクササイズ㊺と㊻を振り返って

これらのエクササイズは異なる状況にいる自分を想像するよう求めるため、実践する際に居心地の悪さを経験するかもしれません。しかし、これは自然なことです。異なる感情や思考、身体的な感覚に気づいたとき、それらに対してマインドフルになるとよいでしょう。役に立つようであればスージング・リズム・ブリージングや慈悲のイメージを実践するとよいでしょう。集中することができたら、エクササイズを要約するとよいでしょう。

これらのエクササイズを懐疑的にとらえる人もいます。しかし、何度も繰り返しますが、実際の状況に置かれたとき、エクササイズで示されている方法で準備をすることが幅広い視点を維持するうえで役に立つということが人々によって報告されています。彼らは支えられていると感じ、脅威や不安という感情を気にしないようになります。

エクササイズ㊼：慈悲の代替思考やイメージを用いて行動に備える

ＣＭＡは、自信を構築することを目的とした幅広い方略と技術を提供します。それらの方略や技術は別個に使うことも併用することもできます。目標の達成を妨げるものがネガティブな思考やイメージとして現れる場合、第10章に戻り、慈悲の代替思考やイメージを用いてワークシート⑦に取り組むことで、問題を解決するとよいでしょう。

エクササイズ㊽：慈悲の手紙を用いて内的な支援へアクセスする

これまで、あなたは慈悲の手紙を書く独自の方法を身につけたかもしれません。独自の方法として、特定の時間に特定の場所に座り、特定のペンやノートや日記を使うかもしれません。慈悲の気持ちを呼び起こすためにマインドフルネスや呼吸法、イメージのエクササイズを用いた後で、香りや音楽などの方略を用いるかもしれません。このエクササイズに取り組むうえで重要なことは、最も役に立つトリガーを用いることです。

次に、理想の慈悲の自己や慈悲深い仲間、完璧な養育者の観点から、これからするつもりの行動について、自分自身に宛てて支えとなるような手紙を書きましょう。その手紙は、あなたが達成しようとしている目標の難しさを理解していて、最後までエクササイズをやり通す力強さと勇気があることを願いながら、このエクササイズが、あなたの内に潜む強さや能力について多くを学べ、新しい人生の第1章であることを自覚させるものになるでしょう。

このエクササイズをスムーズに進めるために、第11章で紹介した慈悲の手紙を書くための指針を読み返してみてもよいでしょう。

【ヘーゼルの場合（続き）】

一人でピクニックに向かう前、ヘーゼルは以下の文章を書いた。

あなたが明日しようとしていることは困難を伴うけれど、あなたはやり通すことができるだろう。きっと不安になるだろう……ゆっくりと呼吸しながら、不安が高まったり低まったりするのを感じよう……あまり考えすぎないようにしよう。過度な不安に陥ったら、不安になったのは自分の責任ではないということを覚えておこう……スージング・リズム・ブリージングを行うと役に立つかもしれない。これはカナダ旅行に向けての一つのステップで、これまでの人生の中で最も力を与えてくれるものになるだろう。この行動実験は、新しく、より自信をもった自分になるための一歩である。

これまで見てきたように、慈悲の手紙はあらゆる形態を取ることができます。ヘーゼルは、自分の実験がどのような結果に終わろうとも、誰かが自分を励まし、勇気づけて支えてくれているように手紙を書きました。

エクササイズ㊾：慈悲の行動実験のための準備

行動する前の最後の準備では、慈悲の行動実験として何をするのか考えるとよいでしょう。以下のワークシートはこれから何をするのかを明確にし、そのように行動することがどうして役に立つのかを再確認するうえで役立つでしょう。また、障害を予測してそれらに対処する方法が得られるでしょう。このワークシートを自分の力で容易に記入することができる人もいますが、呼吸やイメージのエクササイズを実践して適切な慈悲の考え方を用いる人もいます。自分に合った方法で取り組むとよいでしょう。

ワークシート⑪に、文章の後の空欄を埋めるように記入しましょう。各パートを反省するために時間を設けましょう。以下に続くジェームスのワークシートが参考になるかもしれません。

ワークシート▼⑪：慈悲の行動実験のための準備

私がこれから取り組むステップ	それらのために準備できること	起こりうる障害

それらの障害と折り合いをつけるためにできること

行動実験の前や、最中に覚えておくと役に立つこと

行動実験で私にできるその他のこと

このステップを踏み出した後に自分に言い聞かせると役に立つこと

ジェームスのワークシート：慈悲の行動実験のための準備

私がこれから取り組むステップは、本通りに出て道を尋ねることである。

それらのために準備できること

- 新しい視点から人を見たり、慈悲深い指導者から力強さの感覚を呼び起こすうえで、慈悲のイメージを用いる。
- 行動実験について考えるために自分自身に宛てて慈悲の手紙を書く。
- この行動実験がどのような結果に終わっても前向きでいられるように、友人と会う約束をしておく。
- いずれも自信を高めてくれるため、外に出る前にシャワーを浴びて、着心地のよい服を着る。

起こりうる障害

- パニックに陥って、言葉が話せなくなるかもしれない。
- 道を尋ねた相手に無視されるかもしれない。
- 怖じ気づいて、人に道を尋ねることができないかもしれない。

それらの障害と折り合いをつけるためにできること

- パニックになりそうな時はスージング・リズム・ブリージングを実践する
- マインドフルネスやイメージのエクササイズを実践する。
- 無視されても、自分に問題があったからではないと自分に言い聞かせる。
- すべての人が親切ではないと自分に言い聞かせ、助けてくれる人を探すことに力を注ぐ。
- 行動実験を避けたいという衝動を感じたら、これが単なる実験であり、自分が人生において達成したいことに向けてのさらなるステップだということを思い出す。

行動実験の前や、最中に覚えておくと役に立つこと

- この経験は自分について学ぶうえで役に立つ。どのような結果に終わっても、最後には何かを学ぶことになるため、それは自信を高めることになる。

- 行動実験が終わった後、恐れていたことに立ち向かった自分を褒めることができる。
- 困難を感じたら、いつでもスージング・リズム・ブリージングを実践して、休憩して、イメージのエクササイズを実践できる。
- 自分のように悩んでいる人は他にもいる。苦しんでいるのは自分だけじゃない。
- 自分にできることはたくさんある。それらを思い出すとよい。

行動実験で私にできるその他のこと

- リラックスして落ち着きながらも、自信に満ちた姿勢を取る。
- イメージを用いたいくつかのエクササイズにおいて、なめらかな小石を持っていることが役に立つことを知ったので、困難な状況が起きたときのためになめらかな小石をポケットに入れておく。

このステップを踏み出した後、自分に言い聞かせると役に立つこと

- どのような結果に終わっても、その結果と向き合うことは一つの達成である。結果と向き合うことで、自分に勇気があるということが分かる。
- 計画どおり進まなかった場合は、ステップを再検討して考え直してもよい。
- 計画どおり進まなかった場合でも、何かを学ぶことができ、このプロセスを再びたどることができる。

エクササイズ㊽と㊾を振り返って

これらの準備のためのエクササイズを順番どおりに実践することが最適であると考える人がいる一方で、異なる順番で実践することを好む人もいます。あなたが最適だと思う方法を選びましょう。

本章で紹介するエクササイズをすべて試すことが好ましいのですが、独自の方法を試したい場合はそれでも構いません。初期のステージで必要な準備は少ないですが、難易度が高まるほど多くの準備が必要となることに気づくかもしれません。同時に、初期のエクササイズが後のエクササイズの準備となることにも気づくでしょう。

実践と反省

ついに、実際の場面を用いて「実践」したり実験したりするパートにたどりつきました。これまで自信のレベルの変化を経験したかもしれませんが、このステージではより明確な前進が期待できるでしょう。

エクササイズ㊿：慈悲の行動実験を実践する

慈悲の行動実験は「実験」そのものです。これまで準備を整えてきたステップを実践することになります。可能であれば、これらのステップが自分自身や他人についてより多くのことを知る方法だと考えるとよいでしょう。情報が力であるということを忘れてはなりません。皮肉にも、ここで実践するステップは非常に大きな影響力をもっているのに、本章で最も短いセクションです。

エクササイズ51：慈悲の行動実験を振り返る

以下のワークシートを用いて、慈悲の行動実験の振り返りをしてみましょう。まずは、このワークシートに気楽に記入して、慈悲の心を呼び起こすエクササイズを実践した後にワークシートに書き加えるとうまくできるでしょう。以下の文章の空欄を埋めてワークシートを完成させましょう。

ワークシート▼⑫：慈悲の行動実験の振り返り

私が実践したステップ	どのような結果に終わったか	このエクササイズを通して自分について学んだこと	このエクササイズを通して他人について学んだこと

行動実験の前と行動実験の最中に覚えておくと役立つこと

将来、行動実験と似た状況に置かれたときに修正できる点

まとめ

以上のすべてを考慮し、自信をつけるのに役立つかもしれないこと

慈悲の行動実験の後、ヘーゼルは自らの経験を振り返ってワークシートを完成させました。

ヘーゼルのワークシート：慈悲の行動実験の振り返り

私が実践したステップは、一人でホステルに泊まることだった。

どのような結果に終わったか：行動実験は順調に終わった。最初はかなり不安だったが、部屋に入って落ち着くことができた。共用スペースで親切そうな人々に会った。何人かでいる人もいれば、一人でいる人もいた。他の人が何をしていて、なぜそこにいたのかは分からないが、自分がみんなから受け入れられているように感じた。

　みんなと打ち解けていないように見える女の子がひとりいたけれど、イメージのエクササイズを使うことで、彼女がどのような状況に置かれているのかについて考えることができた。彼女は不安だったかもしれないし、話すことに興味がなかったかもしれないが、それでも構わない。

　朝食の時は少し落ち着かなかったが、大きなテーブルには空いている席がなかったので、一人で本を読んでマインドフルネスのエクササイズを実践した。

このエクササイズを通して自分について学んだこと：

- 不安が呼び起こされることがあったが、一人でホステルに泊まることができることが証明された。私には思っていたよりも勇気がある。
- 自分の時間を楽しむことができる。それはかなり解放的な経験だった。

このエクササイズを通して他人について学んだこと：

- 一人でホステルに泊まる人もいる。
- 私を批判するような人はいなかった。
- 私がキッチンにいると、女の子の集団がやって来て、彼らが一人で旅行中に出会ったのだと言った。
- 人々は私が思っていたよりも親切だった。実際、自分に似た人たちもいた。
- 馬が合わない人は常にいる。それは普通のことだ。

行動実験の前と行動実験の最中に覚えておくと役立つこと：

- 右に挙げてきたことすべて、そしていろいろな場面で実験することは、有意義なことである。実際、実験することはかなり楽しいことである。
- 物事が完璧に進むということは滅多にないが、それでも有意義である。
- この瞬間、私は自信を感じる。自信はすぐに消えるだろうが、別の状況に身を置く前に味わう必要がある。

将来、行動実験と似た状況に置かれたときに修正できる点：

- またホステルに泊まったら、もっと頻繁に共用スペースに行って座ったり本を読んだり会話を楽しむとよいかもしれない。
- 自分について説明する必要はない。人に個人的なことを聞かれたら、「友人は時間が合わなかったから一人で旅をしているの」と答えればよい。
- そういう気分だったら、自分の部屋にこもっていてもいい。それは悲しいことではなく、人間らしい一面だ。

まとめ：このエクササイズはとても解放的だった。行動実験を行って良かったと思っている。この行動実験は私に行ったことのない場所に行くことを可能にしてくれて、素晴らしい経験を授けてくれた。困難を感じることもあったが、それも受け入れることができた。初めての経験だったので、そこから学んで、次の機会には今回よりもよいものとなるはず。不安を呼び起こす状況に対処することができ、自分の人生を生きていることの妨げにはならない。

以上のすべてを考慮し、自信をつけるのに役立つかもしれないこと：

- より馴染みのないホステルに週末の間滞在する。
- 行動実験の後、週末はホステルに滞在していたことを誰かに伝えて、彼らがどう反応するか見よう。気まずさと申し訳なさではなく、活力を得るために、彼らに伝える前に私の慈悲深い指導者を用いて力強さと勇気を呼び起こそう。結果的に、楽しく、会社から提案があったときは自分で決断するだろう。

エクササイズ㉛を振り返って

ワークシート⑫をそのままで使うか、あるいは自分なりに工夫して使うことが役に立つかもしれません。どのような方法を用いても構いません。加えて、このエクササイズの内容を慈悲の手紙を書くときの材料として使うことが役に立つかもしれません。いろいろと試してみましょう。

まとめ

本章では、慈悲の行動を実践する方法としての行動実験を検証してきました。実際、これまで実践してきたエクササイズのすべてを行動実験としてとらえることもできますが、本章で紹介したエクササイズがあなたの自信を構築する慈悲の行動に変化をもたらすうえで役に立ったのではないでしょうか。

第13章では、アサーションの技術を用いて日常に有意義な変化をもたらすことなど、あなたを行動に駆り立てるうえで役に立つ他の方法を紹介します。

13

自信を築き上げるための さらなる方法

勇気が常に大声を上げるとは限らない。
ときとして、勇気は一日の終わりに
「また明日挑戦しよう」と告げる静かな声である。
——マリー・アン・ラッドマーカー

最終章の前に、自信をつけるためのさらなる方法をこの章で紹介します。本章は、以下の事柄を取り上げます。

- アサーション（自己主張）の方法論
- 小さく見える行動の変化を起こす
- ポジティブな経験を味わう
- 受容
- 一日をガイドするためにセルフ・コンパッションを用いる
- 困難な状況でセルフ・コンパッションを用いる

これから紹介するエクササイズは、これまでに実践したエクササイズと併せて用いてもよいし、個別に実践しても構いません。重要なことは、あなたにとって効果のあるエクササイズを探すことです。

本章で紹介するエクササイズは個人的な実践のためのサマリーシートに記載されており、引き続きそれを反省と要点を書き記すために用いてもよいでしょう。

アサーションの方法

アサーティブになるということは、自分を表現すると同時に他人の価値観や感情、要求に対して敬意を払うことを意味しています。その際、自分の感情や要求、価値観を表出することを含むことがあります。積極的に自分を表現するとき、他人に対して弁明がましく攻撃的になってはなりません。アサーティブネスは、ほどよい中間的な状態を見つけることです。アサーティブネスの実践に困難を覚える人は、二つの極（たとえば、最初は攻撃的に振る舞っていたのが、一転して受動的に振る舞うようになる）の間を変動しているか、いずれか一方の極に偏るという同じパターンを繰り返すことになります。

アサーティブになるためには、自分がどのように感じているのかを知らなければならず、明確な視点をもち、自分が何を要求しているのかを具体的に知っていなければならないと考える人もいます。しかし、ときとして、アサーティブネスは複数の感情を表出することを意味することがあります。「私は知らない」や「私は気にしない」、「私は何が必要なのか分からない」などのような発言を含む場合もあります。同様に、アサーティブネスとは、そうしたくないときに感情や考えや要求などを表出しないことも意味しています。これらのことから、アサーティブネスがかなり複雑なものだということが分かるでしょう。基本的に、アサーティブネスとはそのプロセスの中で思考や感情、要求について理解し、自分自身と他人を尊重することです。

アサーティブネスの獲得は、自信の結果である場合や、自信の構築に役立つ場合もあります。それは学習によって獲得できる技術であり、向上させることのできるものです。ここまで実践してきたエクササイズによって、あなた自身のアサーションの能力も高まっているものと思われます。これらのエクササイズは自分自身や他人についてのさらなる理解や、自分や他人が置かれている状況について知ることによって恥の意識を低減し、自信を高めることができるということに対する理解の獲得に役立ったかもしれません。

マインドフルネスのエクササイズやスージング・リズム・ブリージング、特にイメージを用いたエクササイズがすでに力強さと勇気の感覚を提供したのではないかと思われます。加えて、慈悲の代替思考とイメージ、手紙を書くこと、そして特に慈悲の行動実験も自己を表現する能力を高めたのではないでしょうか。本章では、ここまですでに学んだことを高めるアサーティブネスの方法論を紹介します。

【セーラの場合】

セーラは、自分が職場で軽視されているのではないかと感じていた。彼女の上司は従業員としての彼女の要求を無視しているようだった。仕事の半分がデータ入力であるにもかかわらず、自分専用のパソコンを持っていないことが仕事に影響を及ぼしていた。いつも同僚の机の周りをうろうろして借りることのできるパソコンを探していることが職場での人間関係にネガティブな影響をもたらしていた。

何カ月にもわたって、彼女はこの問題について上司と話し合おうとした。彼女は遠回しに、間接的に話を切り出そうとした。コーヒールームに向かっている最中、彼女は上司にためらいがちに次のように言った。「今の職場には満足しているわ。でも、自分専用のコンピューターがあってもいいと思うの。部屋が狭くて他の社員がパソコンを優先的に使っているのは分かっているんだけど」。セーラは上司に自分が伝えようとしている内容を理解してほしいと切に願っていたが、彼は次のように答えて部屋を去った。「そうだよね。ここは狭いよ。建物の造りがよくないんだ」。

似たような会話が数カ月続いた。セーラが恋人に職場での出来事について話すと、彼は怒って「上司に面と向かって〝不満があります〟って言えばいいんだよ」と言った。セーラは複雑な気持ちになった。一方では、恋人が言ったように自分にパソコンがないことは受け入れがたく、上司に直訴しようという気持ちになったが、もう一方では、これまで何もしなかった自分が弱虫であったような気分になった。最終的に、彼女は上司とその問題について話すことにした。

震える声で、彼女は「話があるんですが、いいですか？」と言った。返事がなかったので、彼女は少し声を強めた。「ジョン、話があるの」。上司が振り返ると、彼女は言った。「好きなときに自由に使えるパソコンが必要なの。あなたは私に一台与えることについて真剣に考えてくれないけれど、軽視されているように感じるわ。私が相談した人はみんな、私にパソコンがないことを理不尽に感じているわ」

予想したとおり、彼女の言葉はジョンのかたくなな反応を受けることになった。彼はこう言った。「どうして今日はそんなに機嫌が悪いんだ？」。そうして彼女の個人的な問題をテーマに熱を帯びた議論が展開された後、セーラは態度の悪さを改めるよう指導を受けた。

セーラがアサーティブネスの方法論について知っていたら、別の結果がもたらされていただろう。その職場では手遅れだったが、後に学ぶことになった方法は新しい職場で役に立った。

個人的な感情、要求、価値観を伝える

議論が誘発されたり、真剣に取り合ってもらえないなど、私たちが他人に考えや感じていることを伝える方法がネガティブな結果を増加させるときがあります。他人に対するアプローチが過度に受動的になっていたり、過度に攻撃的になっていたりする可能性もあり、それが残念な効果をもたらすことになります。感情、要求、価値

観をアサーティブな形で伝える方法を工夫することが役に立つことになります。
この場合、目的を達成するために「私は～」メッセージが役に立つでしょう。以下の文章を埋めることから始めるとよいでしょう。

私は＿＿＿＿＿＿＿＿＿＿＿について考えています／を感じています／が必要です。これは、＿＿＿＿＿＿＿＿＿＿＿＿＿＿＿＿＿という考えだからです。そのため、＿＿＿＿＿＿＿＿＿＿＿＿＿＿＿＿＿することが役に立つと思います。この問題について話し合いませんか？

さらに、言わなければならないことを以下のように表現してもよいでしょう。

あなたが＿＿＿＿＿＿＿＿＿＿＿＿＿＿＿＿＿＿＿＿＿＿＿＿＿＿＿をした／言ったとき、私は＿＿＿＿＿＿＿＿＿＿＿＿＿＿＿＿＿＿＿＿＿＿＿＿＿＿＿＿＿＿＿ように感じました。そのため、＿＿＿してもらいたいと思っています。この問題について話し合いませんか？

上の文章を見て分かるように、最初の文章があなたの要求、感情、思考を引き出し、二つ目の文章が他人の行動や言葉とあなたの感情の位置を変えています。実際、アサーティブネスへのアプローチには正解というものがありません。重要なことは、あなたにとって役に立つ方法を探して、あなたが使う自然な言葉を探すことです。「この問題について話し合いませんか？」という質問で終えることは、他人にも大事な考えや感情があるのかもしれないという可能性を受け入れるうえで役に立ちます。

以下は、実践においてメッセージが役に立つ例です。

1　「会議で提案したアイデアが一度も採用されなかったことについて考えると、私は軽視されているのかもしれないと考えてしまいます。私のアイデアが実行可能ではなかった理由を理解するために、会議で発表したアイデアに対するフィードバックを提供してもらうことが役に立つと思っています。この問題について話し合いませんか？」。

2　「あなたが部屋を散らかったままにして出て行くと、私はあなたに大切にされていないような気がして、私に片づけることを期待しているのではないかと思う。自分で片づけるか、どうして自分で片づけることが難しいかを私に理解できるように説明してほしい。この問題について話し合わない？」

3　「時々、私には自由な時間が必要なのよ。それは問題を抱えているときに強いストレスを感じるから。少しだけ自由な時間を設けることで、よりリラックスしてより幸せになることができて、あなたに大切にされていることを感じることができると思うの。あなたがどう考えているのかは分からない。この問題について話し合わない？」

これらの例からも分かるように、アサーティブネスの方法論を使う方法はいくつもあります。言い回しを変えることもできます。たとえば、「その根拠は～」という言葉を「なぜなら～」に変えたり、「～した方が有益と思われる」を「～する方がいい」という言葉に変えるなど、自然に聞こえる言葉を選びましょう。「私は～ように感じる」と言うことで、他人に否定される機会が少なくなります。これは意見の不一致を引き起こす傾向のある「あなたのせいで私は～のような気持ちになる」「あなたのせいで私を～のように感じる」などの表現とは明確な対比を成しています。

相手の行動を変えるためにフックを使う

残念ながら、最善を尽くしたとしても、相手が行動を変えないこともあります。それは、彼らが行動を変えたくないと思っているからか、変えることを困難に感じているからかもしれません。あるいは、あなたが置かれている状況に共感することができないか、行動を変えることに利点を見出せない場合もあるでしょう。あなたがこのような状況に置かれているとき、エクササイズで用いる文章にフックと呼ばれるものを加えるとよいかもしれません。つまり、行動を変えることで得られる効果を説明するのです。例えば、行動を変えることであなたの不安が少なくなり、その結果としてあなたが一緒にいて楽しい人物になるかもしれません。また、自信をつけることで、職場でより多くの役割を担うことができるようになるかもしれません。あるいは、より評価されていると感じることで、彼らから安心を求めることが少なくなるかもしれません。

特に怒りや不安などの強い感情を感じている状況などにおいて、自分を表現するための新しい方法を覚えることに困難を感じるかもしれませんが、練習を重ねることで自然と思い浮かぶようになります。練習は、言いたいことを紙に書くことや一人のときに文章を口に出して読むことを含むかもしれません。また、あなたのことを大切に思っている人の前で練習することで、建設的なフィードバックをもらうこともできます。鏡の前で練習することが最も役に立つという人もいます。何よりも、最初は簡単な状況から始め、しだいに難易度の高い状況を試すという仕方で、自分を表現する練習をすると、自然と口から言葉が出るようになるでしょう。

今では馴染みのあるものだと思われますが、言いたいことを声に出して練習した後はエクササイズのさらなる内容として、言いたいことを言うために支援的な考え方を呼び起こすことが必要です。少なくとも生活の一部になるまで、セルフ・アサーティブネスは不安を呼び起こすことになるかもしれません。そのため、自分の思いを伝えたい相手に対してアプローチする前に、数分程度スージング・リズム・ブリージングを行うとよいでしょう。準備が整ったら、慈悲のイメージや理想の慈悲の自己の感覚を呼び起こすとよいでしょう。力強さと勇気とともに、温かさと落ち着きの感覚を感じましょう。姿勢を正し、背骨に力を入れ、表情には寛容さと温かさを浮かべましょう。次に、相手にアプローチして、練習していたことを言ってみましょう。

エクササイズ㊾：感じていること、必要としていることを他人に伝える

以下のステップを参考にして、他人とアサーティブな方法でコミュニケーションを取りましょう。

ステップ 1　自分の気持ちを伝えることに困難を覚えたときの状況を思い描きましょう。

ステップ 2　メッセージを用いて自分が話したい内容とその方法について考えましょう。

ステップ 3　相手にいつ話すか計画を立てましょう。

ステップ 4　一人で、あるいは信頼する人と一緒に、鏡の前に立って練習しましょう。

ステップ 5　これまでに役に立ったエクササイズを用いましょう。たとえば、慈悲の行動実験のために自分自身に宛てて慈悲の手紙を書くか、力強さと励ましを得るために慈悲深い指導者の前に座っている場面を想像するとよいでしょう。

ステップ 6　相手に自分の思いを伝えましょう。

ステップ 7　思いどおりにいかなかった場合は、自分に慈悲の手紙を書いたり、慈悲のイメージを用いるなど、ワークシート⑫を用いてエクササイズを見直しましょう。

エクササイズ㊾を振り返って

予期していなかった状況や先を見通すことのできない状況が起こることもあります。特定の状況で追いつめられて反応したり、素早く何かを言わなければならないことがあります。そのような状況では、スージングの呼吸をして背骨に力を入れ、可能であればアサーティブな方法で自分を表現するとよいでしょう。

残念ながら、他人がしばしば私たちの変化を拒絶することも多いでしょう。人は他人の存在に対して特定の方法で親しみ、それにしたがって交流しようとします。これは非常に苛立たしいことでもあります。あなたがそのような状況にある場合、リンダの例を参考にするとよいでしょう。

【リンダの場合】

職場でよりアサーティブになることを試したとき、リンダの望みどおりに運んだ。しかし、恋人に対して同じことを試したとき、彼はこう言った。「また自己啓発の本を読んだの？」。加えて、彼女の姉の一人は肩をすくめて話し合う時間がないと言った。そのため、リンダはこのことについて長いこと真剣に悩み、恋人にこう伝えた。「そんな風に言われると、私に自信をもってほしくないように聞こえて傷つくわ。私は最善の努力をしているの。この問題を解決する方法を一緒に考えてくれれば、私だけでなく二人の関係のためにもいいと思うの。この問題について話さない？」。

姉に対して、彼女はまた直接的に冷たい態度を取ることはできないと思っていたので、次のようなEメールを送ることにした。「私と話す時間がないと言ったことは分かっているわ。でも、それはあなたが私を友人や姉妹として評価していないと感じさせるの。話し合う時間を設けてくれると嬉しいけれど、それができなかったら構わないわ。少なくとも、試してみただけ意味があるわ」。この二つの方法はポジティブな結果をもたらした。恋人との会話を通して、二人の関係はより親密になった。彼はリンダが自分を変えようとしていることに関して興味をもつようになり、彼女に対する態度を変えたのである。彼は家でも職場でもアサーションの方法を用いて自分を表現できるようになった。

一方、リンダの姉は態度を変えなかった。彼女はEメールに返信することもなかったが、リンダは自分の方針を変えなかったことを誇りに思うことができた。「これ（メールを返さないこと）は彼女の問題であって、自分の問題じゃないわ。私はできることをやったんだから、これ以上見込みのないことをしても仕方ないわ」。

エクササイズ 53：建設的なフィードバックを提供する

私たちの多くは他人を不機嫌にすることを恐れているため、相手に建設的なフィードバックを提供することを妨げる可能性があり、特定の問題を回避することや敬遠する結果をもたらすことになります。また、このような行動パターンが繰り返されることで、他人（あるいは自分自身）に対する苛立ちと結びつくこともあります。

前のエクササイズは、このような状況に役に立つかもしれません。しかし、それ以外の人間関係では、要求や感情、状況、価値観に焦点を当て、他人の要求や職場、組織や会社に焦点を当てるように求めます。建設的なフィードバックを返すことが困難に感じられた場合、以下のステップを参考にするとよいでしょう。

ステップ1　建設的なフィードバックを提供したいと思う相手について考えて、焦点となっている特定の問題を思い浮かべましょう。

ステップ2　何度か呼吸して慈悲のイメージや理想的な自己、主要な慈悲の性質、力と勇気、そして、ここで最も重要な共感と寛容を思い浮かべましょう。

ステップ3　相手が最高の状態になることを望むことを忘れてはなりません。その人の成長を望むのです。

ステップ4　以下のメッセージを利用しながら、その人が何を知る必要があるのか考えましょう。「私は〜について知りたい。〜について伝えることが重要なのは〜だから。この問題について話し合えない？」。

ステップ5　フィードバックを相手に伝えるタイミングと方法について考えましょう。

ステップ6　一人で、あるいは信頼している人と一緒に、または鏡の前で、練習しましょう。

ステップ7　これまで実践してきたエクササイズの中から最も役に立ったものを利用しましょう。たとえば、ワークシート⑪を使って計画を実行するための準備をしましょう。ここで問題とされている相手に直接話す前に、自分に宛てて慈悲の手紙を書くこと、力と励ましを得るために想像した慈悲深い指導者の前に座ることを含むかもしれません。

ステップ８　相手に自分の気持ちを伝えましょう。

ステップ９　ワークシート⑫を使って振り返りましょう。特に、望んだように運ばなかった場合は、自分に宛てて慈悲の手紙を書いて、慈悲のイメージを用いましょう。

【アイザックの場合】

アイザックは職場のチームに新しく加わったアンドリューが遅刻して来たことに気がついた。最初、アイザックは彼が渋滞にはまってしまったのだと考え、深く考えずに無視することにした。しかし、数日経ってもアンドリューは遅刻を繰り返した。アイザックはアンドリューが出社する時間に会社のロビーをうろうろするようになり、オフィスに向かいながら時計を見るようになった。しかし、この行動には何の効果もなかった。アイザックはアンドリューに対して怒りを感じるとともに、こう思うようになった。「毅然とした態度で向き合えよ。情けないぞ」。アイザックはアンドリューと関わらなければならなくなったとき、無愛想になり、正当とはいえない批判的な目でアンドリューの仕事を評価するようになった。やがて、カフェテリアやコーヒールームでアンドリューと一緒にいることができないほどの状態になった。

明らかに、これはアイザックとアンドリューだけでなく、チームのメンバーにとっても良いことではなかった。彼らは遅刻しても許されている人を目の当たりにし、腹立たしさを覚え、職場環境で敵対意識を感じることになった。

この状況で、アイザックはエクササイズ52で紹介した方法を用いることもできたが、ここで自分の要求や感情、考えについて話すことは不適切であるように感じた。その代わり、アイザックはアンドリューに建設的なフィードバックを提供することが有意義だと考えた。その日の午後、彼は主要な慈悲の性質の中でも特に勇気や共感，寛容さについて思い出すためにイメージを用いたエクササイズを実践し，この観点からアンドリューについて考えた。「アンドリューには最善を尽くしてほしい」と彼は考えた。

彼はアンドリューには仕事が九時に始まるということを知ってほしいと思う。私は，君がいつも九時過ぎに出社していることに気づいている。このままだと仕事に影響が出るし，チームの他のメンバーにも君自身にも影響が出る。この問題について話そうか？」

上の台詞を口にする場面を想像した後，アイザックはこの議論をオフィスから離れた，なるべく邪魔の入らない場所で行った方がよいのではないかと考えた。彼は言うべきことを何度か通して練習して，慈悲のイメージとスージング・リズム・ブリージングを用いて，寛容で温かく，共感的で力強い適切な態度を身につけようとした。話し合いを予定していた日の前日，アイザックはワークシート⑪を用いてこれからしようとしていることの全体を見直して，日記に自分に宛てた手紙を書いた。

翌日，アイザックは慎重に計画を実行した。彼はブリージングのエクササイズを実践して，主要な慈悲の性質を思い出し，顔と声に温かさを浮かべて，アンドリューに話をしようと伝えた。言うべきことを言った後，彼は落ち着いて返事を待った。アンドリューは沈黙した。アイザックが身につけていた落ち着いた雰囲気が伝わったようで，彼は静かに座っていた。アンドリューは答えた。「僕は時間を守ることが苦手で，いつも遅刻していることも事実だよ。本当にすまないと思っているし，これからは協力しようと思う」。時間を守るということの実質的な議論をした後，歩き去って行く際，アンドリューはこう言った。「親切にしてくれてありがとう。頑張るよ」。

エクササイズ㊸を振り返って

他人に建設的なフィードバックを提供することは，慈悲の代替思考やイメージを想起すること，自分に宛てて慈悲の手紙を書くこと、慈悲の行動実験の準備をすることなど、これまで実践してきたエクササイズに再び取り組むことを意味するかもしれません。

慈悲の考え方から建設的なフィードバックを提供したい場合、相手のためを思ってそれを行うことを忘れてはなりません。これは批判のないフィードバックを提供することを含むもので、相手をなるべく最高の状態にするように育てる慈悲深い先生の役割を担うようなものです。

焦点を自分自身から相手が最高な状態に成長するために必要としていることに移すことは、私たちに行動するための力と勇気を提供してくれます。それは私たちの自信に対しても明らかに大きな影響を与えます。

一見ささやかな行動の変化を起こす

本書の目的はあなたの自信を築き上げることであり、自信の構築中ではささやかに見える行動の変化を起こすことが自分自身や他人の幸福にポジティブな影響を与えることに気づくこともあるでしょう。行動の変化を起こすことで、直接的・間接的に自信をつけることができます。

以下に、人々が有効だと気づいたアイデアをいくつか紹介します。

- 選挙運動に参加したり、信じている宗教の団体でボランティアをします。
- 部屋の環境を変えます。植物や花を買ったり、楽しかった記憶や大切な人間関係を思い出させる写真を飾ったり、家や庭の掃除をするとよいかもしれません。
- マインドフルな手洗いやストレッチ、飲み方など、短いマインドフルネスの行動を実践します。
- 一日の決まった時間、あるいは特定の出来事が起きたとき、していることを止めて、肩から力を抜き、深呼吸をします。

● 散歩に出かけて、通りで会う人に挨拶をします。一瞬の間しか笑顔を浮かべられない場合は、次回以降相手と視線を合わせる時間を長くしていくようにするとよいでしょう。
● 買い物の際にレジでお金を払うとき、店員と視線を合わせて世間話をします。
● 笑える映画や、温かい気持ちになる映画を観ます。
● 新しいことに挑戦して、何が起こるか実験します。
● 家の近所で困っている人に手を貸します。
● 不必要な物をチャリティに寄付して、献身的な行動を味わいます。
● 知人、他人を問わず、思いやりのある行動をしましょう。思いやりのある言葉を投げかけてもいいし、温かなジェスチャーを表出してもよいでしょう。
● かつて楽しんでいた活動をしましょう。大人として楽しめることでなくても構いません。展覧会に行くことやビーチで座ること、絵を描くこと、縫い物をすること、自転車に乗ることなど、何でもよいでしょう。
● 周囲を見渡して、他人からインスピレーションを受け取ることができるかどうか試してみましょう。彼らはどのように時間を過ごしているでしょうか。

行動を変えようとするとき、以下のガイドラインを用いることが役に立つかもしれません。

複数の行動を実践する

一つや二つの行動にこだわるのではなく、複数の新しい行動を実践してみましょう。どのような活動でも、人はそのポジティブな効果に素早く順応することが研究によって明らかにされています。たとえば、部屋のために新しい植物を買ったとします。しかし、一、二週間経つうちに植物は当たり前の存在になって、それを観ることに喜びを感じなくなるようになります。同様に、ある人に初めて会うときは刺激を受けるでしょうが、一〇回会うと新鮮さは薄れるようになります。

日常生活に変化を取り入れつつ、その変化を日課にしてはならない

ある研究で、学生が二つのグループに分けられました。グループAの学生は一日のうちに親切な活動を五つするよう指示され、グループBの学生は五日間に親切な活動を毎日一回ずつランダムにするよう指示されました。実験の終わりで、グループBの学生の方がグループAの学生に比べて明らかに幸福度が高いことが記されました。この結果に対する解釈の一つは、一日一回の活動をさせたことが実験参加者の学生にとって義務的な作業になってしまったのではないかということでした。このことからも、自分が実践している活動が義務的な作業になろうとしているのであればやめた方がよいでしょう。その代わり、活動を評価して計画を見直すとよいでしょう。この研究は幸福度のみを測定したものでしたが、幸福度のレベルが高まった人は、結果として自信も強くなったのではないかと推測できます。

【アンディの場合（続き）】

ゆっくりと、念入りに、アンディは自信をつけるためのCMAのすべてのステージを実践して、役に立つと感じた実践の方法論を構築した。彼は自分に職場とプライベートの両方で複数の困難を乗り越える強さがあることに驚き、特定のマインドフルネスとイメージのエクササイズ（自己実践）の実践を通して得たもの

に焦点を当てるべきだと考えた。アンディはこれらのエクササイズの多くが未だに繊細な彼の脅威システムを制御するセルフ・コンパッションを高めることを目的としていることに気がついた。

しかし、アンディは喜びを追求するために自分の人生を意識的に変えることができるかどうか挑戦してみたいという衝動を感じた。彼は自信が欠けていたために多くのことを避けてきたことを反省した。これまで、彼は自分の能力を示すことに突き動かされて過去のことについて考えないようにしていたことに気づき、潜在的にポジティブな方法で様々なことに挑戦することにやる気を見出すようになった。アンディは日記に特定の活動を思い出させる言葉を書くようになった。それはたとえば、「気まぐれに親切なことをする日」や「カラオケ・ナイト」、「新しいことに挑戦する日」、「面白い映画の日」、「通りを歩いている五人に挨拶をする日」などを含んでいた。彼はこれらの活動には比較的簡単なものと、自分を不安にさせるものがあることに気がついた。

準備することなく目標が達成できる日もあれば、かなりの時間とエネルギーを費やして目標を達成する日もあった。二週間後、アンディは自分がポジティブになっていることに気がついた。彼は達成感を覚えていて、自己実践を継続していたため、自分自身や他の人に満足感を覚えていた。彼が実践していたエクササイズの中には、自信に直接的な影響を与えるものと間接的な影響をもつものがあった。

エクササイズ㊿：一見ささやかな変化を作る

以下のステップを実践しましょう。

ステップ 1　したいことを記したリストをまとめましょう。

ステップ２　特定の日や週に課題を割り当てます。

ステップ３　これまで実践したもののなかで役に立ったエクササイズを使って、活動の準備をします。

ステップ４　活動に取り組みます。

ステップ５　役に立つのであれば、その結果をノートや日記、ワークシート⑫に書いて見直すとよいでしょう。

エクササイズ㊹を振り返って

小さな行動の変化を起こすことがポジティブな気持ちを高める経験になることはありますが、同時に充実感とスージング・システムを維持し、さらに発達させることに気を配る必要もあります。動因と資源獲得システムは強力で、強い刺激と達成の感覚を提供することがあります。しかし、三つの感情制御システムのバランスを保つ必要があります。一つのシステムを失って別のシステムを無視すると、物事が計画どおりに進まなくなったときに失敗につながる可能性があります。セルフ・コンパッションはあなたが悩みを抱えたときに支えとなり、人生において避けることのできない挫折からの回復力を築いてくれます。

ポジティブな経験を味わう

人生は過度に忙しくなるときがあり、次にやらなければならないことや今やり終えたことについて考えることに時間の大半を使ってしまうことがあります。ポジティブな経験を意識的に味わうことはその経験の感情的な刺激を高めることができます。さらに、それは後になって引き出すことのできる、より鮮明な記憶として残り、充実や幸福を感じる意識的な瞬間を増やすことができます。

ポジティブな経験を味わうことは、立ち止まって時間に感謝することを含む非常に単純な方法です。困難な状況と向き合うことに成功したときに、達成感を味わうことができます。美しい景色を見たときや周囲の人たちと心を通じ合わせたときなど、高揚した瞬間、鮮明である瞬間、畏敬の瞬間を味わうことができるでしょう。また、新しいベッドカバーの上で寝ているときや熱いウェルカムドリンクを飲んでいるとき、寒い冬の日に温かい家の中に足を踏み入れたとき、しっかりとした睡眠の後に目覚めたときの瞬間を味わうこともできるでしょう。

本書を通して実践しようとしているエクササイズは自信を築くことを目的としているため、これらの経験を個別に味わうことに集中するとよいでしょう。たとえば、慈悲の行動実験に取り組んだ後に達成感を味わったり、何かがうまくいった後にポジティブなフィードバックを受け取るとよいかもしれません。当然のことながら、その大小にかかわらず、あらゆる状況を味わうとよいでしょう。最も役に立つ方法を選ぶとよいでしょう。

エクササイズ㊺：ポジティブな経験を味わう

ステップ１　些細なことで構いませんので、ポジティブな経験やその瞬間に感謝する時間を設けましょう。

ステップ２　スージングの呼吸をして、肩をリラックスさせましょう。

ステップ３　この瞬間に感謝しましょう。

ステップ４　自分の感覚と向き合いましょう。目や耳、鼻、皮膚、舌はそれぞれ何を感じているでしょうか。これらの感覚器を順番にじっくりと味わいましょう。

ステップ５　準備が整ったら、スージングの呼吸をして、周囲に注意を向けましょう。

エクササイズ㊺を振り返って

その瞬間に留まろうとする点で、経験を味わうことはマインドフルネスに似ています。しかし、マインドフルネスが観察することや、少なくとも第7章で用いた方法で焦点を当てていることに対して、経験を味わうことは瞬間に感謝し、同時に温かさの感覚を経験することでもあります。

経験を味わった特定の瞬間について日記に書くことで、そのポジティブな効果を高めることができることに気づく人が多くいます。特に気分が沈んだり不安なときなど、後になってそのようなポジティブな効果を思い出すことで気分を盛り上げることができます。心に残る風景を写真に撮ると気分が良くなることに気づく人もいます。経験を思い出すために周囲に写真を飾る傾向が私たちにあるのは、このためです。しかし、ときには写真が心を揺さぶる力を失うこともあるので、多くの経験を味わいつつ、写真の位置を変えたりすることが良い方法です。

受容

人生には変えて調整できることと、どれほど頑張っても変えることのできないことがあります。本書のエクササイズを実践していくなかで、その事実に対して自覚的になったかもしれません。たとえば、これまでは不可能だと思っていたことが今ではできるようになって驚いていることがあるかもしれません。しかし、これは過去にそれができなかったことに対する悲しみの感情が伴っているかもしれません。加えて、基本的な容姿やパーソナ

「完璧さ」に対する幻想

人が自信のなさに苦しむのは、彼らが完璧を目指そうと（して失敗）するからです。想定していた結果が得られないと、彼らは自分自身を責めることになります。このケースがあなたに当てはまる場合、次の質問を自分にしてみましょう。「完璧な人間がいたら、私はその人のことを好きになるだろうか」。

個人的に、私は完璧だと思う人の近くにはいたくないと思います。私はその人を恐れるようになり、その結果、その人の近くにいる限り、自分に自信をもてなくなるでしょう。

過去を振り返って、知人が友人になったときのことを思い出してみると、その人が不完全な人間であるということが分かる出来事が起こったときでした。例えば、「完璧」だと思っていたエイミーが仕事で苦戦していて悩んでいることを知ったとき、私と彼女の関係は変わりました。彼女は社交的なおしゃべりをする相手から、心のつながりをもてる人へと変わったのです。彼女が不完全であることを知ったことで、私は彼女を人間として見ることができるようになりました。私は彼女が本心を打ち明けてくれて嬉しくなりました。その出来事は、私が彼女にとって助けになっていると感じる機会を提供してくれ、そのときから友情が発展していきました。

このメッセージをより深く理解する手がかりとして、映画「グッドウィル・ハンティング」でロビン・ウィリアムズ演じる男が亡くなった妻の特異性と不完全さを愛していたのだと情熱的に語るシーンがあります。まだ映画を観ていない人は観ることをオススメします。ここでは、このメッセージが力強く発信されています。自分の中で自己批判が起こったとき、私はこの映画のことを思い出します。そうすることで、私は自分に慈悲を向け、究極的には自分や自分の特異性（その多さには驚かされる）を受け入れるうえで役に立つのです。

リティを変えることは不可能ではないにせよ困難であることにも気づいているでしょう。

受容のコンセプトもそうですが、受容の感覚がこの問題を受け入れるうえで役に立つことがあります。受容することは敗北を意味するものではありません。その代わり、それはたくましい精神、人生における新しい成長の力強い基盤になる可能性もあります。

変えることのできないことに対して受容の気持ちを養うことは役に立ちますが、現在の自分に対する受容を発達させることも役に立ちます。

変えることのできないものに対して深く考えることは感情的な疲弊をもたらします。強力な感情を引き起こさない問題から取り組みはじめることが役に立つでしょう。この方法で取り組むことで、より挑戦的な問題に取り組めるようになるでしょう。

エクササイズ㊻：自分自身と、変えることのできないことを受容する

これまで実践してきた多くのエクササイズと同様に、一〇～一五分ほど妨げられることのない、イメージのエクササイズに取り組むことのできる場所を見つけましょう。背骨に力を入れて座り、温かさの感覚とともに、顔に微笑みを浮かべましょう。

ステップ１　変えたいと思いながらも変えることのできないことを頭に思い浮かべましょう。それは過去に起こったことでもよいし、現在のことでも構いません。

ステップ２　スージング・リズム・ブリージングを実践して、準備が整ったら、理想の慈悲の自己や慈悲のイ

メージを思い浮かべましょう。完璧な養育者や慈悲深い指導者、慈悲深い仲間でも構いません。

ステップ3　慈悲の主要な性質を順番に体験しながら思い出しましょう。

ステップ4　変えることのできない人生の側面に注意を向けましょう。理想の慈悲の自己や慈悲深い指導者、慈悲深い仲間などの役割に、変えることが不可能なことに対して感じる失望を気づかせましょう。

ステップ5　次に、理想の慈悲の自己や慈悲の役割がこのことについてどう思うのかについて考えましょう。その声はどのように聞こえるでしょうか。あなたに向かってどのような感情を向けるでしょうか。この経験には色や香り、音などは結びついているでしょうか。これらのことについて数分間考えてみましょう。

ステップ6　可能であれば、平和の感覚を体験しましょう。それは落ち着いた、受容の感覚です。この感覚をしばらくの間維持しましょう。

ステップ7　準備が整ったら、スージング・リズム・ブリージングを実践してイメージと経験が頭の中から消え去るのを待って、ゆっくりと周囲に注意を向けましょう。

マリーの物語は、このエクササイズがどのように問題を受容して、その結果として自信を高めることができたかを示す例です。

【マリーの場合】

マリーは三歳の頃に母親をガンでなくし、義母との関係で苦しみながら育った。学校ではいじめられ、いくつもの困難な人間関係を経験した。三歳以降の人生はドミノ効果(連鎖反応)によって説明できるようだった。図表で示したフォーミュレーションとイメージのエクササイズは、数多くのことに対する彼女の深い悲しみを和らげて怒りを静めることに役立ったが、彼女はまだ問題が残っていると感じていた。

マリーは自分の人生の中の変えたいと思っているけれども変えることのできない部分を特定していた。彼女は自分の外見、具体的には、歪んだ笑顔と大きな鼻に悩んでいた。自分のことを気遣ってくれる人に自分の外見についてのフィードバックを提供してほしいと頼んだとき、彼らは笑顔が歪んでいて鼻が大きいという事実を裏付けてくれた。一方で、どのような姿をしていようと自分を愛していることを知っていたため、マリーは自分のことを気遣ってくれる人々と一緒にいることを気にすることはなかったが、その他の人に関して、彼女は極端に人の目を感じ、頭を下げ、笑うことを避け、社交的な状況を避けた。

マリーは慈悲の行動実験が有用だということに気づいたが、それでも自分の外見を受け入れることに対して苦しんでいると感じていた。彼女は自分の外見を受容することに取り組むことを決意した。彼女は慈悲深い指導者が両手で彼女の顔を両手で包み込んでいるところを想像した。想像の中で、その指導者は次のように言った。「あなたは、あなたです。あなたであるだけで十分です。下を向く必要はない。頭を上げるための力を感じて、悩みが出てきたら深呼吸をして温かさや強さ、勇気を感じよう。現実と向き合おう」。

このエクササイズがマリーの人生を劇的に変えることになった。エクササイズの最中に涙が流れることもあったが、自己受容の精神の中に現実と向き合うために必要な力強さと勇気があることを感じた。取り組んでいた他の行動実験が途端に簡単なもののように思え、挫折から立ち直ることが簡単のように思え、自信が高まることになった。

エクササイズ㊱を振り返って

これまでのエクササイズのケース、特にイメージを用いるエクササイズでは、あなたの中の批評家があなたの努力を批判することがあったのではないでしょうか。批評家に、彼が同じチームのメンバーであり、目標を達成するためには自分を批判することよりも役に立つ方法があることを伝えましょう。

このエクササイズは取り組むことが難しいかもしれません。エクササイズの後に自分のために何らかのご褒美を用意したいと思うかもしれません。温かいお風呂に入ったり、散歩をしたり、友人に会ったり、気持ちを高める音楽をかけたり、昼寝を取るなどしましょう。

エクササイズ㊲：ありのままの自分を抱きしめる

穏やかさと温かさの感覚と結びついていた前のエクササイズとは対照的に、ありのままの自分を受け入れることが活力を与えると考える人がいます。当然のことながら、いずれのエクササイズも内的な力の感覚を感じることを目的としています。

繰り返しますが、比較的簡単なものから始めて、難易度の高いものは後に回しましょう。

一〇～一五分ほど一人になることができ、誰にも邪魔されずに落ち着いてイメージのエクササイズに取り組むことのできる場所を探しましょう。

ステップ１　変えることができずに受容することに困難を覚えている、問題のある感情と関わりのある記憶を思い浮かべてみましょう。それはあなたの外見や性格の一部、出来事、現在進行中の問題についてかもしれません。

ステップ２

立ち上がってみましょう。背骨に力強さと緊張感を感じましょう。スージング・リズム・ブリージングを実践しましょう。呼吸の度に胸が広がるのを感じましょう。強さを呼び起こすために姿勢を正しましょう。

ステップ３

役に立つようであれば、理想の慈悲の自己になりきって行動してみましょう。同時に、あなたの前、後ろ、あるいはそばに慈悲深い指導者か慈悲深い仲間がいて、肩に手を乗せているところを思い浮かべましょう。

ステップ４

温かさと強さを呼び起こして、以下のような宣言をしましょう。「私は驚くべき能力と可能性をもっている人間だ。特定の領域や特定の場面で苦しむのは当然のことだ。私は人間で、完璧な存在ではない。私は……を経験した。問題を抱えていることは理解できる。私は回復力があって、自分のことを受け入れることができる」。この感情をしばらく感じていましょう。

ステップ５

準備が整ったら、スージング・リズム・ブリージングを実践しましょう。もう一度、姿勢と心の中に力強さと集中を感じましょう。最後に、経験が頭からゆっくりと消え去っていくのを感じながら周囲に注意を向けましょう。

エクササイズ⑰を振り返って

本書で紹介する多くのエクササイズを実践するなかでは、慈悲の主要な性質のバランスを知ることが役に立ちます。しかし、このエクササイズでは慈悲の性質のうち、特に力強さと勇気に焦点を当てるとよいでしょう。以下に、このエクササイズを実践している最中に役立ったいくつかの台詞を紹介します。


「この瞬間において、私は自分が望んでいるほど自信がない」

「私は常に生き延びている」

「私は恥ずかしがり屋だ」

「私は困難な状況を乗り越えてきた」

「私は話すときに言葉に詰まってしまう」

「私は鼻が大きい。でも、それが何なの？」


このエクササイズの目標は、普段は受け入れることが困難なものに対しても力強さと自信の感覚を感じることです。その際、慈悲のイメージが役に立つかもしれません。

エクササイズ㊽：今、ここで、自分の置かれている状況を受容する

このエクササイズはこれまでのエクササイズと似ていますが、変えることのできないものではなく、今、自分が置かれている状況を受容することに焦点を当てています。

一〇～一五分ほど誰にも邪魔されずに、イメージのエクササイズに取り組むことのできる場所を見つけましょう。

ステップ1　立った姿勢のまま、背骨に力と集中を感じましょう。スージング・リズム・ブリージングを実践しましょう。呼吸をする度に胸が広がるのを感じ、役に立つようであれば、力強さの感覚を呼び起す姿勢を調整しましょう。

ステップ2　役に立つようであれば、理想の慈悲の自己や他の慈悲の役割が横、後ろ、あるいはあなたの肩に手を置いて立っているところを想像しましょう。

ステップ3　次に、温かさと力強さの感覚を通して、次のような台詞を口にしましょう。「私は驚くべき能力と可能性をもった人間だ。特定の領域や特定の場面で苦しむのは当然のことだ。私は人間で、完璧な存在ではありません。でも、今、この瞬間の自分を受け入れることはできる」。数分間、この経験の中に留まっていましょう。

ステップ4　準備が整ったら、スージング・リズム・ブリージングを実践しましょう。もう一度、姿勢と心の中で力強さと集中の感覚を感じましょう。今ここでの経験が消え去るのを待って、ゆっくりと注意を周囲に向けましょう。

エクササイズ㊳を振り返って

多くの人にとって、エクササイズ㊲と㊳に記されてある準備のための文章は役に立つようです。あなたにとって有意義であり個人的な台詞は、あなたの自信を高めると同時にこのエクササイズから最善の効果を引き出すうえで役に立つでしょう。

台詞を苦労なく声に出す人もいれば、心の中で呟くことを好む人もいます。あなたが後者である場合は、徐々に声に出すことをお勧めします。人々は繰り返し、言葉を口に出してそれを聞くことがより大きな影響力をもつことを報告しています。

声のトーンと台詞を口にする頻度、そして姿勢が大きな鍵となります。エクササイズでいろいろと試してその有用性を高めましょう。最初は囁くことから始めて、練習を重ねることで、最終的には自信をもって台詞を主張できるようになるまで技術を高める必要があるでしょう。自分が口にしている言葉の内容を感じ取り、辺縁系が記録する必要があるため、ゆっくりと台詞を話すことも同様に重要です。

最終的に、信頼している人の前でエクササイズに取り組むことが役に立つことになります。そうすることが可能である場合、他人からの視覚的なフィードバックが重要になることがあるため、しっかりとアイコンタクトを取りましょう。

一日のガイドをするためにセルフ・コンパッションを用いる

本書を読み進めながら、自信を築き上げることを目的とした、いくつもの慈悲のエクササイズに挑戦してきたのではないでしょうか。うまくいけば、これらのエクササイズは日課や週ごとの実践につながることになります。続いて紹介するエクササイズは非常に短いながらも強力なエクササイズです。それは私が個人的に実践しているものでもあります。
仕事で不安になると、私はその不安に思っていることを回避したいという気持ちに襲われます。たとえば、私は電話で話すことが嫌いで、電話に出ることを避けるためにあらゆる言い訳を考えます。結局、電話をかけると、私は安心感を覚えます。どうして電話をかけることを避けていたのかと思い、もう二度と避けないことを自分に誓います。しかし、翌週になると、また電話を回避するようになるのです。
セルフ・コンパッションの練習をしない場合、このパターンを何度も繰り返すことになります。今では電話を回避することがないと言っているのではなく、このエクササイズを実践する日は電話で話すことができるようになります。自分の仕事に対して自信がもてるようになり、幸せを感じるようになります。モグラの塚が山になることはないのです。

エクササイズ㊾：一日をガイドする

ステップ 1　スージング・ブリージングをして、心と体を落ち着けましょう。

ステップ 2　理想の慈悲の自己や慈悲の役割を頭に思い浮かべましょう。

ステップ 3　ゆっくりと、温かく、理想の慈悲の自己や慈悲の役割に次の質問をしましょう。「明日をよりよい一日にするために、今日の私にできることは何だろう?」

ステップ 4　ステップ3で思いついたことを実践したらどのように感じるか、想像してみましょう。

ステップ５　スージング・ブリージングをしましょう。力強さと温かさの感覚を感じましょう。

ステップ６　自分の慈悲のあるアドバイスに従ってみましょう。

困難な状況においてセルフ・コンパッションを用いる

本書で紹介したエクササイズの多くは、簡単なものから始めること、落ち着くことのできる場所を見つけること、反省するための時間を設けることなど、明確な説明がされています。時間の経過とともに、エクササイズを実践することが脳を鍛えるようになり、異なる考え方が身近なものになって生活に欠かすことのできないものになるでしょう。

しかし、困難な状況において、あなたを助けてくれるものは何でしょうか。あなたのことについては分かりませんが、自信を無くしたり落ち込んだとき、私は自問自答することが多くあります。自分がしたことだけでなく、自信を高めるために今できることについて考えます。その結果、何も得られない場合もありますが、何らかの打開策を思いつくこともあります。私の脳の不安な部分があることを訴え、脳の不機嫌な部分が別のことを訴え、脳の怒っている部分がほぼ同時にその二つを否定するのです。

次に紹介するエクササイズは、上のような状況においてガイド役を務めてくれます。このエクササイズを実践することでいつでも正しい決断が保証されるわけではありませんが、役に立つでしょう。私は非常に有益なものだと感じています。

エクササイズ⑥⓪：困難な状況でセルフ・コンパッションを用いる

困難な状況の中に置かれていることに気づいたら……

ステップ 1　スージング・ブリージングをしましょう。

ステップ 2　慈悲の感覚と落ち着き、力強さの感覚を呼び起こすように姿勢と表情を変えましょう。

ステップ 3　しばらく時間を取って考えましょう。

ステップ 4　この考え方で自分をガイドしましょう。

エクササイズ⑥⓪を振り返って

このエクササイズは、困難な状況において感じ方や考え方、関心、行動（何もしないことも含む）と同様に、心構えを変えることを目的としています。あなたは意識的に脅威システムから踏み出して慈悲の考え方へと入ろうとしています。

このエクササイズを実践する際、単純な姿勢の変化が視点を変えることに役立つことに気づくかもしれません。立っている場合は横に一歩移動するとよいでしょう。座っている場合は、姿勢を正してイスのうえで体重を移動させたり、足を組んだり解いたり、あるいは単純にイスの背もたれにもたれてもよいでしょう。これまで経験してきたように、姿勢を少し変えることが大きな効果をもたらすことがあります。

慈悲のイメージや理想の慈悲の自己を思い出すことが考え方を即座に変える唯一の方法ではありません。特定の色を思い浮かべることが役に立つと説明した人もいれば、ティッシュかハンカチにつけた馴染みのある香りがある状況についての明確な視点を獲得する方法となり、自信を取り戻すうえで役に立つことに気づいた人もいます。これらの方法がこれまでのエクササイズを実践しやすくしていることに気づいたのではないでしょうか。そのようであれば、このエクササイズと併せて用いることが役に立つかもしれません。

まとめ

本章では、自信を築き上げるための複数の異なるエクササイズを紹介しました。最終章では、あなたがこれまで役に立つと考えたエクササイズを参考にしながら、これからの人生のための日常的な実践で使える形にするための方法を提示します。

14

エクササイズの振り返りと今後の方向性

人生は過去を見てしか理解できないが、
人は未来に向かって生きねばならない。
——セーレン・キェルケゴール

本書の最初の数章では、自信というものが有るか無いかで判断されるものではなく、築き上げて維持するものだということを議論しました。この新しい解釈によって、自信の程度が低い人の恥の気持ちや自己批判を弱めることが期待されています。加えて、このように自信について考えることは、自分を変えることができるのだという感覚を発達させるうえで役に立つことになります。

本書では自信の進化論的な起源を提示し、人が自分を傷つけてしまう理由と方法について説明しました。自分自身を理解することは、自己批判と恥を手放して自信を育む方向へと向かうための重要な鍵となります。人間の遺伝子や人生経験が私たちに影響を与えること、人生で起きる問題への対処方法を学ぶこと、私たちがしばしば経験する人生の予期せぬ挫折や結果について本書が検証してきたのはそのためです。

本書では、私たちのどのような考え方が慈悲の発達を阻むのかということについて検証してきました。悩みに対する安易な解決法や優柔不断は、危機から逃げ出すことだという一般的な見方とは異なり、セルフ・コンパッションの発達は力強さと勇気を必要とする困難な道です。セルフ・コンパッションは過去・現在・未来、そしてそれらがもたらすすべてのものと向き合うことを意味するのです。

ここまで、慈悲の育成や向上を目的として複数のエクササイズで準備をしてきました。マインドフルネスを実践するための多様な方法も学びました。その後、スージング・リズム・ブリージングと充実する場所のエクササイズを実践しました。心と体で慈悲がどのように感じられるのかを体験することや、理想の慈悲の自己、慈悲深い指導者・仲間・先生・養育者を具体化するために慈悲のイメージを幾通りもの方法で用いてきました。最後に、慈悲の思考、自分自身に手紙を書くこと、行動実験など、自己批判の問題や恥の感情と向き合って自信をさらにつける方法を見出すために多くのエクササイズを実践してきました。

本章では、以下の二つの領域に焦点を当てます。

- 自分の人生を強みと回復の物語としてとらえます。
- 自信をさらに高めるために自己実践のためのテンプレートを作成します。

以上の二つは、あなたの自分に対する視点をさらにバランスの取れたものへと変え、将来の計画を立てるうえで役に立つと期待されています。

自分の人生を強みと回復の物語としてとらえる

本書では、人間に備わっている驚くべき能力について何度も検証してきました。外的な影響と経験の組み合わせが特定の考え方・感じ方・行動と結びつくことが明らかとなりました。特定の状況に置かれることで自信の問題に苦しむとき、私たちは物事を回避するようになり、社会的な仮面をつけ、完璧さを求めて無駄な努力をしたり、自己批判に陥ったり、強い不安と恥を経験することになります。

第4章で行ったフォーミュレーションのエクササイズは、過去の経験がどのようにあなたの問題への対処方略に影響を及ぼしたのかについて理解を深めるうえで役に立ったのではないでしょうか。また、作成したフォーミュレーションが、あなたの回復力や長所などのポジティブな特徴を見落としていた可能性もあります。以下で紹介するエクササイズは、バランスの崩れたフォーミュレーションを修正することを目的としたものです。

エクササイズ61：フォーミュレーションを更新する

エクササイズを始める前に、フォーミュレーション（図④を参照）を確認しておきましょう。一〇～一五分間、なるべく誰にも邪魔されない場所を探しましょう。集中を保ったまま、リラックスした姿勢で座りましょう。エクササイズの最初で目を閉じることが好ましいですが、低い位置に視線を固定してもよいでしょう。

役に立つのであれば、スージング・リズム・ブリージングを実践したり、充実を感じる場所のイメージを思い浮かべるとよいでしょう。同時に、第7章で紹介したマインドフルネスのエクササイズを一つ実践しましょう。数分経ったら、理想の慈悲の自己や慈悲深い指導者・教師・仲間、完璧な養育者を思い浮かべましょう。このイメージの助けを借りて慈悲の考え方を呼び起こして、それがもたらす慈悲の主要な性質を思い浮かべましょう。

準備が整ったら、フォーミュレーションの中の「影響と経験」の欄を確認しましょう。そこに書かれてあることを見直しながら深呼吸をしましょう。続いて、温かい慈悲の心をもって考え、振り返る時間を設けながら以下の質問に答えましょう。

- これらのものに対処した私は、慈悲的な観点からどのように見えるのだろうか。

- 自分の強さや特徴をどのようにとらえればよいだろうか。
- 影響や経験が困難な結果をもたらしたこともあるだろうが，ポジティブな結果はなかっただろうか。たとえば，自分自身が問題を抱えることで他人の要求に対して敏感になったりしたことはないだろうか。

自分に対する慈悲的な視点や発見にたどりつくことができたら，フォーミュレーションに新しい枠を設けて「主要な強みと特徴」と名づけるとよいでしょう。この枠を「影響と経験」の下に配置し，元々あった枠から新しい枠へと線を引きましょう（アンディが更新した図⑥のフォーミュレーションを参考にしましょう）。新しい枠の中に慈悲のある結論を書き込みましょう。

この作業を終えた後，深呼吸をして再び質問に戻りましょう。慈悲のある結論を引き出すために時間を設けましょう。

スージング・リズム・ブリージングに戻って，ゆっくりと落ち着いた感覚を感じましょう。次に，温かさを保ちながら，ゆっくりと書き記した力や特徴を読み直しましょう。心に深く染み込むように，それぞれについて考えましょう。

【アンディの場合（続き）】

時間が経つにつれて，アンディは熱心に作成したフォーミュレーションが自分の人生の一面しか反映していないことに気がついた（図③を参照）。そこで，彼は現実を反映するように修正を試みた。日記に書き込んだメモや手紙，エクササイズ㊶での質問の回答などを読み返しながら，彼は自分の回復力や長所，その他のポジティブな特徴と関連するアイデアを結びつけていった。その後，アンディはこの情報をもとにフォーミュレーションを更新することにした（図⑥を参照）。

図⑥　更新されたアンディのフォーミュレーション

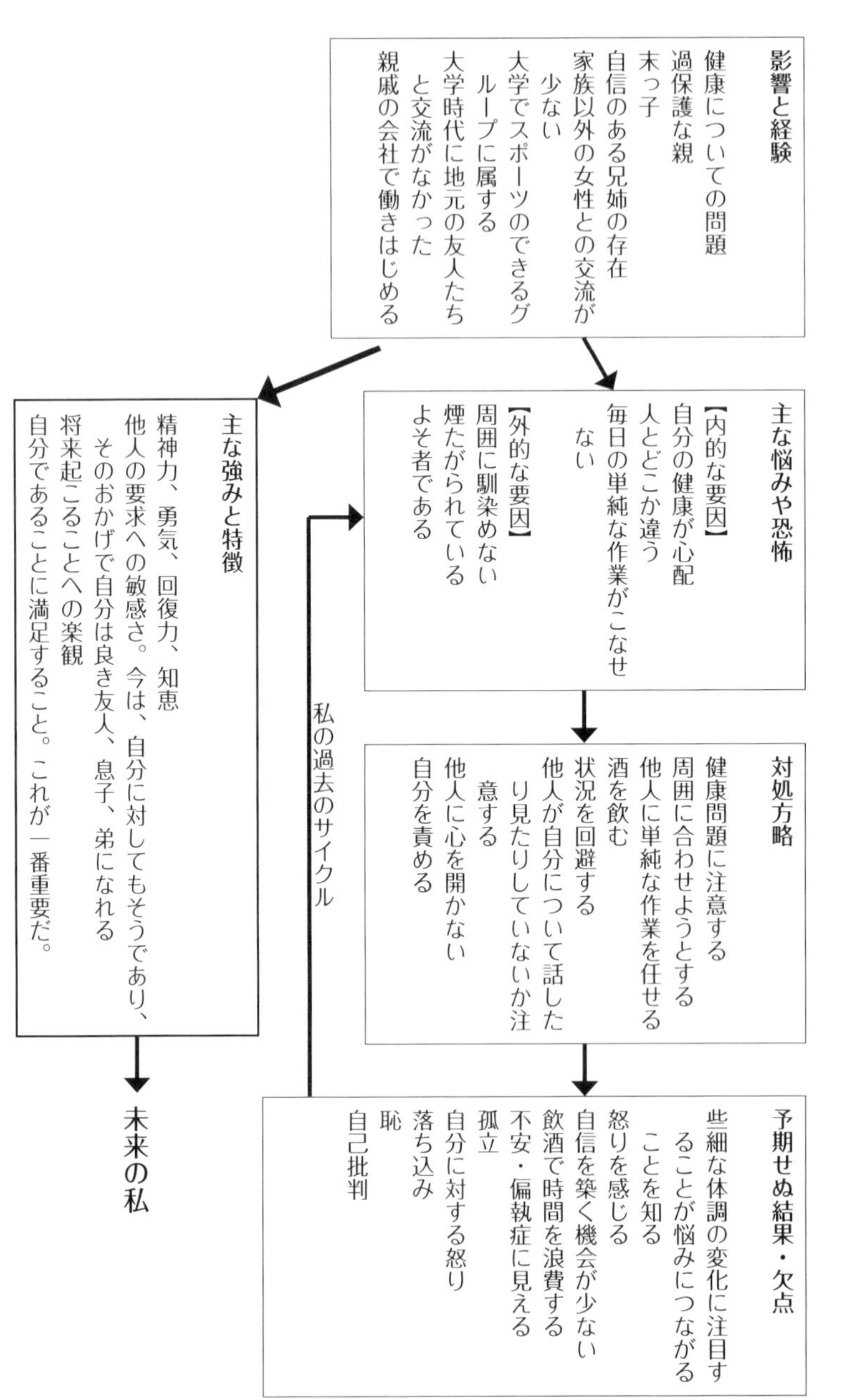

エクササイズが完了した後、アンディは深呼吸をしてフォーミュレーションをすべて通して読んだ。そうすることで、彼は自信が高まっていくのを感じた。アンディはそれからの数カ月の間に経験したことをポジティブにとらえることができ、新しい発見に基づいて自分のフォーミュレーションを何度も更新していった。

エクササイズ㉛を振り返って

このエクササイズが負担に感じられることもあるでしょう。注意が困難な記憶や思考に引き戻されるかもしれません。当然のことながら、これは自然なことです。そうなった場合は注意がどこに向けられているかに対してマインドフルになって、ゆっくりと慈悲の心に注意を戻しましょう。これが役に立つようであれば、エクササイズに戻る前にスージング・リズム・ブリージングやその他のイメージを用いたエクササイズを実践するとよいでしょう。

このエクササイズは一人で行うことを勧めますが、自分の信頼する人々の感想を聞くことが役に立つと考える人もいます。彼らは（過去と現在の）影響と経験があなたをどのように変えたと考えているでしょうか。さらなる強みや特徴がある場合はそれらについて書き記すとよいでしょう。続いて、再びエクササイズを実践して問題点について考えましょう。問題点についての新たな観察を心と体で吸収しましょう。自分についての表現が気に入ったら、それらをフォーミュレーションの中に加えましょう。たとえば、「私は親切である」と書くことにためらいを覚えるようであれば、「友人のジョーは私が親切だと思っている」と書いても構いません。

この時点で、最近あった（現在進行中の）ポジティブな影響や経験など、フォーミュレーションを最新の状態に更新するとよいでしょう。新しく発見した有効な対処方略とその効果について書くとよいでしょう。これらの更新は、自分に対する見方や自信を高めるうえでポジティブな影響をもつでしょう。

最後に、前にもそうしたように、よりバランスの取れたこのフォーミュレーションを慈悲の手紙や慈悲のイメージのために利用するとよいでしょう。

自己実践のためのテンプレートを作成する

本章で紹介した多くの規則やエクササイズの中には役に立つものもあれば、役に立たないものもあったのではないでしょうか。たとえば、スージング・リズム・ブリージングを非常に役に立つと感じる反面、充実の場所のエクササイズでは同じような落ち着きや温かさを感じることができなかったかもしれません。ＣＭＡがさまざまなエクササイズを紹介するのはそのためで、あなたの役に立つエクササイズを見つけてほしいと思っているからです。

本書を通して、あなたの注意は、各エクササイズの効果とそのエクササイズに加えたい考察を記録するためのサマリーシートに向けられていました。また、ノートや日記に経験を記した人もいるかもしれません。あなたにとって最も役に立ったエクササイズの自己実践計画を作成する最後のエクササイズに取り組むために、あなただけの実践のまとめを用意しておきましょう。

エクササイズ 62：未来のためのあなたの計画

ワークシートを用いて、あなたが自信を築き、慈悲の心を成長させ続けるために、本書の中で最も役に立ちそうなエクササイズを記録しましょう。

ワークシート⑬：あなたのエクササイズ実践計画

役に立つと感じ、毎日実践したい思ったエクササイズは何だろうか。	そのエクササイズを続けるためにはどうしたらよいだろうか。	役に立つと感じ、毎週実践したいと思ったエクササイズは何だろうか。	そのエクササイズを続けるためにはどうしたらよいだろうか。

役に立つと感じ、一定の期間空けて実践したいと思ったエクササイズは何だろうか。

そのエクササイズを続けるためにはどうしたらよいだろうか。

役に立つと感じ、困難な状況にあるときに実践したいと思ったエクササイズは何だろうか。

そのエクササイズを続けるためにはどうしたらよいだろうか。

役に立つと感じ、物事が順調なときに実践したいと思ったエクササイズは何だろうか。	そのエクササイズを続けるためにはどうしたらよいだろうか。

以下のワークシートは、ジェームスが個人的なサマリーシートを見直した後に作成した実践計画です。

ジェームスのワークシート：未来のためのあなたの実践

役に立つと感じ、毎日実践したいと思ったエクササイズは何だろうか。

- 犬を散歩しているときのマインドフルネス。特定の感覚から別の感覚へと意識を切り替えることができる。
- 散歩が終わりに近づくと理想の慈悲の自己を呼び起こして、その観点から一日の終わりまでを見通す。
- 職場に向かう直前にスージング・リズム・ブリージングを行う。
- その日最初の熱い飲み物を飲んだ後、「明日をさらに良い一日にするために、今日の自分には何ができるだろうか」と自分に聞く。そうする前に、慈悲深い指導者のイメージを使って慈悲の考え方を呼び起こす。

そのエクササイズを続けるためにはどうしたらよいだろうか。

- 散歩をすること、飲み物を飲むこと、職場に向かうことを促すものがあると役に立つ。この計画をカードに書いて、日記の中に保存しておく。
- 月の初めに前の月のエクササイズを見直す。

役に立つと感じ、毎週実践したいと思うエクササイズは何だろうか。

- 日曜日にイメージのエクササイズを用いて自分に慈悲の手紙を書く。
- 日曜の朝、三〇分かけてイメージを用いたエクササイズをする。
- このエクササイズで、一週間後の自信を高めることを目的とした慈悲の行動実験を計画するよう慈悲深い指導者にお願いする。

そのエクササイズを続けるためにはどうしたらよいだろうか。

- カレンダーの一二月までエクササイズの予定日を記入する。
- エクササイズの予定日にはスケジュールを空けるようにして、用事が入ったら別の曜日にエクササイズを行ってそれに関するメモをつける。

役に立つと感じ、一定の期間空けて実践したいと思ったエクササイズは何だろうか。

- どこか美しい場所に出かけてマインドフルな散歩の練習をする。休憩のために立ち止まった際は慈悲深い指導者を呼び起こして、その視点を使って前に行った週末の散歩を思い出した後、次の週の散歩について考える。
- 毎月末、チェアワークを用いて日々の視点と慈悲深い指導者の視点から自分の現在の状況を理解する。このエクササイズを行う予定をカレンダーに記入しておく。

そのエクササイズを続けるためにはどうしたらよいだろうか。

- カレンダーにエクササイズの予定を記入する。
- 月末にエクササイズの反省をする。

役に立つと感じ，困難な状況にあるときに実践したいと思うエクササイズは何だろうか。

- 上で紹介したことすべてと，以下のこと。
- 悩みを抱えているときは慈悲の代替思考のワークシートを用いる。第12章を参考にするとよいだろう。
- 座った状態で慈悲深い指導者を呼び起こし，抱えている悩みについて考える。
- 人間関係の悩みを抱えている場合は，慈悲の自己の視点から相手の状況を見る。悩みを抱えた日の夜にこれを行うとよい。
- 問題のある状況に置かれた場合，深呼吸をして，姿勢を正し，（相応しい場合は）顔に微笑みを浮かべて温かさを想像しよう。
- 慈悲の手紙を書く。
- 幅広く豊かな慈悲的な視点を獲得するために，毎日少しだけ違うことをする。

そのエクササイズを続けるためにはどうしたらよいだろうか。

- エクササイズに効果があると信じる。
- より強く効果があると信じるために，慈悲の手紙を読む。

役に立つと感じ，物事が順調なときに実践したいと思うエクササイズは何だろうか。

- 経験を十分に味わう。
- 誰かが自分にポジティブなことを言ったり，ポジティブな行動をとってくれたら，フォーミュレーションに記入する。
- 一定の期間にフォーミュレーションを更新する。

そのエクササイズを続けるためにはどうしたらよいだろうか。

- 心を落ち着けて，ポジティブな経験に気づく。そうすることを忘れないために日記を持ち歩く。
- 上に記してきたことすべてを実践することで自信を高めることができる。

エクササイズ62を振り返って

このエクササイズが、自信と慈悲の心を育むための慈悲の計画であることを忘れてはなりません。新たに経験を基に計画を修正したり調整しても構いません。

また、自分がしたいと望むものを計画していることを忘れてはなりません。私たちは元の目標から外れてあらゆるものに夢中になってしまうことがあります。自己実践を始めた最初の頃はこれが顕著です。自分が計画から離れていることに気づいたら、エクササイズを使って調整しましょう。その後、エクササイズの障害となるものやそれと折り合いをつける方法についての洞察を得るうえで役に立つかもしれないため、計画が実行できなかった理由について考えましょう。最後に、計画を見直してみましょう。必要があれば修正してエクササイズの実践を続けましょう。

まとめ

本書の冒頭でも述べた通り、数年前までの私は本書の最終稿を提出するまでに深刻な自己批判を経験していました。青年の頃の私は、他人が本当の私を知ることで私のことを嫌いになるか、良くてもせいぜい無関心な態度を示されるのだと確信していました。私の心は自信喪失や後悔、苦悩、心が乱れた状態に悩まされていました。

今の私は、過去の私とは比べものにならないほど良い状態にあります。私は自分の短所を温かく受け止めることができるようになりました。自分に対して慈悲深くなることができ、他人と関わりをもつことができるようになりました。人間はみな一緒だという感覚は、常に他人と比べて自分が優れていると思っていた頃や、他人について否定的に接していた頃の感覚とは違います。今の私は、自信がもてるようになり、自分により満足できるようになりました。

これらの変化のすべてがＣＭＡの効果だとは思いません。私はそれまでも自信とセルフ・コンパッションを高めるエクササイズを実践していたからです。しかし、ＣＭＡがその効果を加速させたことは間違いありません。ＣＭＡの実践を続けることで人生の挫折から回復できるようになり、心を健康な状態に保てるようになりました。新しい道を進むためには時間がかかります。障害を乗り越え、慣れ親しんだ道を歩きたいという思いに折り合いをつけて、勇気をもたなければなりません。自分の経験を通して感じたことでもありますが、ＣＭＡを実践する価値は十分にあります。

本書を手にしたすべての人が成長することを願っています。

訳者あとがき

本書は、コンパッショネイト・マインド財団のセンター長を務めているメアリー・ウェルフォード博士によるコンパッション・フォーカスト・セラピー（Compassion Focused Therapy：ＣＦＴ）の実践書です。ＣＦＴは、イギリスのダービー大学の教授で、イギリスの行動・認知療法学会の元会長ポール・ギルバート博士によって体系化された心理療法です。ＣＦＴの特徴は、人として普遍的に体験しうる苦悩について、認知行動療法をはじめ、進化論、愛着理論、脳神経科学、仏教哲学など、先人の知恵と最新の知見を見事に融合させ、科学的に理解しようとするところにあります。実際に、このＣＦＴは欧米で非常に注目されており、近年、心的外傷後ストレス障害（ＰＴＳＤ）、社交不安障害やパニック障害、摂食障害、大うつ病性障害、怒りなどの感情制御の問題を抱える人に適用されはじめており、その治療効果も徐々に報告されています。本書は、実際のエクササイズを通して体験的に学習できるように工夫が施されているため、ＣＦＴの理解をさらに補ってくれます。

本書を訳そうと思ったきっかけは、わたし自身の臨床経験にあります。回復していくクライアントのそばで、苦しい現実に向き合いながら悲しみ抜き、自分を信じて自分を認めてあげられるようになるプロセスに立ち会う機会に恵まれました。これまで心の奥底に閉じ込められていたコア感情に目を向けるために、クライアントが安心してその気持ちを受け入れるには、コンパッションと感受性に満ちたセラピストの慈悲の態度が大事であると確信するようになりました。本書にも登場しているように、まさに"It's not your fault"（「あなたのせいではない」）と心から受け入れられ、本当の気持ちを取り戻し、自分らしく人生を歩み出していける、ＣＦＴはそんな勇気や強さも育んでくれるのです。このセルフ・コンパッションが、心身の健康だけでなく人とのつながりへも恩恵をもたらし、クライアントとセラピスト双方にとっても非常に大事であると気づくことになり、これからの人生で傾倒できるセラピーであると思うようになりました。セルフ・コンパッションは心理治療だけでなく、日常生活においてもありのままの自分を生きるうえで大事な概念だと感じています。しかし、現在のところ、セルフ・コンパッションやＣＦＴの実践書は日本語訳されておらず、多くのセラピストにとってはアクセスしにくい状況になっています。これまでの心理治療で不十分であった方々に対する新しい治療の可能性として検討してもらいたいと願って、本書を訳すことにいたしました。本書を手にした方が何らかの希望や洞察を得られるきっかけになれば、訳者として非常に嬉しく思います。

最後に、共訳者である日本医科大学の野村俊明先生とは二〇一二年四月よりセルフ・コンパッションの共同研究をしており、その成果として本書を収めることができました。日頃のご支援に深く感謝しております。また、これまでのクライアントとの出会いにも感謝しています。わたしを成長させ、セルフ・コンパッションの大切さに気づかせてくれたのは皆さんのおかげです。さらに、日本語をチェックしていただいた野原誠喜氏、岩田美奈子氏、渡辺詩津氏に感謝を申し上げます。そして、誠信書房の中澤美穂氏、曽我翔太氏には出版にあたり、力を尽くしていただきました。深くお礼を申し上げます。

二〇一六年　七月

石村　郁夫

11

- ウェル・ビーイングを促進する手段としての手紙について

  J. W. Pennebaker, *Writing to Heal: A Guided Journal for Recovering from Trauma and Emotional Upheaval* (New Harbinger, 2004).

13

- アサーティブネスについて

  D. Johnson, *Reaching Out: Interpersonal Effectiveness and Self-Actualization* (Allyn and Bacon, 2008, 10th ed.).

- 親切な活動の実験について

  S. Lyubomirsky, R. M. Sheldon, and D. Schkade, "Pursuing Happiness: The Architecture of Sustainable Change," *Review of General Psychology*, 9(2), 2005, 113-131.

- 受容について

  S. Hayes and S. Smith, *Get Out of Your Mind and Into Your Life* (New Harbinger, 2005); T. Brach, *Radical Acceptance: Embracing Your Life with the Heart of a Buddha* (Bantam, 2004).

9

- 表情の重要性について

F. Strack, L. L. Martin, and S. Stepper, "Inhibiting and Facilitating Conditions of the Human Smile: A Nonobtrusive Test of the Facial Feedback Hypothesis," *Journal of Personality and Social Psychology*, 54(5), 1988, 768-777.

- 慈悲の心の練習について

P. Gilbert and C. Irons, "Focused Therapies and Compassionate Mind Training for Shame and Self-Attacking," in P. Gilbert (ed.), *Compassion: Conceptualisations, Research and Use in Psychotherapy* (Routledge, 2005), 263-325.

- CFT について

P. Gilbert, *Compassion Focused Therapy: Distinctive Features* (Routledge, 2010).

- 「理想の慈悲深い仲間」のイメージについて

Ken Goss, *The Compassionate-Mind Guide to Ending Overeating* (New Harbinger, 2011).

- 「完璧な養育者」のイメージについて

D. A. Lee, "The Perfect Nurturer: A Model to Develop a Compassionate Mind within the Context of Cognitive Therapy," in P. Gilbert (ed.), *Compassion: Conceptualisations, Research and Use in Psychotherapy* (Routledge, 2005), 326-351.

10

- 特定の仕方で考えてしまう傾向について

C. Fine, *A Mind of Its Own How Your Brain Distorts and Deceives* (Icon Books, 2007).

- 古い脳と新しい脳の対立について

N. F. Dixon, *Our Own Worst Enemy* (Routledge, 1987).

5

- 慈悲的な視点について

R. Davidson and A. Harington (eds,), *Visions of Compassion: Western Scientists and Tibetan Buddhists Examine Human Nature* (Oxford University Press, 2002).

- 社会的な意識について

P. Gilbert, *Psychotherapy and Counseling for Depression* (Sage, 2007, 3rd ed.); P. Gilbert, "Social Mentalities: Internal 'Social' Conflicts and the Role of Inner Warmth and Compassion in Cognitive Therapy," in P. Gilbert and K. G. Bailey (eds.), *Genes on the Couch: Explorations in Evolutionary Psychotherapy* (Brunner-Routledge, 2005), 118-150.

- 苦悩に対する耐性について

Susan Jeffers, *Feel the Fear and Do It Anyway* (Random House, 1987).

7

- マインドフルネスについて

J. Kabat-Zinn, Coming to Our Senses: *Healing Ourselves and the World through Mindfulness* (Piatkus, 2005); J. Kabat-Zinn, *Mindfulness for Beginners* (Sounds True, 2006).

- マインドフルな食べ方について

Susan Albers, Eating Mindfully: *How to End Mindless Eating and Enjoy a Balanced Relationship with Food* (New Harbinger, 2003).

- マインドフルネス学校プロジェクトについて

F. A. Hupperta and D.M. Johnson, "A Controlled Trial of Mindfulness Training in Schools: The Importance of Practice for an Impact on Well-Being," *The Journal of Positive Psychology*, 5(4), 2010, 264-274.

3

- 恥について

P. Gilbert, "The Evolution of Shame as a Marker of Relationship Security," in J. L. Tracy, R. W. Robins, and J. P. Tangney (eds.), *The Self-Conscious Emotions: Theory and Research* (Guilford Press, 2007), 283-309.

- 反映された恥について

J. Sanghera, *Shame* (Hodder and Stoughton, 2007),〔阿久澤麻理子訳『恥と名誉―移民二世・ジェンダー・カーストの葛藤を生き延びて』解放出版社, 2010〕

- 自己批判について

P. Gilbert and C. Irons, "Focused Therapies and Compassionate Mind Training for Shame and Self-Attacking, "in P. Gilbert (ed.), *Compassion: Conceptualisations, Research and Use in Psychotherapy* (Routledge, 2005), 263-325; P. Gilbert, M. W. Baldwin, C. Irons, J. R. Baccus, and M. Palmer, "Self-Criticism and Self-Warmth: An Imagery Study Exploring Their Relation to Depression," *Journal of Cognitive Psychotherapy*, 20(2), 2006, 183-200.

- 目標設定の背景にある動機について

B. M. Dykman, "Integrating Cognitive and Motivational Factors in Depression: Initial Tests of a Goal-Orientation Approach," *Journal of Personality and Social Psychology*, 74(1), 1998, 139-158.

- 完璧主義のさまざまな種類について

D. M. Dunkley, K. R. Blankstein, D. C. Zuroff, S. Lecce, and D. Hui, "Self-Critical and Personal Standards: Factors of Perfectionism Located within the Five Factor Model of Personality," *Personality and Individual Differences*, 40(3), 2006, 409-420,

- セルフ・コンパッションの重要性について

K. D. Neff, *Self-Compassion: Stop Beating Yourself Up and Leave Insecurity Behind* (HarperCollins, 2011).

文献案内

はじめに

- **セルフ・コンパッションを発展させるべき理由と方法も含め、慈悲を論じた重要書**
  P. Gilbert, *The Compassionate Mind: A New Approach to Life's Challenges* (New Harbinger, 2010).

2

- **感情制御システムの３タイプの研究について**
  R. A. Depue and J. V. Morrone-Strupinsky, "A Neurobehavioural Model of Affiliative Bonding," *Behavioral and Brain Sciences*, 28(3), 2005, 313-395.
- **脅威システムについて**
  R. F. Baumeister, E. Bratslavsky, C. Finkenauer, and K. D. Vohs, "Bad Is Stronger than Good," *Review of General Psychology*, 5(4), 2001, 323-370.
- **現代社会で、いかに動因と資源獲得のシステムが過度に刺激されているかについて**
  J. M. Twenge, B. Gentile, C. N. DeWall, D. S. Ma, K. Lacefield, and D. R. Schurtz, "Birth Cohort Increases in Psychopathology amongst Young Americans 1938-2007: A Cross Temporal Meta-Analysis of the MMPI," *Clinical Psychology Review*, 30(2), 2010, 145-154.
- **養育者による良質なアタッチメントの重要性について**
  S. Gerhardt, *Why Love Matters: How Affection Shapes a Baby's Brain* (Bruner-Routledge, 2004).

著者紹介

メアリー・ウェルフォード（Mary Welford）

臨床心理学博士（DClinPsy）。英国のサウスウェストで活動する顧問臨床心理学者。加えて、彼女は、コンパッショネイト・マインド財団の創設者の一人であり、数年のあいだ英国行動・認知療法学会（BABCP）に関わっている。また、ポール・ギルバートの下で、コンパッション・フォーカスト・セラピー（CFT）の発展のために協力している。

序文：

ポール・ギルバート（Paul Gilbert）

博士(PhD)。英国のダービー大学の教授。加えて、彼は、ダービーシャー州のメンタルヘルス基金におけるメンタルヘルス研究ユニットの指導者であり、コンパッション・フォーカスト・セラピー（CFT）の創設者で、*The Compassionate Mind*〔未邦訳〕. の著者である。

訳者紹介

石村郁夫（いしむら・いくお）

2004年、筑波大学第二学群人間学類卒業。2009年、筑波大学大学院人間総合科学研究科ヒューマン・ケア科学専攻発達臨床心理学分野の博士課程を修了し、博士号（心理学）を取得。現在、東京成徳大学応用心理学部臨床心理学科准教授。臨床心理士。指導健康心理士。あいクリニック神田心理顧問、日本ヒューマン・ケア心理学会事務局長。2018年、英国国立ダービー大学大学院コンパッション・フォーカスト・セラピーのポストグラジュエイト・コースを修了。著書に『カウンセリングのすべてがわかる――カウンセラーが答える本当の心理学』（技術評論社、共著）、『フロー体験の促進要因と肯定的機能に関する心理学的研究』（風間書房、単著）、訳書に『セルフ・コンパッション――あるがままの自分を受け入れる』（金剛出版、共訳）、『トラウマへのセルフ・コンパッション』（金剛出版、共訳）がある。

野村俊明（のむら・としあき）

1978年、東京大学文学部卒業。1986年、東京大学大学院教育学研究科教育心理学専攻博士課程満期退学。1992年、日本医科大学医学部卒業。現在、あいクリニック神田医師。日本医科大学名誉教授。医学博士。精神保健指定医。精神科専門医・指導医。臨床心理士。司法精神医学・医療心理学を専門とする。著書に『これからの対人援助を考える――くらしの中の心理臨床1～5』（福村出版、共監修）、『精神医療の最前線と心理職への期待』（誠信書房、共編著）、『非行精神医学』（医学書院、共著）、『非行と犯罪の精神科臨床』（星和書店、共編）、『精神療法の基本――支持から認知行動療法まで』（医学書院、共著）など、訳書に『トラウマへのセルフ・コンパッション』（金剛出版、共訳）などがある。

メアリー・ウェルフォード著
実践 セルフ・コンパッション
――自分を追いつめず自信を築き上げる方法

2016年 8月25日 第1刷発行
2021年 1月30日 第4刷発行

訳　者　石村郁夫
　　　　野村俊明

発行者　柴田敏樹
印刷者　日岐浩和

発行所　株式会社 誠信書房
〒112-0012 東京都文京区大塚3-20-6
電話 03(3946)5666
http://www.seishinshobo.co.jp/

中央印刷　協栄製本

Printed in Japan
ISBN 978-4-414-41463-9 C3011